W0393735

OSHO
LA DOTTRINA SUPREMA

Traduzione di Swami Anand Videha
con un saggio introduttivo di Grazia Marchianò

LEMURI

17 DISCORSI SULLA KENA-UPANISHAD
(tenuti da Osho il mattino e la sera dall'8 al 16 luglio 1973
al Bikaner Palace Hotel, Monte Abu, Rajastan, India)

Titolo originale
THE SUPREME DOCTRINE

ISBN 978- 88-452-5011-8

©1983 International copyright
by Osho International Foundation
Bahnhofstrasse 52, CH 8001 Zurigo, Svizzera
©1983 Rizzoli editore, Milano
© 1998 Italian translation copyright
by News Services Corporation, Arona (NO)
© 1998/2007 RCS Libri S.p.A.
Via Mecenate 91 - 20138 Milano

VI edizione Tascabili Bompiani febbraio 2007

Hanno collaborato alla traduzione:
Ma Anand Daniela - Ma Dhyan Margaret

INTRODUZIONE

Rajneesh nel '61 aveva trent'anni quando smise d'insegnare filosofia a Jabalpur, e muovendosi come un qualunque *shree* (signor) Rajneesh senza fissa dimora, incominciò una carriera di oratore dissacrante e versatile, bilanciando uno stile da *angry young man* versione indiana (maglioni e bocca sdegnosa), con una più domestica divisa (in bianco lungo) di sapiente giovane e temerario. Testimoni dei suoi esordi lo dipingevano a mezza strada tra Jiddu Krishnamurti e lo Yoghi (Maharishi) Mahesh.

Del Maharishi tendeva ad assorbire la perizia organizzativa: l'arte di assembrare individui d'ogni ceto e provenienza, e sedarne le ansie con un mantra, un po' di yoga e tanto silenzio.

Da Krishnamurti mutuava la propensione alla dialettica negativa: 'no' a una religiosità ipocrita e bandita dalla vita; 'no' a una conoscenza separata dall'esperienza, a una mente incapace di scrutare fino in fondo l'illusione che esista una 'realtà' indipendente dal fatto di essere osservata, 'no', perfino, all'autorità delle Scritture, perché la sapienza non sta nelle parole né le parole corrispondono alle cose.

Rajneesh frattanto, osservava la crescita del dissenso in Occidente. I giovani europei e americani che i venti della contestazione sbattevano in India ai piedi dei 'maestri', erano creature sradicate, sperse, disposte a tutto pur di non tornare 'indietro', sebbene non osassero nemmeno avventurarsi 'avanti'. Esistevano in bilico, in un 'tempo del sogno', estenuati dagli ozi, dall'uso di droghe, amici di tutti, nel branco, ma stranieri a se stessi. Rajneesh capì che su quel potenziale umano in disarmo si poteva intervenire. Escogitò un 'sistema' di risveglio di tipo buddista, dove *prajñâ* (saggezza) e *karuna* (compassione) si compensassero a vicenda.

Prajñâ, la conoscenza perfetta, è tanto perfetta secondo Rajneesh che non è praticamente attingibile senza il ricorso a una compassione strategica, un insieme di 'mezzi' attivi e contemplativi (come gli antichi *tantra* buddisti e indù), capaci di frantumare le resistenze al risveglio nell'uomo odierno. Ma per riuscire nell'intento Rajneesh, da retore intelligente e volatile, si trasformò in un vero *achârya*.

Travasò nella memoria i fiumi di conoscenza di molte tradizioni: indù, jaina, zen, buddiste di tutte le 'vie', zoroastriane, islamiche, sufi e altre ancora: nessuna privilegiò e nessuna escluse. All'occorrenza avrebbe postillato Lao-tzu, chiosato Śaṅkara, commentato le *Upanishad*, ricostruito dialoghi zen o inventato da sé parabole esilaranti come quelle su Mullà Nasruddin. Accanto alla trasmissione verbale della dottrina, Rajneesh apprestò certe tecniche di meditazione differenziate e graduate, volte a mutare radicalmente l'atteggiamento psico-fisico del discepolo. Il famoso libretto arancione che fu poi pubblicato a Poona dalla Rajneesh Foundation [1], ne contiene una rosa vastissima, adatta ai diversi temperamenti, al giorno e alla notte, alla solitudine e alla vita in comune. La premessa generale alla disciplina è che «Meditazione non significa concentrarsi. Nella concentrazione c'è una dualità, un soggetto (dentro) che si concentra su un oggetto (fuori). Nella meditazione non c'è stacco tra un dentro e un fuori. C'è un fluire continuo nella coscienza indivisa» [2].

Sulla fine dei Sessanta, il 'sistema' di Rajneesh, per quanto stava in lui, era pronto. Mancava soltanto la verifica sperimentale, e anch'essa non si fece attendere. Dapprima intimiditi dal suo seguito indigeno, e via via rin-

[1] *The Orange Book. The Meditation Techniques of Bhagwan Shree Rajneesh*, Poona 1980; pubblicato in Italia dalle Edizioni Mediterranee, Roma.

[2] *Ivi*, pp. 5 sgg.

cuorati dall'arrivo di amici e amici ignoti da amici, bussarono alla porta di Rajneesh giovani a centinaia da ogni angolo d'Occidente. L'*achârya* si comportò così: come persone li lasciò liberi di andare e venire, ma come discepoli li raccolse in un movimento: il *Neo-Sannyâs International*.

Anzitutto spiegò in che cosa consistesse la novità del 'suo' *sannyâs* rispetto a quello dell'India tradizionale, e perché mai proprio in quel momento fosse necessario correggerne gli antichi aspetti di asprezza e rigore. In poche parole, la differenza tra il vecchio e il 'nuovo' *sannyâs*, è che il primo è fondato sulla tensione a raggiungere la liberazione attraverso la rinuncia e il distacco dal mondo, mentre il nuovo *sannyâs* intreccia col mondo un idillio felice, accetta la vita come una sfida né si propone alcun raggiungimento, perché l'importante non è 'raggiungere'ma 'mettersi in cammino', svegliarsi alla consapevolezza della propria natura-di-Buddha e coltivarla amorevolmente come un seme, senza attese di sorta, dando il benvenuto a ciò che capita momento per momento. E 'questo' *sannyâs* secondo Rajneesh, è l'unica specie di iniziazione concepibile al giorno d'oggi: non richiede tempo, perché è istantanea; non esige qualifiche perché *chiunque* è adatto a incominciare; non separa gli uomini l'uno dall'altro, anzi li accomuna; infine è a prova di vita perché solo la morte può impedirla. La morte fisica, certamente, ma prima di quella, l'accidia interiore e tutte le subdole resistenze che l' 'io' oppone alla propria e salvifica capitolazione. Perciò, e solo in questo senso, il *sannyâsi* deve allenarsi a lottare contro l'istinto di morte interiore che avvelena la vita paralizzandola o trasformandola in un inferno. Ed è a questo punto che nell'insegnamento di Rajneesh s'innestava la strategia operativa.

I suoi *sannyâsi* dovevano mettersi nella situazione di ripudiare attivamente la propria vecchia e malata identità. Incominciò dal nome. Ti chiami Carlo, Bernardo, Amalia, Irene? Ebbene, d'ora in poi sarai *Swami* Beatitudine-e-Guado, *Ma* Amore-e-Abbandono, *Swami* Certezza-Oltre-Il-Dubbio. La scelta del nome non era fatta a caso. Certezza-Oltre-Il-Dubbio serviva a ricordare all'ex Bernardo che la sua inclinazione dubitante andava corretta e sostituita da una trionfante certezza. *Ma* Amore-e-Abbandono avvertiva l'ex Irene che la sua meta finale era una resa traboccante d'amore, e così via.

Dopo il nome, si passava al vestito. I *sannyâsi* di Rajneesh erano liberi di scegliersi la foggia che preferivano, ma erano vincolati a una gamma tonale dall'ocra all'arancio-zafferano, escludendo assolutamente le tinte spente — dal marrone bruciato al viola al verde-grigio. Infine, un ciondolo da portare sul cuore col ritratto del maestro. Con questi artifizi, le tecniche di meditazione dinamica e l'incanto della sua parola, Rajneesh poté contare in breve tempo su un esercito di devoti allacciati al maestro anima e corpo. Oh! come teneramente li blandiva, ne indovinava le riposte smanie, ne snidava le maligne tendenze: alla sopraffazione, all'orgoglio, all'invidia tenace, alla gelosia. Con grazia delicata, dentro il cuore di ognuno, giocava a rimestare tutti i *rasa*.

L'estetica indiana parla dei *rasa* come se l'anima dell'uomo fosse una pianta. E come la linfa (*rasa*) trasmette alla pianta il nutrimento vitale, così l'anima immersa nella vita s'intride di nove *rasa* o sentimenti dominanti, che i retori medievali elencavano con cura: Erotico, Comico, Patetico, Furioso, Eroico, Terrificante, Ripugnante, Meraviglioso, e infine Placido.

Rajneesh voleva che i suoi *sannyâsi* s'immedesimassero in tutti i *rasa*, e per questo imbastiva situazioni capaci d'infuriarli, innamorarli, nausearli, terrorizzarli, meravigliarli, fino a quando non giungeva il momento d'inondarli con l'ultimo, il *rasa shanti* o della quiete sublime.

Ai più devoti si rivolgeva anche per lettera, congegnando missive intonate alla personalità del ricevente. Ad un tipo cerebrale e un po' troppo analitico, ad esempio scriveva [3]:

[3] In, *What Is Meditation, A Collection of forty-five Immortal Letters written by Bhagwan Shree Rajneesh to H.H. Ma Veet Sandeh*, Bombay 1971.

«Guarda — questo è un FOGLIO BIANCO riempito di segni.
Puoi contemplarlo sia come FOGLIO BIANCO che come mucchio di segni.
O ascolta il SILENZIO che contiene una sonata — puoi percepirne i suoni oppure il SILENZIO.
O immagina una casa VUOTA — ci sono le pareti e in mezzo il VUOTO.
Se scorgi i segni, odi i suoni, vedi le pareti — SEI NELLA MENTE.
Ma se vedi il FOGLIO BIANCO, odi il SILENZIO o scorgi il VUOTO, TU SEI OLTRE».

Quasi sempre le missive andavano a segno, e il discepolo, denudato nei suoi vizi interiori, domandava: «E *tu* chi sei? Chi è dunque il maestro?». Rajneesh rispondeva: «Nessuno». Il maestro non è *nessuno*, è un vuoto che v'inoltra nel vuoto, una spinta a librarvi al di là del conosciuto. «Siete magneti, captate, emettete energia ma non sapete come trasformarla in beatitudine. Per questo ci sono tecniche, espedienti, artifizi. Il Buddha li chiamava *upâya*, stratagemmi, per usare voi stessi così come siete: limitati, dubbiosi, incespicanti... Il raggiungimento di un Buddha non è miracoloso, è prevedibile, sarebbe strano che non accadesse. Ma quando qualcuno viene a me, con tutti i suoi desideri, le sue ansie, i suoi timori e vuole incominciare, questo è un miracolo. E se devo scegliere tra lui e il Buddha, scelgo lui, lui così incapace eppure così ardito! Perciò non m'interessa il raggiungimento, ma l'inizio. Se appena incominci, io so che continuerai a crescere. Potrà accadere fra un attimo o mai per vite e vite, ma una volta che hai incominciato, non sarai più lo stesso. Perciò come posso negarti di incominciare? Dovrei forse esigere delle garanzie di abilità? In realtà, niente vi manca. Siete colmi e pronti. Credetemi sulla parola» [4].

Rajneesh così educando a Bombay negli anni in cui era ancora un *achârya*, echeggiava nella dottrina un altro maestro, assai più vecchio e schivo di lui, che abitava in una casuccia a molti blocchi di distanza dall'apparta-

[4] Da un discorso pronunciato a Bombay nel 1972.

mento di Rajneesh in Pedder Road, un grattacielo chiamato Woodlands. Il vecchio era Nisargadatta Mahârâj, e pochi nella cerchia dei *rajneeshi* s'intrufolavano da lui quando la mattina, dopo il *bhajan* cantato dalle donne, imbastiva quei suoi dialoghi scabri di purissima sapienza vedantica:

D.: L'abbandono dei desideri richiede tempo?
R.: Se lo affidi al tempo, ci vorranno milioni di anni. L'abbandono di un desiderio dopo l'altro è un processo senza fine. I desideri e le paure, lasciali per conto loro, dà tutta la tua attenzione a colui che è dietro l'esperienza del desiderio e della paura. Domandati chi desidera. Lascia che ogni desiderio ti riconduca a te stesso [5].

Semmai, come diversivo al clima di Woodlands, i *neo-sannyâsi* preferivano sciamare in campagna, nell'ashram di Muktananda Paramahansa: tra cantilene ininterrotte nel tempio, concentrazioni nelle grotte e esercizi di *japa yoga* [6], trascorrevano austere giornate coronate da un cibo saporoso e abbondante. In realtà, a casa di Rajneesh stavano stretti.

Una cucina di media grandezza, dove la sorella e due cuochi nepalesi chiacchieroni, tagliuzzavano verdure accoccolati per terra — il pasto del maestro era alle undici. Un salone-biblioteca per le udienze, due piccole stanze per i discepoli residenti, e la vasta camera da letto-studio di Rajneesh col bagno attiguo.

Ma Yoga Lakṣmî, l'intrepida 'ombra' di lui, badava a quadrare il bilancio. E la voce più forte, in irresistibile

[5] In, Nisargadatta Mahârâj, *Io sono Quello*, ediz. it. a cura dell'autrice, voll. I, II, Rizzoli, Paràmita 1981. Il dialogo citato è a p. 118, vol. I. Un centone di *aforismi* di Nisargadatta sono stati raccolti dall'autrice su «Conoscenza Religiosa», n. 1 1981, La Nuova Italia, Firenze. *Seeds of Consciousness. The Wisdom of Sri Nisargadatta Mahârâj*, a cura di Jean Dunn, Grove Press, Nuova York 1982, contiene le conversazioni più recenti del maestro, prima della morte avvenuta a Bombay nel settembre 1981.

[6] Cfr. Swami Muktananda Paramahansa, *Japa Yoga*, a cura di Citrarekha, su «Conoscenza Religiosa», La Nuova Italia, Firenze, fascicolo speciale dedicato all'India, n. I, 1977.

ascesa, era l'acquisto dei libri. Rajneesh trangugiava centinaia di volumi, e due volte all'anno si recava di persona nella migliore libreria al Forte per fare le sue ordinazioni: psicologia e psichiatria di tutte le scuole, tecniche di alterazione della coscienza, sistemi di risveglio d'ogni tipo, specialmente Gurdjieff-Uspenskij, varia filosofia e poca storia, cui preferiva biografie di uomini illustri e repertori scientifici. Infine, cataste di testi sapienziali, con un debole per i tantra *vajrayana* e lo yoga *sahaja*.

Negli anni successivi al Settanta, Rajneesh ordinò un migliaio di nuovi *sannyâsi*, dediti all'ascolto dottrinario e alla meditazione quotidiana.

Per i discorsi affittava di solito un teatro o il *maidan*, un vasto spiazzo erboso deputato ai raduni, al centro della città. Tra un commento a Śaṅkara e una chiosa a Mahavir, insinuava valutazioni empiriche, talvolta politiche. Una volta scandalizzò i nostalgici di Gandhi e molti benpensanti, il ciclo intitolato «Guardatevi dal socialismo»[7]. Il ragionamento di Rajneesh era semplice: il socialismo è un lusso ulteriore che possono permettersi solo le società capitalistiche. Ma che senso ha parlare di equa spartizione dei beni quando i beni sono assenti e l'unica ricchezza è la penuria?

Per la meditazione attiva, a parte la spiaggia o il salone di Woodlands, i *sannyâsi* dovevano peregrinare da uno scantinato all'altro, perché gli strepiti, le grida, i tonfi sull'impiantito e le testate nei muri erano acusticamente un inferno. Nei mesi in cui si addestrarono nel villino attiguo alla residenza del Console Generale d'Italia, il cortese diplomatico divenne insonne e alla scadenza del mandato, lasciando Bombay, rimase in dubbio se addebitare le sue emicranie al chiasso dei meditanti — tra i quali figuravano vari connazionali — o agli schiamazzi dei corvi nel giardino, eccitati dallo strepito di là dal muro.

La *routine* a Woodlands si spezzava periodicamente per i campi di meditazione. Il sito prediletto era Mount

[7] Bhagwan Shree Rajneesh, *Beware of Socialism!*, Orient Paperbacks, Rajneesh Foundation, Poona 1978.

Abu, nel Rajasthan. La sera della partenza, il codazzo dei *sannyâsi* tamburellanti e svolazzanti (molto più gioiosi degli *Hare Krishna*) precedeva in stazione il maestro. A mani giunte e passo lesto, egli percorreva la banchina e spariva nel treno.

L'alba sulle colline rajasthani era smagliante [8]. Una conca erbosa accoglieva creature già dal mattino elettrizzate, suggestionate a perdere totalmente la faccia. E ognuno, per ghermire l'estasi in un crescendo quasi sciamanico, s'inventava lì per lì un suo tantra estemporaneo. Chi correva a perdifiato, chi si divincolava tra i cespugli, chi pietrificato sotto un albero respirando appena, s'assimilava al Buddha Śâkhyamuni e i corvi lo becchettavano in testa, tanto pareva morto.

Ai limiti del campo un flauto levava la sua nota sola. Con mente assente s'inseguiva il suono finché l'ultima propaggine svaniva riassorbita nell'aria. Oppure si faceva l'esercizio di fissare le pupille in quelle altrui senza sbattere le palpebre, addestrando l'occhio a durate maggiori senza il sollievo di stornare la pupilla di un nulla più sopra o più sotto, più a destra o a sinistra del suo centro pungente.

Nell'introito al *kirtan* (una danza collettiva assai vicina alla derviscia), la voce dominante, inneggiando a Govinda, pilotava le coscienze all'*advaita*, all'unità:

GOVINDA BOLO HARI GOPALA BOLO
GOVINDA BOLO HARI GOPALA BOLO
RADHA NAMANA HARI GOPALA BOLO
RADHA NAMANA HARI GOPALA BOLO

A sera la scena mutava radicalmente. Sulle creature di Rajneesh trasognate immote arrese, colava la parola del maestro.

Discorsi come quelli sulla *Kena-Upanishad* accolti in

[8] L'atmosfera di un campo di meditazione a Mt. Abu è descritta da *Ma Veet Sandeh*, *Iniziazione alla quiete costante*, su «Conoscenza Religiosa», La Nuova Italia, Firenze, n. I 1975.

questo libro, spargevano un incanto, un senso di densa e struggente nostalgia. Rajneesh sapeva svegliare nei *sannyâsi* la nostalgia della verità:

«*Non so da dove incominciare né dove finire, perché la vita stessa è senza inizio e senza fine. Come queste colline che vi attorniano o le nuvole vaganti o questo cielo, anche voi siete senza inizio e infiniti. Nulla incomincia o termina. E ciò che può avere un principio o un termine, non può che essere artificiale. La natura* sta, *è com'è, da sempre... Non appena capita a qualcuno di farsi vuoto, di diventare nessuno, la cosa accade — la stessa cosa che toccò ai veggenti delle* Upanishad. *Non appena non sei, il Divino arriva. Finché tu sei, il Divino è assente*»[9].

Nel 1971 Rajneesh morì come *achârya* e rinacque *Bhagwan.* Fu questione di un attimo. Una mattina a Woodlands, il giovane Yoga Chinmaya sgusciò dalla stanza di Rajneesh e sibilò l'annuncio: «Chiamatemi *Bhagwan*, perché ormai sono la porta per condurvi al Divino. Ancora per poco parlerò e poi tacerò. E il numero che siete crescerà a dismisura. Vi prometto che andremo lontano. Ricordatelo. Anche se mi lascerete, resterò con voi: il vincolo che ci unisce è l'amore e la natura divina».

Con questo proclama e il successivo insediamento nell'ashram di Poona, Rajneesh procurò alla stampa indiana un motivo in più di ironica maldicenza. Ma in certi ambienti religiosi ortodossi il suo carisma eretico divenne intollerabile. Nella primavera dell'Ottanta, durante un'udienza, un uomo tentò di colpirlo. Gli balzarono addosso i *sannyâsi*, lo disarmarono. Si dice che lo tirassero via con parole d'amore. Sulle pagine del «Times», raccontò l'episodio Bernard Levin. Il suo stile, per una volta, rinunciò all'ironia. Il peana a Rajneesh terminava con un avvertimento: «Quell'uomo, dà da pensare».

Meditando sul suo attentatore, anche Rajneesh dovette concludere lo stesso. Infatti, di lì a poco prese due de-

[9] Cit. da, *Verso il risveglio*, cap. introduttivo al presente volume.

cisioni: sparire dall'India — di là dal mare, lontano, una terra nell'Oregon l'avrebbe accolto; e inaugurare il silenzio — «*...tutto ciò che potevo dire a parole, l'ho già comunicato. D'ora in poi saremo in contatto in maniera sottile*».

Chiamò il nuovo regno *Rajneeshpuram* e visse tra i suoi sudditi per molti, molti anni divinamente appagato.

Se la mitobiografia di Rajneesh si arrestasse qui, le sottrarremmo una parte di significato che invece le spetta. Vale la pena perciò, finché siamo in tempo, fare al riguardo alcune riflessioni.

Rajneesh non appartiene ad alcuna trafila esoterica, tra le poche sopravvissute in India o in altre parti del mondo. Di se stesso ha detto: «Ho lavorato con molti maestri ma non sono mai stato un discepolo. Mi considero semmai un viandante — ho peregrinato per vite e vite, ho incrociato tante tradizioni, ho accostato gruppi, scuole, metodi senza mai appartenere ad alcuno di essi. Se ho imparato molto, è perché non mi sono mai legato. Se percorri una sola via, la conoscerai a menadito, ti ci immergerai totalmente, ma questa dedizione finirà col precluderti altre possibilità» [10].

Rajneesh così dicendo, è certamente sincero. Ma questa filosofia della porta aperta, dell'attaccamento distaccato, dell'intensità consapevole e cauta, dalla parte dei discepoli è stata accolta come un invito al contrario. Non c'è potere di attrazione più forte che quello di dire a uno che si è già legato: «Sei libero». Sciogliere quel vincolo diventerà quasi impossibile, perché in realtà è molto più di un vincolo, è un gesto magico. E certamente Rajneesh è anche un mago.

Per svegliare l'uomo 'nuovo' [11], occidentale fuori e

[10] Cit. dal paragrafo che descrive lo *Shree Rajneesh Ashram* in, *Seeking the Master. A Guide to the Ashrams of India*, a cura di Muz Murray, Neville Spearman Jersey, Channel Islands 1980, p. 233.

[11] Questo concetto prese forma in una serie di conversazioni raccolte nei primi anni Settanta in *Inward Revolution*, e successivamente riampliate in *Psychology of the Esoteric. The New Evolution of Man*, Orient Paperbacks, Rajneesh Foundation, Poona 1978.

orientale dentro, a suo agio tra i *Veda* e i microcalcolatori, tra dissensi alla moda e se occorre, consensi all'*establishment*, meditativo e gaudioso, sia col maestro che senza di lui, Rajneesh ha puntato su un rovesciamento strategico. Dove in Oriente, da tempo immemorabile il maestro è un uomo allevato in un solco iniziatico, a partire da Rajneesh sarà un illuminato che «s'è fatto da sé». Dove la tradizione è un laccio spirituale che vincola al passato, con Rajneesh diventa un progetto saldato all'avvenire. La somma di conoscenze che in vent'anni di predicazione Rajneesh ha trasmesso, dispensa l'uomo 'nuovo' dalla fatica di scovare da sé ciò che conta ricordare e assorbire del retaggio spirituale. Ascoltando *Bhagwan*, potrà sintonizzarsi con la *Kaivalya Upanishad*:

«*OM — Tenere la mente costantemente assorta nella luce interiore e fermamente rivolta verso QUELLO è l'offerta e il bagno preparatorio all'adorazione*» [12];

la «via» di Bodhidharma:

«*Qualsiasi pensiero ti foggi con la mente dualistica, non potrà mai dar conto della vera natura della mente, per questo dico che vivi in un sogno*» [13];

il sentiero zen:

«*Quest'unica vita è senza forma e vuota per natura. Se ti attacchi a una forma, disfatene subito. Se distingui cose come un 'io', un'anima, un uccello o la morte, buttali via una volta per sempre*» [14];

o il tantra di Tilopa:

12 *Sutra* commentato nel ciclo sulla *Kaivalya Upanishad*, Mt. Abu, 1971. Ulteriori commenti vedantici di Rajneesh sono in, *Vedanta. Seven Steps to Samadhi, Discourses on the Akshya Upanishad*, Rajneesh Foundation 1976.

13 Cit. da, Bhagwan Shree Rajneesh, *The Whyte Lotus. Discourses on Fragmentary Notes of Bodhidharma's Disciples*, Rajneesh Foundation, Poona 1981.

14 *Ivi*, p. 173.

«*Se sciolto e senza sforzo, ti mantieni nella naturalezza, presto otterrai il* MAHÂMUDRÂ *e raggiungerai il non-raggiungimento*» [15].

La sapienza che parla in Rajneesh insegna che, al fondo, tra quelle 'vie' non c'è differenza: tanto per 'cominciare' qualsiasi va bene, e quanto alla mèta, è futile desiderarla finché si è giusto agli inizi. Per questo dicemmo che Rajneesh sa suscitare la *nostalgia* della verità: il suo acume intellettuale e una scaltrezza antica lo fanno consapevole che *solo* la nostalgia o la tensione a un possesso si può suscitare nell'uomo con certi espedienti. Guardare in faccia la verità può essere letale, ma averne nostalgia o perfino combatterla assicura una vita lunga e appassionata.

Oltre a ciò, Rajneesh è riuscito in un'altra impresa scarsamente credibile in questo scorcio di secolo. Per capire di che si tratta, basta scorrere una delle nove interviste raccolte da Sam Keen nel 1970 in *Voices and Visions* [16]. Vi figurano alcuni dei protagonisti culturali degli anni Sessanta, da Marcuse a Norman O. Brown, da Ichazo a Castaneda [17]. Nel gruppo, così bene assortito, non poteva mancare un mitologo, e Sam Keen accostò Joseph Campbell. Alla domanda: «C'è spazio per il mito nel mondo attuale?» Campbell rispose: «Penso proprio di no. Un mito condiviso esige che si abbia in comune un corpo compatto di esperienze, ma questo può verificarsi solo in società contenute e culturalmente isolate. Ad esempio, una società di pastori potrà condividere immagini bucoliche. Ma il mondo d'oggi è così eterogeneo che un corpo d'esperienze comuni diventa impossibile. Il plu-

[15] Da un canto di Tilopa, commentato in *Tantra. The Supreme Understanding*, trad. it. *Tantra. La Comprensione suprema*, Bompiani, Milano 1980.

[16] Sam Keen, *Voices and Visions. Conversations with.*, Perennial Library, Harper & Row, New York 1970.

[17] Per un'analisi critica del pensiero e dell'opera di Herbert Marcuse, Norman O. Brown e Carlos Castaneda, cfr. le rispettive monografie, a cura dell'autrice in *Novecento Americano*, voll. II, III, Lucarini, Roma 1981, 1982.

ralismo impedisce che possa attecchire un mito unificante» [18].

A dieci anni da quell'intervista, la scommessa riuscita di Rajneesh ha smentito la prognosi di Campbell. Migliaia d'individui sparsi e spersi sulla terra, le energie di una generazione che pareva perduta sono state mobilitate per attivare un mito unificante e viverci dentro.

Un coetaneo occidentale di Rajneesh, più o meno negli stessi anni, tentò a sua volta l'impresa. Si mise in cammino per le *Sierras*, incontrò o si figurò d'incontrare un vecchio stregone yaqui e ne divenne il discepolo. Da quel contatto, il «suo» mondo quotidiano esplose. Entrò in un mito vivente: il mito di un uomo *senza qualità* del XX secolo che diventa un «guerriero» — nel linguaggio dello stregone don Juan, è guerriero colui che impara a sconfiggere la malìa che lo avvince al conosciuto, all'«isola del tonal». Ma Castaneda o il personaggio che s'esprime in lui, era un uomo solo. Il mito lo ha soverchiato e anche il mondo (la sua cattiva coscienza), dopo qualche plauso iniziale, lo ha abbandonato. Rajneesh è stato più accorto. Ha congegnato un 'sistema' con alcune valvole di sicurezza. C'è la *prajñâ*, severa e inaccessibile, ma c'è anche per le esigenze più immediate dei più, una «*ricetta di compassione*»: «*medita, lavora e senza scopo ridi, gioisci del semplice fatto di esistere, qui-ora, con me e senza di me*».

Il che dimostra che un mito unificante, soprattutto oggi, non si regge né sulla sapienza sola né sull'assoluta solitudine. Per questo secolo Rajneesh ce l'ha fatta. Nel prossimo, chi vivrà vedrà.

GRAZIA MARCHIANÒ

[18] La tesi di Campbell è in realtà molto discutibile. All'eterogeneità del mondo odierno si accompagna una uniformità delle fruizioni e del comportamento estetico, che mise bene in luce Marshall Mc Luhan nella sua teoria critica dei mezzi di comunicazione di massa. Cfr. sull'argomento la monografia su Mc Luhan, a cura dell'autrice, nel cit. *Novecento Americano*, vol. II.

NOTA AL LETTORE

Osho, già conosciuto come Bhagwan Shree Rajneesh, lasciando il corpo ha voluto essere ricordato come un semplice suono, il cui significato è spiegato a pagina 6, al termine della Nota Biografica.
Inoltre, per spiegare la sua esistenza, al di là dei tanti eventi che hanno accompagnato la sua vita, ha dettato un'epigrafe oggi posta sul suo samadhi, a Pune, in India:

OSHO
MAI NATO, MAI MORTO
HA SOLO VISITATO
QUESTO PIANETA TERRA
DALL'11 DICEMBRE 1931 AL 19 GENNAIO 1990

NOTA BIOGRAFICA

Osho nasce a Kuchwada, nel Madhya Pradesh, in India Centrale, l'11 dicembre 1931. Fin dalla più tenera età si pone di fronte alla vita come spirito libero, desideroso di sperimentare la vita in prima persona, insofferente a regole e a norme imposte.

La sua ricerca della verità raggiunge il suo culmine all'età di ventun anni, il 21 marzo 1953. Quel giorno, Osho vive nel proprio essere la più alta vetta di consapevolezza, sperimentabile dall'uomo: l'illuminazione. Descritta in Oriente come "l'istante in cui la goccia si fonde nell'oceano, nell'attimo stesso in cui l'oceano si riversa nella goccia", per noi è più facile comprenderla come "la totale rottura e la caduta delle maschere con cui comunemente ci si identifica, per sopravvivere, e attraverso le quali si vivono la propria vita e i rapporti con gli altri, perdendo la capacità di mettersi in contatto con la realtà dell'esistenza".

Questo suo aprire gli occhi sulla realtà dell'esistenza, così come essa è, quando non è viziata dai pregiudizi, non è condizionata da immagini mentali e non è distorta da desideri o speranze, lo spinge a voler invitare gli altri esseri umani a quella stessa esperienza di trasformazione. Inizia quindi a viaggiare per tutta l'India, prima partecipando a convegni e dibattiti, e successivamente (alla fine degli anni Cinquanta) tenendo conferenze a platee anche di centomila persone. Termina comunque gli studi nel 1956, laureandosi in filosofia, e prosegue la carriera universitaria come professore al "Sanskrit College" di Rajpur prima, e quindi come rettore della cattedra di filosofia presso l'università di Jabalpur.

Solo agli inizi degli anni Sessanta si sente pronto a intraprendere un tipo di lavoro diverso: aiutare altri esseri umani a vivere la stessa esperienza da lui vissuta. Tenta così di fare ciò che non può essere fatto, di condividere ciò che non può essere condiviso, di insegnare ciò che non potrà mai – per sua stessa natura – essere insegnato. Paradossalmente, è proprio su questa "incomunicabilità" che a lui si uniscono alcuni ricercatori, la cui vera motivazione è conoscere il proprio essere direttamente, senza alcun tipo di intermediazione. Per rispondere a questa esigenza, nel 1964 Osho inizia a organizzare Campi di Meditazione durante i quali utilizza tecniche innovative, di tipo dinamico, in grado di aiutare a cogliere quel "silenzio oltre i silenzi" in cui la nostra vera natura si manifesta nell'esplosione di un'esperienza indubitabile.

Nel 1966 egli abbandona completamente la carriera universitaria e alla fine degli anni Sessanta si stabilisce a Bombay, dando vita a un ashram, o "comunità spirituale", che viene trasferito a Pune il 21 marzo 1974, in occasione del ventunesimo anniversario della sua illuminazione.

Riconosciuto da quanti intorno a lui vivono come "Maestro di Realtà", dopo un'esperienza americana, conclusasi tragicamente con il suo arresto e un avvelenamento, scoperto con analisi mediche solo nel 1987, l'ashram di Pune torna a essere il cuore del suo lavoro: qui egli crea un "laboratorio di crescita" il cui impatto ancor oggi richiama da ogni parte del mondo ricercatori del vero, consapevoli di trovare in questo habitat, fortemente immerso nella meditazione, lo stimolo esistenziale in grado di scuotere l'equilibrio interiore e spostare il centro della propria autoidentificazione dal senso di separatezza che ci contraddistingue a un senso di profonda appartenenza alla vita.

Osho ha spiegato che il suo nome deriva dal termine *osheanic*, coniato dal filosofo inglese William James, e da lui usato per indicare l'esperienza del "dissolversi nell'oceano dell'esistenza", comune alle varie forme dell'esperienza religiosa.

"Ma *osheanic* descrive solo l'esperienza," egli ha chiarito. "Come definire colui che fa quell'esperienza della vita? Per definirlo usiamo il termine 'Osho'."

Un suono, dunque, con forti eco nella nostra coscienza, più che una figura storica… così Osho ha voluto essere ricordato da quanti traggono ispirazione e alimento dalla sua visione, quasi a testimoniare che la ricerca del vero, e l'evoluzione della consapevolezza, trascendono la vita del singolo individuo, appartenendo all'esistenza dell'uomo in quanto tale, nei secoli.

PREFAZIONE[1]

Durante il campo di meditazione svoltosi al Monte Abu (Rajasthan, India) in cui Bhagwan tenne questi discorsi, si facevano tre meditazioni ogni giorno: al mattino la Dinamica, Kirtan nel pomeriggio e Tratak la sera, dopo il discorso.

Ciascuna di queste meditazioni, nel suo modo particolare, illustra l'intuizione radicale che contraddistingue Bhagwan in quanto Maestro dell'epoca moderna: per Lui il silenzio interiore della meditazione sorge solo quando il caos della *catarsis* si è esaurito, e quel silenzio viene reso reale ed è confermato solo dalla qualità di felicità e di estasi che ne scaturisce. Stare seduti ad occhi chiusi nella posizione del loto non dimostra affatto che stia accadendo qualcosa definibile come «meditazione». Per Bhagwan meditazione è lo stato di silenzio interiore in cui vive un Buddha, mentre queste «meditazioni» sono semplici tecniche per espellere la confusione che copre la superficie dell'essere, e permettere poi al silenzio di manifestarsi.

La Meditazione Dinamica è il dono originale fatto da Bhagwan al mondo moderno: migliaia di persone ne sono state trasformate. Questa tecnica si compone di cinque stadi: dieci minuti di respirazione caotica ed energica, fatta attraverso il naso, produce l'energia che esplode in altri dieci minuti di *catarsis* — urla e grida, risate e pianti, salti e convulsioni, quello che è il bisogno del mo-

[1] La prefazione si rifà all'esperienza indiana dell'ashram di Bhagwan, fino al 1981 fulcro dell'intera attività neo-sannyasin nel mondo.

mento. È un lasciarsi andare totale. Nel terzo stadio, sempre di dieci minuti, si ripete il mantra sufi: Hu! Hu! Hu! saltando con le braccia levate verso l'alto. Questa mezz'ora di sforzo totale viene fermata da un segnale di stop: e il meditatore si blocca. Ma a questa immobilità esteriore corrisponde una dinamo di energia interiore che chi medita osserva quale testimone imparziale. Nel silenzio vibrante che segue la tempesta molti esperimentano per la prima volta quello stato di non mente proclamato da tutti i mistici della storia, allorché tutto continua a fluire come sempre, ma il chiacchierìo di pensieri inutili viene lasciato alle spalle. Infine il silenzio viene rotto da una musica molto dolce, la posizione di rigidità viene gradualmente allentata, la statua si scioglie e il meditatore diviene un ballerino, un creatore che esprime all'intera esistenza la sua gioia e la sua riconoscenza per il dono della vita.

Così come l'abbiamo descritta, la Meditazione Dinamica è praticata ogni mattina allo Shree Rajneesh Ashram di Poona e continua ad aprire le attività quotidiane di tutti i Centri di Meditazione Rajneesh nel mondo. I cinque stadi sono accompagnati da musica registrata, creata appositamente per dare il tempo ai diversi momenti della meditazione.

Il campo di meditazione del Monte Abu si tenne prima che la tecnica si fissasse nella forma odierna: la musica era fornita da un piccolo gruppo di musici e la meditazione terminava con il quarto stadio, il silenzio. Il quinto stadio, chiamato anche a quel tempo «celebrazione», non era ancora parte integrante della tecnica stessa ma considerato come uno stato d'animo, una qualità nata dal silenzio che il meditatore avrebbe portato con sé negli eventi quotidiani.

Il *Kirtan* è un'espressione tradizionale della gioia di vivere che si fonda su danze, sul battere le mani e su ritmi di tamburo che accompagnano inni e canti devozionali. Come tecnica di meditazione si struttura in tre stadi di venti minuti l'uno. Lo stadio del silenzio, del testimone, in cui chi medita resta sdraiato ad occhi chiusi, è preceduto da un primo stadio energetico e da un terzo stadio espressivo, di danze e battito di mani sfrenato.

Il *Tratak* è un'altra tecnica meno forte e molto carica d'energia. Si basa sulla pratica dello sguardo fisso, in cui un oggetto viene fissato per lunghi periodi con attenzione totale. Il flusso di pensieri, generalmente nutrito dal nostro costante spostarci da un oggetto all'altro, si spegne gradualmente finché resta solo consapevolezza allo stato puro. Al campo di meditazione del Monte Abu, l'« oggetto » era Bhagwan stesso. Ritto in piedi reggeva lo sguardo di duecento persone che urlavano e saltavano, incoraggiandoli con movimenti delle braccia allargate, ed incitandoli ad ulteriori sforzi con un movimento del polso. Al culmine di un primo stadio intenso ed estenuante, che spesso continuava oltre i quindici minuti previsti, si spegnevano le luci e tutti si sdraiavano sulla schiena. In uno stadio finale di canti e danze, veniva poi espressa la gioia data dalla scoperta del silenzio interiore.

Durante i campi di meditazione mensili nell'ashram di Poona, Bhagwan non è più stato il fuoco d'attenzione visibile delle proprie tecniche di meditazione. Egli lascia la stanza solo due volte al giorno, per tenere il discorso del mattino e per iniziare nuovi discepoli al sannyas, e dare la sua benedizione ai sannyasin e ai visitatori, durante il *darshan* serale. Tuttavia Bhagwan resta il centro invisibile, non solo delle meditazioni che si tengono all'ashram, ma per qualsiasi altra cosa che accade nell'ashram stesso. La sua illuminazione, il suo essere, il suo amore sono l'ispirazione di tutti coloro che arrivano in visita e per quanti restano a far parte di questa comunità unica nella sua creatività, questo Buddhafield attivissimo che è l'ashram di Bhagwan Shree Rajneesh.

SWAMI ANAND VEETMOHA

Poona - Febbraio 1980

Capitolo primo

VERSO IL RISVEGLIO

INVOCAZIONE

Aum, possa il Brahman proteggerci entrambi. Possa nutrirci entrambi. Possiamo entrambi acquisire energia. Possa questo studio illuminare me e te. Possiamo noi essere sempre in amore. Aum, pace, pace, pace.

Aum, possano le mie membra rafforzarsi. E la mia parola, il mio respiro vitale — il prana — la mia vista, il mio udito, e tutti i miei organi sensori possano acquistare vigore. L'intera esistenza è pervasa dal Brahman delle Upanishad. Possa io non respingere mai il Brahman, voglia il Brahman non rifiutarmi. Che non vi sia affatto rifiuto. Che non vi sia rifiuto per lo meno da parte mia. Possa io, che sono devoto all'Atman, partecipare delle virtù contenute nelle Upanishad. Possano esse dimorare in me. Aum, pace, pace, pace.

Non so dove iniziare o dove finire perché la vita stessa non ha principio e non ha fine. Come queste colline che vi circondano, o le nuvole che vagano sopra di voi, o come il cielo, anche voi siete senza principio e senza fine. Nulla inizia mai, né finisce. E ciò che può avere un inizio o una fine sarà inevitabilmente artificiale. La natura permane sempre, è imperitura. Esiste sempre.

Per questo ogni volta che si vuole parlare dell'Assoluto, dell'Altissimo, dell'intimo, del fondamento stesso dell'essere, diventa difficile — dove iniziare? Dove finire? Perché è sempre presente, lo è sempre stato e lo sarà sempre. Non ha mai avuto un inizio né ci sarà mai una fine. Per cui inizierò esattamente nel mezzo, perché è l'unico punto da cui è possibile partire. E proprio nel mezzo finirò, perché non vi è altro modo per concludere.

La prima cosa che vorrei dirvi è che non ho scelto queste Upanishad per farne un commentario... esistono già fin troppi commentari e non hanno mai aiutato nessuno. Probabilmente hanno fatto del male a molti, per molte persone sono diventati degli ostacoli insormontabili, ma certamente non hanno aiutato nessuno. I commentari non possono essere d'aiuto perché sono prodotti di seconda scelta. Ed io non commenterò queste Upanishad. Al contrario, risponderò loro. Ne sarò un'eco che riprende e rimanda semplicemente.

In realtà, qualsiasi cosa dirò fondamentalmente sarà mia. Le Upanishad sono solo un pretesto. Per loro tramite esporrò me stesso: ricordatelo. Il mio desiderio è parlare di ciò che ho sentito, conosciuto e vissuto; ma ho la sensazione che lo stesso è successo ai veggenti delle Upanishad. Essi hanno conosciuto, vissuto, sperimentato la stessa verità. I loro modi d'espressione possono essere diversi, la lingua è molto antica — deve essere decodificata per poter essere accessibile alla mente contemporanea, a voi — ma qualsiasi cosa abbiano detto, essi hanno espresso l'elemento fondamentale.

Ogni volta che qualcuno giunge ad essere vuoto, ogni volta che qualcuno giunge ad essere un nulla, accade ciò che è successo ai veggenti delle Upanishad. Quando voi non siete, il Divino si manifesta. Quando voi siete, il Divino è assente.

Il problema è dato dalla tua presenza, la tua assenza è la soglia. Questi *rishi* sono diventati totali non entità, non conosciamo neppure i loro nomi; non sappiamo chi scrisse queste Upanishad, né chi le comunicò. Nessuno le firmò. Non esistono ritratti degli autori, né si sa nulla sulla loro vita. Quegli uomini si sono semplicemente dissolti. Hanno espresso ciò che è vero, ma come semplici strumenti. Non si sono affatto identificati nello scrivere. Essi si sono dissolti completamente per cui il messaggio si è reso manifesto nella sua totalità.

Queste Upanishad sono eterne. Non appartengono a questo paese, non appartengono a nessuna religione. Non sono proprietà di nessuno, non *possono* esserlo. Appartengono solo a coloro che sono pronti a buttarsi nel nulla.

Ho scelto di parlare sulle Upanishad perché sono a mio avviso una delle espressioni più pure dell'assoluto, se espressione vi può essere. In realtà è veramente difficile, e in un certo senso impossibile, esprimere attraverso la mente ciò che è conosciuto aldilà della mente. In un certo senso è assolutamente impossibile dire qualcosa su ciò che viene percepito quando ci si trova nel più profondo dei silenzi. Quando dentro di te non esistono più parole, quando ogni schema verbale scompare definitivamente, quando l'intelletto non funziona più, quando la mente non è affatto presente per ricordare, allora accade: allora esperimenti.

E quando la mente riappare, quando la memoria riprende a funzionare, quando l'intelletto si impadronisce di nuovo del tuo essere, l'esperienza è già tramontata. Ora l'esperienza non è più presente. Ne restano solo delle eco, delle vibrazioni. Solo queste possono essere catturate, e tramite la mente esse solo possono esser rese manifeste. Per questo a tutti coloro che hanno conosciuto la verità è sempre stato impossibile, difficilissimo, esprimersi. Coloro che non sanno nulla, possono parlare molto. Ma per coloro che sanno diventa sempre più difficile dire qualcosa — perché qualsiasi cosa dicano sembra falsa. Ora sono in grado di paragonare l'esperienza con le espressioni verbali che la descrivono, perché posseggono un'esperienza viva. Ora sono in grado di sentire come opera il linguaggio rispetto alla verità: la falsifica.

Un'esperienza viva, quando viene traslata in parole, impallidisce, sembra morta. Un'esperienza vissuta nella sua totalità, in cui tutto il tuo essere danza e celebra, diventa spenta e priva di valore quando viene espressa attraverso l'intelletto.

Coloro che non sanno possono parlare a josa perché non hanno alcun riferimento di paragone. Non hanno nessuna esperienza di prima mano; non possono sapere cosa stanno facendo. Quando qualcuno conosce, scopre anche la difficoltà di esprimere la propria visione.

Molti veggenti sono rimasti totalmente silenziosi, e per questo sono rimasti completamente sconosciuti — perché noi possiamo sapere solo di coloro che hanno parlato. Quando qualcuno parla, entra nella società. Quando qualcuno smette di parlare lascia la società, non ne fa più parte. Il linguaggio è l'ambiente in cui esiste la società. Assomiglia al sangue: il sangue circola in voi, e voi siete vivi. Il linguaggio circola all'interno della società e la società esiste. Senza linguaggio non vi è società. Per cui coloro che sono rimasti in silenzio, se ne sono distaccati. Li abbiamo scordati. Di fatto non li abbiamo mai conosciuti.

Una volta Vivekananda ha detto — ed ha perfettamente ragione — che i Buddha, i Krishna e i Cristo che abbiamo conosciuto di fatto non sono per nulla i veri protagonisti. Non sono personaggi fondamentali, sono solo periferici. Gli avvenimenti veramente essenziali sono sfuggiti alla storia. Coloro che sono diventati così silenti da non poter comunicare con noi, ci sono ignoti, non possono essere conosciuti, è impossibile conoscerli. Vivekananda ha ragione, ma coloro che sono diventati così silenziosi da non dire nulla sulla loro esperienza, non ci sono stati d'aiuto. Non sono stati abbastanza compassionevoli. In un certo senso sono stati perfetti egoisti.

È vero che è difficile dire qualcosa sulla verità, ma anche così si deve provare, è necessario tentare — perché per coloro che vivono nelle illusioni più cieche, anche una verità diluita sarà utile. Per loro, anche qualcosa che contiene una eco fievole e lontana sarà un aiuto per cambiare.

Buddha non è felice delle sue espressioni verbali. Qualsiasi cosa dica sente che non è vera. Ha la stessa sensazione di Lao Tzu, quando dice: «Ciò che può essere detto non può essere vero. Nel momento in cui viene espresso, è reso falso». Tuttavia coloro che vivono immersi nel mondo delle illusioni, coloro che sono profondamente addormentati, che hanno un sonno duro, per loro anche un falso allarme può essere d'aiuto. Se riesce a farli uscire dal loro sonno, se riesce a condurli ad una nuova consapevolezza, ad un nuovo essere, anche un falso allarme va bene. Certo, quando si saranno risvegliati sapranno che era falso — ma è stato d'aiuto.

In un certo senso, ovunque siamo e qualsiasi cosa siamo, siamo così falsi che, di fatto, una verità immacolata è del tutto inutile. Non riesce a penetrarvi, non troverà nessun punto di contatto, non sareste in grado di comprenderla. A voi può essere d'aiuto, e vi può attrarre solo una verità molto diluita, deformata — in un certo senso, falsa — perché in questo caso riuscirete a comprenderne il senso: è stata tradotta per vostro uso.

Queste Upanishad sono semplicissime. Parlano da cuore a cuore. Non sono filosofiche: sono religiose. Non poggiano su concetti, su teorie, su dottrine. Si riferiscono ad una verità vissuta — cos'è e come può essere vissuta. Non ci puoi pensare su, non puoi ridurla a filosofia. Puoi solo entrare in lei e permetterle di entrare in te. Ne puoi solo essere gravido, puoi solo immergerti in lei totalmente. Ti puoi disciogliere in lei.

Parleremo delle Upanishad, ed io porterò la mia esperienza personale come risposta al testo. Ma questo è solo un punto di partenza. Se voi non entrerete di persona in questa dimensione, sarà del tutto inutile. Se non vi incamminate e vi buttate nell'ignoto, non vi sarà d'aiuto. Anzi, potrà danneggiarvi, perché la vostra mente è già fin troppo oppressa, è molto pesante. Non ha bisogno di altri pesi. Io sono qui per alleggerirla.

Non vi insegnerò una nuova dottrina. Vi insegnerò solo un tipo di ignoranza purissimo. Quando dico «un'ignoranza pura», intendo l'innocenza. Mi riferisco ad una mente completamente aperta, vuota. Una mente che sa non è mai aperta: è serrata in se stessa. La sensazione stessa di sapere, vi chiude. E quando sentite di non sapere, siete aperti: siete pronti a viaggiare, ad apprendere, a muovervi.

Io non vi insegnerò un sapere, bensì l'ignoranza, come fare a non apprendere. Solo disimparare vi può aiutare. Nel momento in cui disimpari, nel momento in cui ridiventi ignorante, diventi bambino, divieni innocente. Gesù dice: «Solo coloro che sono simili a bambini riusciranno ad entrare nel Regno del Padre mio». Io cercherò di rendervi simili a bambini.

Perché accada è necessario uno sforzo coraggiosissimo. È la sfida più grande che vi si possa offrire. E se non accettate questa sfida non riuscirete a comprendere me né le Upanishad.

Per cogliere questa sfida è fondamentale comprendere alcune cose. La prima: mettete da parte tutto il vostro sapere. Per questi otto giorni vi prego di essere ignoranti. Non perderete le vostre conoscenze. Se tra otto giorni sentirete che hanno ancora valore, le potrete riprendere. Ma per questi otto giorni vi prego di lasciar da parte tutti i pesi che avete accumulato nella mente. Qualsiasi cosa sappiate, non permettetele di interferire in questo contesto altrimenti non sarò in grado di creare la comunione per la quale vi ho chiamati qui.

Sarà un grande esperimento. Se metterete da parte il

vostro sapere — e potete farlo; basta una semplice decisione: «Per questi otto giorni non userò il mio sapere; non dirò: "lo so"; accetterò di non sapere nulla». E se riuscirete a sentirlo, sarete pronti ad entrare nell'ignoto, perché si può entrare nell'ignoto solo quando non vi è conoscenza. Il sapere vi può guidare solo al mondo conosciuto; solo l'ignoranza vi può condurre nell'ignoto. E l'ignoranza è meravigliosa se riuscite a coglierne il significato.

Mettete da parte tutto ciò che sapete. E di fatto, cosa sapete? Continuate a fingere di sapere. Continuate a parlare di Dio e dell'anima e del paradiso e dell'inferno, e non sapete nulla di nulla. Ma questa finzione è molto costosa perché voi stessi, col tempo, ne restate ingannati.

Per questi otto giorni, la prima cosa da ricordare è: siate ignoranti. Non discutete, non fate ragionamenti, non dibattete, non rispondete a nessuno. Se siete ignoranti, come potete discutere e come potete controbattere? Se siete ignoranti, come potete fare domande? Se siete ignoranti come potete porre interrogativi? Di cosa potete chiedere? Anche le vostre domande sono frutto della vostra cosiddetta conoscenza. E cosa c'è da rispondere? Se riuscirete a sentire che siete ignoranti, diventerete silenti, perché a cosa mai dovreste pensare?

Il vostro sapere gira e rigira, si muove nella mente in cerchi concentrici. Mettetelo da parte — e non parzialmente, perché questo è impossibile. Mettetelo da parte tutto, completamente. Decidete che per otto giorni sarete ignoranti come lo eravate quando siete nati — come un bambino, un bimbo appena nato, che non sa nulla, non chiede nulla, non discute nulla, non controbatte nulla. Se riuscite ad essere simili a bambini, si aprono infinite possibilità. Perfino ciò che sembra impossibile diventa possibile.

Solo se siete ignoranti io posso operare. Solo nella vostra ignoranza posso trasformarvi. Il vostro sapere è l'ostacolo. Se sentite che il vostro sapere ha tanto valore ed è così importante che non vi è possibile metterlo da parte, andate via. Non restate qui, perché sarebbe inutile. Non ho l'intenzione di aumentare le vostre conoscenze. Non sono affatto interessato a ciò che sapete. Io sono interessato a voi, a ciò che siete. E l'essere che voi siete può esplodere alla vita solo quando le barriere del cosiddetto sapere vengono abbattute.

Preparatevi per l'ignoto, e potete essere pronti solo se siete disposti ad essere ignoranti. Ed io dico che questo è avere coraggio: sentirsi ignoranti è l'atto di coraggio più grande che un uomo possa compiere. Perché? Perché il sapere vi dà ego, vi dà la sensazione di essere qualcuno — sai di tutto un po'! Quando ti senti ignorante, non hai cibo con cui nutrire il tuo ego. Se sei ignorante l'ego scompare.

La gente continua a venirmi a chiedere come fare a dissolvere l'ego, e io dico loro: «Non tentate. Non potete dissolverlo. Al contrario mettete da parte il vostro sapere e l'ego scomparirà». Scomparirà come accade alle gocce di rugiada al sorger del sole. L'ego è una goccia di rugiada. Quando effettivamente senti di non sapere — ed è questo che intendo per ignoranza — quando non sai e dici: «Non so niente, sono immerso nel buio», dove potrà ergersi il tuo ego? Potrà avere un punto d'appoggio? L'ego scompare insieme al sapere. Quindi, come prima cosa: siate ignoranti.

Seconda cosa: la mente dell'uomo è stata totalmente distorta dalle persone serie. Coloro che si sono impegnati a condurre l'uomo verso la serietà, hanno distrutto tutto ciò che esiste in voi di bello. I puritani, i moralisti, gli insegnanti di religione, le chiese, hanno distrutto tutto ciò che di bello è in voi — perché la bellezza è in relazione all'assenza di serietà.

Il brutto è funzionale alla serietà, e la religione si è abbruttita perché si è aggrappata troppo alla serietà. Non siate seri. Per questi otto giorni divertitevi, siate allegri come bambini — godetevela! Godetevi voi stessi, gli altri, il mondo intero intorno a voi. Le colline sono splendide, e pioverà e ci saranno nuvole in cielo. Questa notte è meravigliosa, il silenzio è bellissimo. Ma se siete seri le vostre porte saranno chiuse, e non vi aprirete al silenzio della notte — perché nulla nell'esistenza è serio fatta eccezione per l'uomo.

Giocate. Sarà difficile perché siete molto strutturati. Intorno a voi avete una corazza — è difficile perderla, rilassarla. Non riuscite a danzare, a cantare, a saltare, non riuscite a gridare, ridere e gioire. Anche quando volete ridere, prima di tutto volete qualcosa per cui sorridere. Non potete ridere e basta. Ci dev'essere un motivo, solo allora siete capaci di ridere. Ci dev'essere un motivo, solo allora potete gridare e piangere.

Voi siete seri. Vedete la vita come un affare o come un'equazione matematica. Non è così! La vita è poesia, illogica. Non è un lavoro, è un gioco. Guardate gli alberi e gli animali e gli uccelli, guardate il cielo — l'intera esistenza è gioco. Voi siete serissimi, nulla di strano che vi siate separati dall'esistenza. Siete sradicati, e vi sentite alienati, vi sentite stranieri, sentite che questa esistenza non è la vostra casa. Solo voi e la vostra serietà ne siete i responsabili, nessun altro!

Mettete da parte il sapere, mettete da parte la serietà. Per otto giorni siate in allegria. Non avete nulla da perdere! Anche se non guadagnate niente, non perderete nulla. Cosa potete perdere nell'essere allegri? Ma vi dico: non sarete mai più gli stessi. Se riuscite ad essere veramente allegri, acquisirete una prospettiva nuova, un nuovo modo di guardare, un modo nuovo di essere. E quando ve ne andrete, non sarete la stessa persona. L'intera esistenza per voi cambierà senso — perché siete voi a darle un significato. Ora la vita vi sembra noiosa, priva di valore. A causa della vostra serietà, voi l'avete ridotta così. La vita è gioco, è bella, ma può essere bella solo se i vostri occhi sono aperti alla bellezza.

La gente continua a chiedere: «Dov'è Dio?». Non riuscite a trovarLo perché Lui è gioco e voi siete seri. Da secoli gli hindu dicono che questa esistenza è un gioco di Dio, e voi siete troppo focalizzati sul lavoro, siete così seri che non potete incontrarLo. È ovvio! È evidente! Non vi è affatto possibile incontrarLo. Vivete in dimensioni diverse. Lui esiste nel gioco. L'intera esistenza è solo un gioco. Non è lavoro, non è una cosa seria.

Mettete da parte la vostra serietà e per otto giorni diventate simili a Dio, giocate. Insisto: sarà difficile perché vi sentite adulti. Non lo siete! Non avete raggiunto la maturità. Certo, avete perso la fanciullezza, ma il semplice aver perduto l'infanzia non significa esser cresciuti. Si può perdere l'infanzia senza crescere affatto. Crescere non è invecchiare, la maturità non ha affatto un legame con l'età. Maturare è una crescita, e la crescita deve avvenire attraverso l'infanzia, non in opposizione — ricordatelo.

La vostra maturità è falsa perché è avvenuta in opposizione al bambino. Il bambino è nato, la maturità è stata costruita. Il bambino era naturale, voi siete artificiali, siete coltivati. Dovrete ritornare all'infanzia per ritrovare la fonte da cui è possibile una crescita.

Per questo motivo io insisto sul gioco. Vi voglio far ritornare al punto in cui avete smesso di crescere. Nella vostra infanzia c'è stato un momento in cui avete smesso di crescere e avete iniziato ad essere falsi. Forse eravate in collera — un bambino esplode in rabbia, è collerico — e vostro padre o vostra madre vi ha detto: «Non essere rabbioso! Non va bene!». Per voi era naturale, ma è stata creata una divisione e vi è stata imposta una scelta: se vuoi essere naturale, non otterrai l'amore dei genitori.

Naturalmente volevate l'amore. Per voi era l'unica sicurezza; senza quella non avreste potuto sopravvivere. Per cui avete scelto: vi siete arresi. Avete messo da parte la vostra natura. Avete cominciato a ridere e a sorridere; siete diventati bravi bambini. Il giorno in cui siete diventati bravi bambini, è stato il giorno della catastrofe. Da quel momento in poi non siete più stati naturali. Da quel momento in poi siete stati seri, non avete più giocato. Da quel momento avete iniziato a morire, non a vivere. Da quel momento avete incominciato ad invecchiare, non a crescere.

In questi otto giorni voglio riportarvi al momento in cui avete iniziato a fare i bravi anziché essere naturali. Siate allegri, così riacquisterete la vostra infanzia. Sarà difficile perché dovrete metter da parte le vostre maschere, le vostre facce; dovrete accantonare la vostra personalità. Ma ricordate, l'essenza può manifestarsi solo quando la personalità non è presente, perché la vostra personalità è diventata una prigione. Toglietevela! Sarà doloroso, ma ne vale la pena perché così rinascerete. E nessuna nascita può avvenire senza sofferenza. Se siete veramente decisi a rinascere, rischiate!

Per questi otto giorni siate di nuovo bambini. Non criticate nessuno, non condannate nessuno. Quel tipo di assurdità appartiene ai cosiddetti adulti, non ai bambini. Fate ciò che fanno i bambini. Si divertono! E si divertono con cose così semplici che per noi adulti sembra assurdo. Il mondo intero è colmo di bellezza, di verità, d'amore, ma voi non riuscite a godere nulla. Da domani mattina, nelle meditazioni, divertitevi.

Ricordate: ritornate bambini. Tutti lo desiderano, ma nessuno fa nulla per riconquistare l'infanzia. *Tutti* la desiderano! La gente continua a dire che l'infanzia era un paradiso e i poeti continuano a cantare la bellezza dell'infanzia. Chi ve lo impedisce? Riprendetela! Io vi offro l'opportunità di riprenderla.

Le poesie non saranno d'aiuto. E il semplice ricordare che era un paradiso non serve a molto. Perché non ritornarci? Perché non essere di nuovo bambini? Io vi dico che se riuscite ad essere di nuovo bambini, inizierete a crescere in modo nuovo. Per la prima volta tornerete a essere veramente vivi. E quando avete gli occhi di un bambino, i sensi di un bambino — giovani, vibranti di vita — l'intera esistenza vibra con voi.

Ricordate, è la vostra vibrazione che ha bisogno d'essere trasformata. Da sempre il mondo vibra già nell'estasi, solo voi non siete in sintonia. Il problema non è il mondo, ma voi: voi non siete in sintonia col mondo. Il mondo danza, è sempre in festa, ogni istante è una festa. Il festival continua dall'eterno all'eternità, voi soli non siete in sintonia. Ve ne siete staccati, e siete serissimi, molto sapienti, troppo maturi. Siete chiusi: rompete questa prigione! Ritornate nella corrente della vita.

Quando viene la tempesta, gli alberi danzano — danza anche tu. Quando viene la notte e tutto è oscuro, sii tenebra anche tu. E al mattino quando s'alza il sole, lascia che s'alzi anche dentro di te. Sii simile a un bambino, divertiti senza pensare al passato. Un bambino non pensa mai al passato. Di fatto non ha alcun passato a cui pensare. Un bambino non è preoccupato per il futuro, non ha consapevolezza del tempo. Vive totalmente privo di preoccupazioni. Vive nel momento, non porta mai con sé nessuno strascico. Se è arrabbiato va in collera, e nella sua rabbia dirà alla madre: «Ti odio». E non sono solo parole: è una realtà. In quel momento è effettivamente odio totale.

Il momento successivo ne uscirà e si metterà a ridere, bacerà la mamma, e le dirà: «Ti amo». Non c'è contraddizione. Sono due momenti differenti. Prima era tutto odio ed ora è amore totale. Si muove come la corrente di un fiume, a zig zag. Ma ovunque sia, in qualsiasi punto si trovi il fiume, è totale, fluisce.

In questi otto giorni siate bambini: siate totali. Se odiate, siate odio. Se amate, siate amore. Se vi sentite in collera, siate collera. E se vi sentite allegri, siate felici e danzate. Non portatevi dietro echi del passato. Siate fedeli a questi giorni, *uscite fuori dal tempo.* Liberatevi dal tempo! Per questo vi dico di non essere seri: perché più siete seri, più siete consapevoli del tempo. Un bambino vive nell'eternità, per lui il tempo non esiste. Non ne è affatto consapevole. Se uscite fuori dal tempo, questi otto giorni saranno vera meditazione. Vivete nel momento e siategli fedeli.

Mettete da parte il sapere, mettete da parte la serietà, e come terza cosa, mettete da parte la divisione tra mente e corpo. Divisi non potrete incontrare il Dio unico. Divisi non potrete pervenire alla realtà non-duale. Se siete divisi, la realtà sarà divisa. Dovete essere integri; solo così la realtà inizia ad essere un'unità. Alla fine solo voi decidete cos'è la realtà. Se voi siete matti, l'intera esistenza sarà folle. Se voi siete silenti, l'intera esistenza sarà silenziosa. Se siete in amore, sentite che l'intera esistenza è in amore.

Siete voi a decidere la qualità dell'esistenza che vi circonda. E voi siete divisi. Pensate che il corpo e la mente siano due entità distinte — non solo, ritenete che siano opposte, in antagonismo, in lotta, nemiche l'una all'altra. No, non lo sono. Sono due estremi di un unico ritmo; sono due poli di un'unica esistenza. L'esterno è dato dal corpo, l'interno è l'anima, ma voi esistete tra l'esterno e l'interno. Non siete all'esterno né siete all'interno. L'esterno è una parte di voi, così come lo è l'interno: voi esistete nel mezzo.

Diventate un'unità. Almeno per otto giorni non dividete il vostro essere. Diventate integri. Se riuscite ad essere un'unità, si sprigionerà un'energia terrificante. E solo quell'energia può condurvi alla meditazione: non vi sono altre possibilità.

Entrate in una chiesa: parlano e parlano e parlano, predicano! Partecipate ad un incontro religioso: parole, parole, parole — come se Dio fosse un problema cerebrale che deve essere risolto con la mente. No, non sarà d'aiuto. La mente da sola non servirà: bisogna coinvolgere anche il corpo.

Per questo nelle mie tecniche di meditazione, non vi considero divisi: voi siete un'unità. Se la mente si sente in collera, lasciate che il corpo sia arrabbiato. Se la vostra mente si sente felice, lasciate che il vostro corpo danzi. Non create divisioni! *Lasciatevi sprofondare nel corpo*, e lasciate che il corpo fluisca nell'intimità più riposta del vostro essere. Diventate fluidità! Ora siete rigidi come ghiaccio.

Vorrei scioglervi di nuovo e ricreare la fluidità di un tempo. Per questo insisto sulla meditazione attiva. E con «attivo» voglio solo dire che il vostro corpo deve esserne coinvolto. Se vi limitate a star seduti nella posizione del Buddha, probabilmente resterete immersi nel flusso di pensieri, e il corpo rimane estraneo. Ed il corpo è il mondo. Attraverso il corpo siete collegati all'esistenza, voi esistete tramite il corpo. La vostra meditazione *deve* essere radicata profondamente nel corpo, altrimenti diventerà solo un sogno — fluttuerà nella mente simile a nuvole, senza alcuna radice nel suolo. Io vi voglio riportare a terra.

In questi otto giorni non create alcuna separazione. Siate simultaneamente corpo e anima. Il semplice sentire di essere un'unità scioglierà le mille angosce e le tensioni, che avete creato con le vostre mani tramite una divisione artificiale. L'intera società, tutta la società moderna è paranoica a causa di questa divisione: per questo motivo è schizofrenica, dissociata. È assurdo rivoltarsi contro se stessi, lottare contro se stessi, è assurdo ma tutti lo fanno.

In questo campo di meditazione siate uniti al corpo, siate un flusso indiviso. Siate vitali nel corpo. E nelle meditazioni usate quanto più vi è possibile il corpo, solo allora otterrete una reale profondità in meditazione. Non create divisione alcuna. E ricordate sempre i tre punti che ho enunciato.

Ora, ancora alcune cose, poi passerò al sutra — alcune indicazioni per questi otto giorni. Come prima cosa, date un'enfasi sempre maggiore all'espirazione. Di fatto non inspirate mai, limitatevi ad espirare. Non spaventatevi quando dico di non inspirare: intendo dire di lasciare che il corpo inspiri. Voi espirate e lasciate che sia il corpo ad inspirare — non siate voi a farlo. Ogni volta che ve ne ricordate, espirate profondamente, quindi rilassatevi e lasciate al corpo il compito di inspirare.

Questo vi darà un profondo rilassamento — perché l'espirazione è morte, l'inspirare è vita. La prima cosa che un bambino deve fare è inspirare e l'ultima cosa che un vecchio deve fare è espirare. La morte inizia con un'espirazione, la vita con una inspirazione. E ricordate che la morte è rilassamento totale. La vita è tensione, la morte è rilassamento.

La meditazione è più simile alla morte che alla vita, ma la morte non è contro la vita. La morte è la vera sorgente di tutta la vita. La vita scaturisce dalla morte e di nuovo sfocia nella morte. La morte è simile all'oceano e la vita assomiglia ai fiumi: arrivano all'oceano e lì si dissolvono, poi di nuovo si formano le nubi e di nuovo si sciolgono in pioggia e di nuovo si forma il fiume, e di nuovo questo scorre verso l'oceano.

La morte è simile all'oceano, la vita è simile a un fiume. La morte è rilassamento totale. Per questo inconsciamente abbiamo paura ad espirare. Inspiriamo, ma non espiriamo mai. Il corpo si limita ad espirare perché è una necessità. Operate una trasformazione radicale. Per questi otto giorni, espirate e lasciate che sia il corpo ad inspirare. Questo vi rilasserà, e rilasserà il corpo, la mente e l'intero sistema nervoso. E quando dico di espirare profondamente, non intendo dire di fare sforzi. Non create nessuna tensione! Limitatevi ad esalare profondamente e a goderne l'effetto, come se in questo processo moriste. La vita sfocia nell'oceano della morte. Rilassatevi e lasciatevi andare, espirate profondamente e godetene.

Poi aspettate. Non dico di fermarvi — niente affatto! Aspettate semplicemente. Non fate nulla per inspirare, né ostacolate l'inspirazione. Il corpo inspirerà da solo. E se avrete espirato a fondo, si verificherà una profonda inspirazione. Ma voi dovete mettere l'accento sull'espirazione — questa è la prima cosa.

Seconda cosa: ci incontreremo qui tre volte al giorno, ma tra un incontro e l'altro ci sarà un intervallo. Cosa farete in questi lassi di tempo? Ricordate di non fare quello che avete sempre fatto. Non continuate le stesse chiacchiere, gli stessi comportamenti. Non ripeteteli più, metteteli da parte. Siate nuovi, siate originali. Non ripetete più qualsiasi cosa abbiate fatto in passato. Cambiate, perché è diventato uno schema di comportamento abitudinario. E se continuate in quello schema, non potranno svilupparsi cose nuove. Mettetelo da parte, buttatelo via.

Per questi otto giorni non seguite gli schemi di comportamento del passato. Non ripetete le cose che avete sempre ripetuto. Nell'istante in cui ve ne rendete conto, smettete. Sapete di aver detto una certa cosa un'infinità di volte: per anni avete ripetuto queste cose a vostra moglie, e sapete come lei risponde. Tutto si è ridotto ad una routine, una ripetizione automatica.

Non dite più le stesse cose. Dite qualcosa di nuovo. E se non trovate nuovi argomenti, se vi è molto difficile trovare qualcosa di nuovo da dire, restate in silenzio — questa sarà una novità. Oppure, anche se sembra folle — ma voglio che in questi otto giorni siate folli — usate i gesti al posto delle parole. Se volete dire qualcosa ad un amico o al vostro compagno di stanza o a vostra moglie o a chiunque altro, usate i gesti, non il linguaggio. Fingete di essere sordomuti: usate i gesti, parlate con le mani. E se non riuscite ad esprimervi con i gesti, usate i suoni — ma non le parole. Vi troverete ad esultare, scenderà su di voi una profonda benedizione.

Usate i suoni o i gesti! Non le parole, perché queste appartengono alla mente. Usate suoni come fanno gli uccelli e gli animali, oppure i gesti. In voi sorgerà una sensazione diversa, sentirete nascere dentro di voi un nuovo essere perché il vecchio schema della personalità non funziona più.

Tutto questo puoi farlo anche da solo, e ne varrà la pena. In qualsiasi ora del giorno, siedi in solitudine; avvicinati ad un albero e siedi lì vicino in solitudine, poi inizia a produrre suoni. Non usare parole, proprio come fanno i bambini piccoli. Continuano a emettere un suono qualsiasi, a ripeterlo divertendosi. Balbettii senza significato. Limitati a pronunciare dei suoni e divertiti nell'emetterli.

Voglio dirti di non essere vittima del tuo solito schema di comportamento, mentre sei qui. Non curarti di nessun altro. La tua attenzione è sempre rivolta all'altro. Rivolgi ogni tua attenzione su di te. Sii assolutamente egoista: curati solo del tuo essere. Goditelo, goditi il panorama, medita col gruppo e da solo, e rimani totalmente centrato in te stesso. Non preoccuparti di cosa fanno gli altri. Lascia che facciano ciò che vogliono. Non interferire con nessuno. Solo l'idea di poter lasciare agli altri il diritto di fare qualsiasi cosa vogliano, ti rende libero, perché ora sei inutilmente appesantito dalla presenza degli altri. Sii totalmente egoista. E quando dico di essere egoista non si ha l'impressione che sia un'indicazione molto religiosa. Ma per me è la sola religione, perché solo quando si è *veramente* egoisti si può fare qualcosa per gli altri. Se *tu* non possiedi qualcosa, come puoi agire? Come puoi essere d'aiuto? Come puoi amare? Come può esservi compassione? Dentro di te non sei nulla e continui a servire gli altri e a preoccuparti per loro. Questa è solo una fuga per dimenticare te stesso. In un campo di meditazione non farlo: ricorda te stesso e dimenticati degli altri.

E l'ultima cosa: non fare le meditazioni a metà, non

essere superficiale. Così non otterrai nulla. La meditazione non è matematica. Non pensare: «Se mi impegnerò al cinquanta per cento, ne ricaverò almeno un cinquanta per cento di beneficio». No, il risultato sarà zero. Solo uno sforzo al cento per cento può produrre un risultato, meno di questo sarà inutile.

È come scaldare l'acqua. A cento gradi evapora. Non pensare che possa evaporare a cinquanta gradi. Non evaporerà affatto, diventerà solo tiepida. E io non voglio che voi vi intiepidiate in questo posto. Siate caldi o freddi. Se siete freddi, andate via! È inutile fare sforzi vani, perché stancarvi? Se siete caldi al cento per cento, state qui e evaporerete. Io ve lo garantisco con certezza assoluta.

Se vi impegnate al cento per cento, se non frenate il vostro essere, se vi dissolvete completamente in questo processo e vi scordate di voi stessi, se vi abbandonate completamente, può accadere ciò che desiderate ardentemente da vite intere. Può accadere in un solo istante: è necessario solo un abbandono totale.

E noi faremo queste tre meditazioni in gruppo per una ragione specifica: solo in superficie voi siete individui. In profondità no, noi tutti apparteniamo gli uni agli altri: abbiamo radici in un'unica consapevolezza. Per questo una meditazione di gruppo può essere un'esperienza travolgente. In quella dimensione non siete soli. Se riuscite ad abbandonarvi, se riuscite ad arrendervi, se riuscite a sciogliervi completamente, l'anima di gruppo si impadronisce di voi, e voi non siete più presenti. In questo caso il gruppo danza e voi danzate come una sua parte. Il gruppo si sente estatico e voi percepite l'estasi come una sua parte. Il gruppo si muove, ondeggia, danza e voi ne siete parte. Abbandonatevi totalmente e il gruppo vi guiderà: si trasformerà in una corrente rapida e travolgente e voi ne verrete semplicemente trasportati.

Queste tre meditazioni di gruppo non sono meditazioni individuali. Iniziate come individui, ma prima o poi scomparite e l'anima di gruppo inizia a funzionare. E quando sopravviene quest'anima di gruppo siete entrati nel divino. Per cui, non restate individui: è falso, è egotistico. Scioglietevi, e inizieranno ad accadervi delle cose.

Le possibilità sono molte, ed io spero che si realizzino per tutti voi. Se siete veramente pronti, se le avete sognate, se speravate si realizzassero, e siete venuti qui non come visitatori casuali ma come ricercatori spirituali, per rischiare qualcosa, per accettare la sfida ed avviarvi nella più grande avventura possibile alla consapevolezza dell'uomo, *in questo caso* vi può accadere qualsiasi cosa.

Ora passerò ai sutra:

Aum, possa il Brahman proteggerci entrambi. Possa nutrirci entrambi. Possiamo entrambi acquisire energia. Possa questo studio illuminare me e te. Possiamo noi essere sempre in amore. Aum, pace, pace, pace.

È splendido. Il Maestro e il discepolo pregano entrambi l'assoluto — Colui che insegna e chi apprende si rivolgono entrambi all'assoluto con una preghiera.

Aum, possa il Brahman proteggerci entrambi.

Poiché in quanto Maestro e come discepolo, non sei reale: il «Maestro» è una divisione, come pure il «discepolo»; il Maestro è un frammento e lo stesso è il discepolo. Entrambi pregano l'assoluto perché si prenda cura di loro e vegli su di loro. Il Maestro si perderà in quanto Maestro e il discepolo si perderà in quanto discepolo. Diverranno un'unità; si fonderanno l'uno nell'altro in una realtà più profonda.

Possa il Brahman proteggerci entrambi.

Ed ora scordatevi le Upanishad. Noi siamo qui, e lasciate che questa preghiera diventi vostra: «Possa il Brahman proteggerci entrambi». Qui io non devo operare in quanto individuo, ed anche voi non dovete agire come individui. Al contrario, dobbiamo unirci. Io sono pronto. Se anche voi siete pronti ad incontrarmi, non ci sono difficoltà. Allora né io vi guiderò verso una meta, né voi sarete guidati da me, ma entrambi, insieme ci troveremo in cammino. Io non sono la guida e voi non siete seguaci. Io non sono l'insegnante e voi non siete gli allievi. Entrambi procediamo insieme verso una realtà più profonda. Non c'è guida e non c'è l'allievo. Questo è il senso della preghiera:

Possa il Brahman proteggerci entrambi. Possa nutrirci entrambi. Possiamo entrambi acquisire energia. Possa questo studio illuminare me e te. Possiamo noi essere sempre in amore. Aum, pace, pace, pace.

È molto probabile che il discepolo inizi ad odiare il Maestro — poiché se ami, è sempre presente la possibilità di odiare. Se ami il Maestro, l'altra faccia di quell'amore è l'odio. E quando ami, l'odio può esplodere in ogni momento. L'odio è una parte dell'amore. Di fatto l'amore e l'odio non sono due cose distinte ma due aspetti dello stesso fenomeno. L'odio non si contrappone all'amore, ne è il complemento, il rovescio della medaglia. Per cui quando un discepolo ama il Maestro, esiste sempre la possibilità che lo odi. E questa possibilità aumenta quando il Maestro cerca di trasformarlo, perché in questo caso il Maestro appare come un elemento pericoloso e distruttivo.

Se dico: «Butta via il tuo sapere», mi sentirai come un nemico, perché il sapere è il tuo tesoro. Se dico: «Non essere serio. Sii come un bambino», il tuo ego si sentirà ferito. Avrai l'impressione che io ti guidi verso qualcosa di folle, di sciocco. Ad ogni istante puoi iniziare ad odiarmi. E io sono *veramente* intenzionato a trasformarti, a mutarti, quindi questa possibilità d'odio aumenterà sempre di più.

Per questo il Maestro dice:

Possa questo studio illuminarci entrambi. Possiamo noi essere sempre in amore.

E questa frase è veramente qualcosa di eccezionale, di straordinario:

Possa questo studio illuminarci entrambi.

Il Maestro è già illuminato, altrimenti non sarebbe un Maestro. Il discepolo non è illuminato, altrimenti non avrebbe bisogno di essere un discepolo. Ma il Maestro dice: «Possa questo studio illuminarci entrambi — possa renderci illuminati tutti e due».

È un punto molto sottile. Il Maestro è risvegliato, ma questo risveglio è una sua esperienza personale, il discepolo ne è escluso. Il discepolo può solo crederci, non può sapere che il Maestro è risvegliato. E quando il Maestro e il discepolo muovono insieme, in coppia, non in quanto esseri differenziati e divisi ma insieme, il discepolo arriverà a comprendere nell'atto del risveglio che *entrambi* si sono risvegliati, entrambi sono diventati Buddha. Questo è uno dei significati.

Ne esiste un altro. Puoi essere illuminato da solo. Questa è un'esperienza. E quando viaggi con qualcun altro e l'illuminazione accade ad entrambi, l'esperienza è del tutto diversa, non è affatto identica alla prima.

Buddha è illuminato, si è risvegliato sotto l'albero del Bodhi. Questa è un'illuminazione individuale, egli è giunto ad un risveglio individuale. Ma tutto il mondo circostante, composto da milioni e milioni di anime, cammina nel sonno. Buddha passa tra questi sonnambuli e cerca di svegliarli. Ogni volta che qualcuno si sveglia l'esperienza del Buddha viene di nuovo accresciuta, ricordalo! Poiché, là dove prima una sola luce era accesa nell'oscurità, ora ve ne sono due. Poi una terza persona si sveglia, e tre lampade sono accese, quindi un quarto essere... e la luce continua ad aumentare. La luce aumenta sempre più ed ora Buddha non è più un individuo.

Per cui ogni volta che avviene un'illuminazione, è anche il *suo* risveglio. È un fenomeno sottile e profondo, ma val la pena tenerlo presente: anche l'illuminazione del Buddha acquista sempre più intensità. Ogni volta che un discepolo si sveglia, la luce del Buddha aumenta di potenza.

Buddha è già sveglio, su questo non ci sono dubbi. È come quando accendo una lampada in una stanza: la stanza si illumina e l'oscurità scompare. Quindi aggiungo una seconda lampada: la luce aumenta. Poi ne porto una terza e la luce diventa ancor più forte. Così il mondo intero si illumina sempre di più ogni volta che un Maestro riesce ad aiutare un discepolo ad illuminarsi.

Questo veggente dice una cosa stupenda. Nessuno l'ha mai ridetta:

Possa questo studio illuminare me e te...

Aum, possano le mie membra rafforzarsi. E la mia parola, il mio respiro vitale — il prana — la mia vista, il mio udito e tutti i miei organi sensori possano acquistare vigore.

È quello che io dico a voi. Lasciate che il vostro corpo

venga ravvivato da voi. Non separatelo — siate uniti al corpo, entrateci in profondità. E quando penetrate a fondo nel corpo, tutto acquista forza, vitalità, diventa fresco.

E la mia parola, il mio respiro vitale — il prana — la mia vista, il mio udito e tutti i miei organi sensori possano acquistare vigore. L'intera esistenza è pervasa dal Brahman delle Upanishad. Possa io non respingere mai il Brahman.

Questa è una delle espressioni più rivoluzionarie mai pronunciate:

Possa io non respingere mai il Brahman, voglia il Brahman non rifiutarmi. Che non vi sia affatto rifiuto. Che non vi sia rifiuto per lo meno da parte mia.

Non rifiutare nulla, perché ogni cosa è Brahman, tutto è quell'Assoluto. Per cui ogni volta che neghi qualcosa, neghi Lui. Ogni volta che condanni, e puoi criticare qualsiasi cosa, in ogni caso critichi e condanni Lui. Se condanni un ladro, se condanni un assassino, Lui viene condannato perché solo Lui esiste. Ecco perché questa è una delle affermazioni più rivoluzionarie:

L'intera esistenza è pervasa dal Brahman. Possa io non respingere mai il Brahman — in nessun modo, né cosciente né incosciente, né manifesto né occulto. *Possa io non respingere mai il Brahman. Che non vi sia affatto rifiuto.*

La mente negativa, la mente critica, è la mente irreligiosa. La mente che continua a negare, che non ha la capacità e il coraggio di dire sì, è la mente irreligiosa. La mente religiosa ha la qualità dell'affermazione. Anche se vi è qualcosa che sembra sbagliato e l'intera mente sente il desiderio di condannare, una mente religiosa dirà: «A me sembra così, ma chi può dirlo? Forse è il mio giudizio ad essere sbagliato, forse non è così come appare — perché, che valore può mai avere il mio giudizio?».

Alcune persone condussero una donna davanti a Gesù e gli dissero: «Questa donna ha commesso adulterio, deve essere uccisa. Questa è sempre stata la legge: deve essere lapidata, uccisa a colpi di pietra».

Gesù rispose: «La legge è giusta, ma possono scagliare

pietre solo coloro che non hanno mai commesso adulterio — neppure con la mente. Quindi si facciano avanti solo le persone che non hanno mai commesso adulterio, né di fatto né con la fantasia».

La folla aveva preparato le pietre, tutti erano pronti ad uccidere la donna. Ma dopo quelle parole la gente iniziò a disperdersi perché non c'era nessuno che non avesse mai commesso adulterio nella sua mente.

Infine Gesù e la donna rimasero soli. La folla si era dispersa. La donna disse: «Ho sbagliato! Sono colpevole, puniscimi».

Gesù disse: «Chi sono io per punirti? Chi sono io per punirti o per condannarti? È una storia tra te ed il tuo Dio».

Questo è l'atteggiamento di un uomo religioso: non condannare. Chi sei tu per condannare? Ti sei autonominato, e crei inutili problemi a te stesso e agli altri! E non rifiutare. Il rifiuto va in profondità: rifiuti il tuo corpo, rifiuti i tuoi sensi, rifiuti ogni cosa. In te esiste solo un gran rifiuto! E quando ti senti soffocare ti disperi e urli: «Perché questa angoscia? Perché questa infelicità?». Tu stesso hai creato questa infelicità. Una persona che continua a rifiutare ogni cosa, diverrà sempre più rattrappita e congelata dentro il suo essere. Non può far nulla: tutto è sbagliato. Non può mangiare questo, non può amare in questo modo, non si può muovere in quella direzione, non può fare quest'altro. È circondato solo da impossibilità di ogni genere — rifiuti e negazioni. E la vita viene soffocata. A quel punto ti senti infelice.

Questa è una delle affermazioni più rivoluzionarie mai espresse:

Che non vi sia affatto rifiuto. Che non vi sia rifiuto per lo meno da parte mia.

Siamo ad una profondità ancor maggiore. Osservatene la bellezza: se io vi dico: «Non rifiutare», e qualcuno rifiuta, è possibile che tu, a tua volta, rifiuti lui: «Perché rifiuti le parole del Maestro?». Se io dico: «Non criticare», e qualcuno critica, a tua volta puoi criticare lui. La mente crea sempre dei sotterfugi. Riporta in vita tutti i vecchi mali sotto nuove forme.

Parlavo con una donna che ha una mente estremamente critica. Continua a condannare tutti. Ogni volta che mi viene a trovare critica ogni cosa possibile. Per cui le ho detto: «Non va bene. E non voglio dire che tu non abbia ragione. Puoi averla — ma non è importante. Quello che è sbagliato, è il *tuo* giudizio critico».

Mi rispose: «Se me lo dici tu, non condannerò più». Tornò il giorno dopo e mi disse: «Un altro dei tuoi discepoli si è messo a criticare. Sbaglia!». Ora è cambiata la definizione di ciò che è bene e di ciò che è male, ma il giudizio persiste. Ora è l'altro che sbaglia!

Il *rishi* dice:

Che non vi sia affatto rifiuto. Che non vi sia rifiuto per lo meno da parte mia. Possa io, che sono devoto all'Atman, partecipare delle virtù contenute nelle Upanishad. Possano esse dimorare in me. Aum, pace, pace, pace.

Un Maestro è veramente la casa, la dimora di tutte le virtù. Qualsiasi cosa insegnino le Upanishad, qualsiasi virtù sia in loro riposta, non è nulla paragonata al cuore del Maestro. Ma la virtù più profonda è la sua umiltà, la sua modestia. Ancora continua a pregare: «Possano dimorare in me tutte le virtù cantate nelle Upanishad, possano esse non abbandonarmi, possano esse dimorare sempre nel mio cuore».

La vera umiltà continua a pregare: questo è fondamentale. Non è mai staccata dalla preghiera. Anche quando si è conseguita ogni cosa, la preghiera persiste, perché la preghiera è umiltà, è semplicità ed è innocenza. Anche se si è conseguito l'Assoluto, la preghiera continua sempre.

Ho sentito narrare di Bayazid, un mistico sufi. Si illuminò, eppure un giorno stava pregando, come sempre. Un discepolo rimase turbato e disse: «Maestro, non occorre che tu preghi. Sei già illuminato. Perché preghi?».

Si dice che Bayazid abbia risposto: «Un tempo pregavo per conseguire l'illuminazione. Ed ora prego ancora per quella stessa illuminazione».

Il discepolo non riusciva a comprendere, e chiese: «Cosa intendi dire?».

Il Maestro disse: «Pregavo perché l'illuminazione venisse a me. Ora è accaduta, e prego per riconoscenza, per gratitudine, perché mi è successa». Ma la preghiera persiste. La stessa preghiera.

La preghiera è uno stato dell'animo. Il Maestro è la dimora di tutto ciò che è virtù. Naturalmente le Upanishad sono create da Maestri, non viceversa: nessuna Upanishad può creare un Maestro, ed un solo Maestro è in grado di creare tutte le Upanishad. Ma il Maestro dice:

Possa io, che sono devoto all'Atman, partecipare delle virtù contenute nelle Upanishad. Possano esse dimorare in me. Aum, pace, pace, pace.

Capitolo secondo

TRASCENDERE IL DUALISMO FONDAMENTALE DEL SESSO

KENA-UPANISHAD

CAPITOLO I

1

Da chi desiderata e da chi stimolata, la mente si infiamma? Da chi incitata, muove la forza vitale — il prana — *nella sua funzione? Da chi voluta viene detta questa parola? Quale deva o Dio muove la vista e l'udito?*

2

Lui — l'Atman — *è l'orecchio degli orecchi, la mente delle menti, la parola delle parole, il prana dei prana, l'occhio degli occhi. Allorché i saggi separano l'Atman da queste funzioni dei sensi, si elevano oltre la vita dei sensi e diventano immortali.*

Quando nasci la vita non si manifesta al massimo del suo potenziale, esiste al suo minimo. E se rimani lì, vivrai una vita molto prossima alla morte — una vita estremamente limitata. La nascita offre solo un'opportunità, crea un'apertura.

La vita si deve conseguire. La nascita è solo un inizio, non la fine. Ma in genere noi restiamo legati al livello datoci dalla nascita. Per questo moriamo. Se resti aggrappato al livello a cui nasci, morirai. Se riesci a crescere oltre la nascita, crescerai oltre la morte. Ricordalo profondamente: la morte non è contro la vita — la morte si oppone alla nascita. La vita è un'altra cosa. La morte è la fine solo della nascita, e con la nascita inizia solo la morte. La vita è qualcosa di assolutamente diverso! La si deve conseguire, realizzare, rendere attuale. Ti viene data in forma di seme, come potenziale — qualcosa che potrebbe essere, ma che non è ancora presente. È possibilissimo che ti sfugga. Puoi vivere solo perché sei venuto al mondo, ma questo non è sinonimo di essere realmente in vita.

La vita è il tuo sforzo per realizzare il potenziale. Per questo la religione ha senso, altrimenti non ne avrebbe alcuno: se la vita inizia con la nascita e si conclude con la morte, la religione non ha alcun senso, diventa inutile, assurda. Ma se la vita non inizia con la nascita, la religione ha un valore: in questo caso diventa la scienza che insegna ad evolvere la vita partendo dalla nascita. E più vi allontanate dalla nascita, immergendovi nella vita, più aumenta anche la vostra distanza dalla morte, perché morte e vita sono parallele, sono simili, identiche — due terminali di uno stesso processo. Se ti allontani da uno, ti allontani simultaneamente anche dall'altro.

La religione è la scienza che educa a conseguire la vita. La vita è oltre la morte. La nascita muore: la vita non muore mai.

Per conseguire questa vita devi fare qualcosa. La nascita ti viene data. I tuoi genitori l'hanno prodotta: si sono amati, si sono fusi insieme, e dalle loro forze vitali fuse l'una nell'altra, un nuovo fenomeno, un seme nuovo... sei nato tu. Ma tu non hai fatto nulla: è un dono. Ricordalo, la nascita è un dono. Per questo in tutte le culture si rispettano tanto i genitori — si tratta di un dono. E tu non lo puoi ripagare. Il debito non può essere contraccambiato. Come potresti? La vita ti è stata donata, ma tu non hai fatto nulla per ottenerla.

La religione ti può dare una nuova nascita, una rinascita. Puoi rinascere. Ma questa nascita avverrà tramite un mutamento alchemico all'interno del tuo essere. Come la prima nascita è data dalla fusione di due forze vitali indipendenti da te che hanno creato l'occasione della tua venuta, della tua nascita — e anche questa è un'alchimia profonda — un'alchimia simile deve essere operata ora all'interno del tuo essere. I tuoi genitori, tuo padre e tua madre, si sono incontrati, due forze, una maschile e una femminile, si sono incontrate per creare l'opportunità di una nuova nascita. Erano due forze opposte, due polarità che si incontravano. E ogni volta che due polarità si incontrano, nasce qualcosa di nuovo, si consegue una nuova sintesi. Una cosa simile deve accadere dentro di te.

Anche tu all'interno dell'essere hai due polarità, una femminile e una maschile. Lo spiegherò un po' nei dettagli. Poiché il tuo corpo è sorto da due polarità — la cellula di tua madre e quella di tuo padre lo hanno prodotto — tu possiedi entrambi i tipi di cellule: quella che viene da tua madre e quella che proviene da tuo padre. Il tuo corpo è formato da due polarità, una maschile e una femminile. Tu sei entrambi, ognuno di noi è entrambi. Non fa differenza che tu sia un uomo o una donna. Se sei un uomo hai dentro di te una donna: tua madre è presente. Se sei una donna, hai dentro di te un uomo: tuo padre è presente. Dentro di te possono unirsi di nuovo. E l'essenza dello yoga, del Tantra, dell'alchimia, l'essenza dell'intero processo religioso consiste nel creare dentro di te un orgasmo, un profondo incontro tra le due polarità: quando esse si incontrano dentro di te, nasce un nuovo tipo di essere, prende vita una nuova esistenza.

Se sei un uomo, il tuo elemento cosciente è maschile e il tuo inconscio è femminile. Se sei una donna, la tua parte cosciente è femminile, e la tua parte inconscia è maschile. Per rendere possibile una nuova nascita la tua parte cosciente e l'inconscio devono incontrarsi. Cosa fare perché accada questo incontro? Avvicinate le due parti. *Voi* avete creato una separazione, avete eretto ogni sorta di ostacolo. Non permettete che si incontrino. Cercate di adattarvi alla parte cosciente e continuate a reprimere l'inconscio: non gli date spazio.

Se un uomo si mette a piangere, inevitabilmente qualcuno gli dirà subito: «Che fai? Non fare la donnetta!». E immediatamente l'uomo si blocca. Nessuno si aspetta che un uomo pianga. Ma in ognuno di voi esiste questa possibilità: l'inconscio è lì. Hai momenti di femminilità, e hai momenti di mascolinità — e questo vale per tutti.

In certi momenti, in certi stati d'animo, una donna può diventare feroce, maschile. Ma poi si reprime. Dirà: «Questo non è femminile». Continuiamo a reprimere e a creare distanze. Questa distanza deve essere eliminata: la tua parte cosciente e l'inconscio devono avvicinarsi. Solo allora si possono incontrare, possono unirsi in un profondo orgasmo interiore. E dentro di te può avvenire una fusione orgasmica: quell'orgasmo è conosciuto come estasi spirituale.

Tra il tuo corpo e il polo opposto, il corpo dell'altro sesso, è possibile solo un certo tipo di orgasmo. Può durare solo un istante perché l'incontro avviene alla periferia. Le due periferie si incontrano e poi si separano. Un tipo di orgasmo diverso, più profondo, può accadere dentro di te. In questo caso l'incontro avviene al centro, e non è più necessario separarsi. L'estasi sessuale può essere solo momentanea: l'estasi spirituale può essere eterna. Una volta conseguita, non la perdi più. In realtà, una volta conseguita, è difficile se non impossibile perderla. Diviene un'integrazione così completa che i frammenti scompaiono definitivamente.

Per questo, quando a Buddha fu chiesto: «Chi sei? Un *deva*? Un essere celeste?» rispose: «No!». E chi chiedeva insistette, fino all'esasperazione, perché più lui chiedeva, più il Buddha negava. Alla fine chiese: «Almeno devi ammettere di essere un maschio. Non puoi negarlo».

E Buddha disse: «No!».

«Allora sei una donna?» Chiese l'uomo disperato.

Buddha disse: «No!». Perché in lui si era manifestata una nuova unità che non è maschile né femminile.

Quando il tuo uomo interiore e la tua donna interiore si incontrano, non sei più né l'uno né l'altra: trascendi il sesso. Questo è il significato della più antica immagine hindu di Shiva raffigurato come *Ardhanarishwar* — metà uomo, metà donna. Quello è il simbolo dell'unione interiore. Ora Shiva non è né l'uno né l'altro: metà uomo, metà donna, è entrambi pur non essendo più nessuno dei due. Ha trasceso il sesso.

Ricorda, se non trascendi il sesso non puoi trascendere la dualità. Questo è un problema psicologico molto profondo — non solo psicologico, è anche un problema ontologico. Se rimani uomo o donna, come potrai mai concepire l'unità dell'esistenza? È impossibile. Come uomo, non sei in grado di concepire te stesso unito alla donna. Come donna, non puoi concepire te stessa unita all'uomo. Persiste una dualità.

Il sesso è la dualità fondamentale. E da secoli discutiamo e argomentiamo su come conseguire la non-dualità. Ma ne continuiamo a discutere come se fosse una questione intellettuale: «Come conseguire la non-dualità?». *Non* è un problema intellettuale. È ontologico, è esistenziale. Puoi conseguire la non-dualità solo quando in te è scomparsa la dualità. Non si tratta di meditare sul nondualismo e pensare: «Io sono Brahman». Non raggiungerai nessun risultato, ti stai semplicemente ingannando da solo.

Non puoi conseguire la non-dualità se dentro di te non scompare la dualità fondamentale data dal sesso, se non giungi al punto in cui non puoi dire chi sei, uomo o donna. E questo accade solo quando il tuo uomo e la tua donna interiori si fondono al punto da dissolversi l'uno nell'altra, e tutti i confini si perdono, si perdono tutte le distinzioni, ed essi sono un'unità. Quando accade il tuo orgasmo interiore, l'estasi spirituale, tu non sei più né l'uno né l'altro. E solo quando tu non sei più nessuno dei due, nasce la vita.

Nell'istante in cui i tuoi genitori si incontrarono, tu sei stato generato: in un attimo d'unione! Ricorda: la vita sorge sempre dall'incontro, *mai* dalla repressione. La vita sorge solo da un profondo incontro, da una profonda comunione. Per un istante, tuo padre e tua madre si sono uniti, non erano più due entità. Funzionavano come un solo essere: in quell'unione, tu sei stato generato.

La vita sorge sempre dall'unione. E la vita di cui parlo io, o di cui parlano Gesù e Buddha, è la vita che accade quando *all'interno* del tuo essere, dentro di te, avviene una nuova comunione, una nuova fusione, e le due sessualità si dissolvono in te.

Ricorda, continuo a ripetere che il sesso è la dualità fondamentale. E se non lo trascendi, non puoi conseguire il Brahman. Tutte le altre dualità sono solo riflessi su riflessi di questa dualità fondamentale. Nascita e morte: di nuovo una dualità. Scompariranno quando non sarai più né uomo né donna. Quando possiederai una consapevolezza che trascende entrambi, scompariranno nascita e morte, materia e spirito, questo mondo e l'altro, il paradiso e l'inferno. Ogni dualità scomparirà quando nel tuo essere si dissolve il dualismo fondamentale, perché tutte le dualità non sono che eco e riflessi di questa tua divisione interiore.

Per questo gli antichi veggenti hindu hanno messo Brahman nella terza categoria. Egli non è uomo né donna. Lo chiamano *napunsak* — impotente. Lo definiscono il terzo sesso, la Realtà suprema è del terzo sesso. La parola «Brahman» appartiene al *napunsak ling*: non è un sesso né è l'altro, oppure è entrambi. Ma una cosa è certa: trascende la dualità. Per questo gli altri concetti di Dio sembrano infantili, immaturi. I cristiani Lo chiamano «Padre». È infantile, perché allora dove è la madre? E come ha fatto a nascere questo figlio, Gesù? E sostengono che Gesù è l'unico figlio, ma dov'è la madre? Il padre procrea da solo? Se il Padre da solo procrea Gesù, è entrambi: madre e padre. Allora non Lo si deve chiamare solo «Padre». In questo caso subentra la dualità.

Altre religioni chiamano l'Essere supremo «la Madre». In questo caso dov'è il padre? Questi sono semplici sentimenti antropomorfici. L'uomo non è neppure in grado di pensare all'Assoluto in termini che non siano umani, per cui lo definisce «Padre» oppure «Madre». Ma coloro che hanno compreso e hanno trasceso l'atteggiamento antropocentrico — l'idea che l'uomo sia al centro dell'universo — sostengono che Egli non è né l'uno né l'altro. Trascende entrambi. È l'incontro di entrambi.

Nell'Assoluto il padre e la madre si fondono. Oppure, se mi permettete questa espressione, vorrei dire che il Brahman è la madre e il padre in un orgasmo eterno, uniti nell'estasi eterna dell'incontro. E da quell'incontro sorge l'intera creazione, da quell'incontro nasce l'intero gioco, da quell'incontro nasce tutto ciò che esiste.

In questo campo di meditazione, cercheremo di avvicinare l'inconscio e la parte cosciente, di far avvicinare la parte femminile e la parte maschile. Dovrete aiutarmi, dovrete collaborare. Nelle tecniche di meditazione dovrete distruggere tutte le barriere che dividono la parte cosciente dall'inconscio. E dovrete essere il più liberi possibile, totalmente liberi. Perché solo la repressione ha creato questi ostacoli.

Non reprimete più! Se avete voglia di urlare, urlate. L'urlo stesso avvicinerà la parte cosciente e l'inconscio. Se vi sentite di danzare, danzate. La danza stessa avvicinerà l'inconscio al conscio. La danza può essere utilissima, perché quando danzi il corpo e la mente sono uniti profondamente. Non è solo il corpo a muoversi: all'interno del corpo anche la tua consapevolezza danza. Di fatto una danza diventa veramente tale solo quando il tuo corpo è ricolmo della grazia del tuo spirito, quando il tuo spirito fluisce dal corpo, quando lo spirito è entrato in sintonia con il corpo.

Tutte le religioni antiche si fondavano sulla danza. Erano più autentiche. I modi religiosi odierni sono falsi. Entrate in un tempio, o in una chiesa o in un *gurudwara*, e vi perdete in parole: qualcuno predica e voi ascoltate. Diventa un fatto mentale. Oppure preghi e parli con Dio. Anche con Dio usi le parole. Non riesci a stare in silenzio con Lui, non puoi credere che Lui è in grado di capirti senza che tu parli. Non hai fede! Non ti fidi di Lui. Vuoi spiegarGli ogni cosa.

Mi hanno raccontato:

Una madre sentì suo figlio mentre diceva le preghiere della sera: «Caro Dio, fai che Tommy smetta di tirarmi addosso le cose... e te l'ho già detto diverse volte!».

Tutti ci comportiamo così: «Fai che Tommy smetta di tirarmi addosso le cose». Perfino se vai dai *rishi* vedici, diranno la stessa cosa: «Fai questo. Quello è proibito». Non riesci a permetterGli di compiere la Sua volontà, qualunque essa sia. Hai un tuo programma personale. E se Lui ti accontenta, Gli credi; se non lo fa, subito dici che non esiste. Lo fai esistere solo in quanto ti ubbidisce.

L'esistenza non può ubbidire alla tua volontà. L'esistenza è molto più vasta di te. L'esistenza è il Tutto. Tu non sei che un frammento, e non si può seguire la volontà di un frammento. Il frammento deve seguire il Tutto. Questa è mente religiosa: il frammento che segue il Tutto, il frammento che si arrende al Tutto, il frammento che non lotta, il frammento che si lascia andare e fluisce.

La religione è diventata verbale. Qui cercheremo di ricreare l'autentica religione. La sua essenza più intima è tale che ti puoi avvicinare solo nella partecipazione totale: con la mente, il corpo, le emozioni, tutto. Senza negare nulla. Piangi e urli e ridi e danzi, e siedi in silenzio. Fai qualsiasi cosa viene da fare al tuo essere interiore. Non lo costringi a far nulla. Non dici: «Questo è male. Non lo dovrei fare». Lasci spazio ad un fluire spontaneo. Così l'inconscio si avvicinerà sempre più alla parte cosciente.

Con la repressione abbiamo creato una frattura: «Non

fare questo, quello è proibito», e continuiamo a reprimere. In questo caso si soffoca l'inconscio. Diviene oscuro. Diventa una parte del nostro essere in cui non ci sentiamo a nostro agio. E siamo dissociati. E ricorda che così sorgeranno le perversioni.

Se lasci avvicinare l'inconscio alla tua parte cosciente, scomparirà questa ossessione sessuale. Se sei un uomo e neghi il tuo inconscio, neghi la tua donna interiore; in questo caso verrai attratto con ossessione dalla donna esteriore. Diventerà perversione perché si tratta di una compensazione. La donna interiore è stata negata, per cui la parte femminile esteriorizzata ti ossessionerà. Continuerai a pensare sempre e solo a quello. Tutta la mente diventerà sessualmente disturbata. Se sei una donna e hai negato l'uomo, questi si impadronirà di te. E qualsiasi cosa farai o penserai, la tonalità di base sarà sempre sessuale.

Tante fantasie sessuali sono dovute alla negazione dell'altro polo interiore. Per cui questa è una compensazione. State compensando qualcosa che avete negato voi per primi. E diventa un assurdo: più siete ossessionati dall'altro sesso, più ne avete paura; più negate il vostro mondo interiore, più lo reprimete; e più lo reprimete, più ne diventate ossessionati.

I cosiddetti *brahmachari* sono ossessionati dal sesso ventiquattro ore al giorno, è inevitabile. È naturale: la natura si vendica. A mio avviso il *brahmacharya* — il celibato — indica che ci si è avvicinati così tanto alla propria donna interiore, o al proprio uomo interiore, che non vi è più alcun surrogato all'esterno. Non se ne è ossessionati, non ci si pensa più: scompare.

Quando il vostro inconscio vi è più vicino, non vi serve più un sostituto all'esterno. Allora accade un miracolo. Se l'inconscio è vicinissimo, quando amate qualcuno — un uomo o una donna — quell'amore non è patologico. Se l'inconscio è vicino, quell'amore non è patologico. Non è possessivo, non è follia. È silente, tranquillo, pacato, quieto. In questo caso l'altro non è un sostituto e voi non dipendete dall'altro. Al contrario, l'altro diventa solo uno specchio.

Ricorda la differenza: ora l'altro non è un sostituto di qualcosa che hai negato. L'altro diventa uno specchio della tua parte interiore, dell'inconscio. Tua moglie, la tua amata, diventa un semplice specchio in cui vedi riflesso il tuo inconscio. Il tuo amato, tuo marito, il tuo compagno, diventa uno specchio. E in quello specchio puoi vedere riflesso il tuo inconscio con chiarezza, viene proiettato all'esterno. A questo punto moglie e marito si possono aiutare a vicenda a riavvicinare l'inconscio sempre di più.

E viene un momento, accadrà certamente se la vita è stata uno sforzo compiuto con successo, in cui moglie e marito non sono più tali: sono diventati compagni nel viaggio eterno. Si aiutano a vicenda; sono diventati specchi l'uno all'altra. Hanno portato alla luce l'inconscio dell'amato ed ora si aiutano a vicenda a conoscersi. Ora non vi è patologia, non vi è dipendenza.

Ricorda ancora una cosa: se neghi il tuo inconscio, se odii il tuo inconscio, se reprimi il tuo uomo o la tua donna interiore, puoi continuare a ripetere che ami la donna esteriore, ma in profondità la odierai. Se neghi la tua donna, odierai la donna che ami. Se neghi il tuo uomo, odierai l'uomo che ami. Il tuo amore sarà molto superficiale. In profondità vi sarà odio. È inevitabile, deve essere così, perché non permetterai all'altro di diventare uno specchio per il tuo inconscio. E ne avrai paura. L'uomo ha paura della donna. Provate a chiederlo ai cosiddetti santi: sono terrorizzati dalle donne. Perché? Hanno paura del loro inconscio e la donna diventa uno specchio. Rivela qualsiasi cosa essi hanno soppresso.

Se hai represso qualcosa, il polo opposto lo può rivelare immediatamente. Se hai represso la sessualità e siedi in meditazione in un luogo solitario, quando una donna splendida ti passa vicino immediatamente il tuo inconscio affiorerà. Ciò che è stato occultato verrà messo alla luce da quella donna che passa: le sarai contro. Pazzo! Quella donna non ha fatto nulla. Passava semplicemente di lì. Forse non si è neppure accorta della tua presenza. Non ti sta facendo nulla. È solo uno specchio. Ma lo specchio ti passa vicino e in esso si riflette il tuo inconscio.

Tutta la cosiddetta spiritualità si fonda sulla paura. Di che cosa? Si ha paura perché l'altro può mettere in luce l'inconscio e tu non ne vuoi saper nulla. Ma non volerne sapere nulla non sarà d'aiuto, la repressione non sarà d'aiuto. Rimarrà lì, e diventerà un cancro. E col tempo tenderà ad affermarsi con sempre maggior forza, e alla fine sentirai di aver fallito: quello che hai represso, ha vinto e tu sei uno sconfitto.

Tutto il mio sforzo tende a riavvicinare il tuo inconscio alla tua parte cosciente. Quando inizi a conoscerlo, non ti è più ignoto, ne diventi amico, allora la paura scompare. Non temi più il polo opposto. Anche l'odio scompare perché l'altro è solo uno specchio molto utile. Provi riconoscenza. Gli amanti sentono riconoscenza l'uno per l'altro se il loro inconscio non è represso, mentre si odiano se reprimono l'inconscio.

Aiutate il vostro essere totale a funzionare. Le vostre emozioni sono imprigionate, soffocate. I movimenti del vostro corpo sono bloccati. Il corpo, il cuore sembrano non essere più parte del vostro essere. Li portate quasi fossero pesi inutili. Lasciate spazio alle vostre emozioni. Nelle meditazioni che faremo, date spazio al gioco delle emozioni e *godetevelo*, perché vi rivelerà mille cose nuove.

Da tempo non urlate più. Non avete mai urlato, non riuscite neppure più a ricordare quando avete urlato l'ultima volta. Quando sorge l'urlo e si impadronisce di te, ne hai paura: «Cosa accade?». Stai perdendo il controllo! Ma perdilo pure: il tuo controllo è veleno. Perdi completamente il controllo. Lascia erompere le tue emozioni, come un vulcano. Rimarrai sorpreso nel vedere cosa si nasconde dentro di te. Probabilmente non riuscirai a riconoscere questo come il tuo volto.

E lascia che anche il tuo corpo abbia completa libertà di gioco, cosicché ogni cellula acquisti vitalità, vibri. Come un uccello si posa su un ramo e questo inizia a ondeggiare, a vibrare, a vivere, lascia che il tuo essere si posi sul tuo corpo e permetti al corpo di essere vivo, di vibrare — vitale con la forza interiore. E all'improvviso entrerai da una porta nuova, che ti era sconosciuta. Aprirai una nuova dimensione della tua esistenza, e quella dimensione ti guiderà verso l'Assoluto, verso il divino.

Ora il sutra:

Da chi desiderata e da chi stimolata, la mente si infiamma? Da chi incitata, muove la forza vitale — il prana — nella sua funzione? Da chi voluta viene detta questa parola? Quale deva o Dio muove la vista e l'udito?

Il Maestro chiede: qual è in te la sorgente da cui si origina tutta la tua vita, ogni tuo movimento, ogni tua espressione? Quale forza crea il desiderio? Quale forza ti stimola ad essere vivo? Quale forza ti spinge a bramare la vita? Deve esserci una forza nascosta e in un certo senso inesauribile: non si arresta mai e non si stanca mai.

Da chi desiderata e da chi stimolata, la mente si infiamma?

Quando guardi una bella donna o un fiore meraviglioso o un tramonto magnifico, chi ti spinge? Chi ti muove verso l'esterno? Chi è la sorgente interiore di ogni tua azione?

Le Upanishad dicono che qualunque cosa fai, colui che agisce è sempre il Brahman — *qualunque cosa* fai, non sei tu colui che agisce. Ad agire è sempre il Brahman. Se rincorri una donna in preda alla lussuria, le Upanishad dicono che anche in questo caso è il Brahman ad agire. Per questo i missionari cristiani non riuscirono mai a comprendere che sorta di religione fosse l'induismo. Perfino la lussuria è spirituale perché la sorgente è sempre il Brahman. Qualsiasi cosa tu faccia con la tua energia, è Lui a muoverla.

Si narra che Brahman creò il mondo e poi se ne innamorò. I teologi cristiani non riescono a capirlo. Naturalmente è difficile comprenderlo. Brahman continua a creare nuovi esseri e continua ad innamorarsi di loro! Crea una mucca, poi se ne innamora e diventa un toro. E questo gioco continua... e l'intera esistenza viene creata. Brahman crea la mucca e Brahman stesso diventa il toro: e continua a dividere se stesso nei due poli opposti.

Se riesci a capirla, questa storia è fantastica: Brahman

continua a dividere se stesso nei due poli opposti. E ricorda, per tornare a lui occorre procedere nella direzione opposta: continua a non dividere più, continua ad incontrarti con la polarità opposta. Brahman crea il mondo attraverso le opposte polarità. Crea la mucca: Egli è la mucca! Perché la crea da Se Stesso. Poi diventa il toro: Egli è il toro. Egli è sia il femminile che il maschile.

Quindi il toro insegue la mucca, e la mucca cerca di sfuggirlo, cerca di nascondersi e con questi tentativi attira l'attenzione del toro: giocano a nascondino. Ed è per questo che gli hindu dicono che l'intera creazione è solo un gioco — il gioco di una sola energia che si divide in polarità opposte per poi giocare a nascondino.

Tu sei un Brahman. Tuo marito è un Brahman, tua moglie è un Brahman. E Brahman sta giocando a nascondino. Questa idea è semplicemente magnifica!

Per riunirti di nuovo all'Assoluto devi operare il processo opposto: non giocare a nascondino. Lascia che le parti divise si fondano l'una nell'altra. Lascia che si dissolvano e il Brahman, l'Uno risorgerà.

Questo Maestro chiede:

Da chi desiderata e da chi stimolata, la mente si infiamma? Da chi incitata, muove la forza vitale — il prana — nella sua funzione? Chi respira dentro di te? *Da chi voluta viene detta questa parola?* Chi parla dentro di te? *Quale deva o Dio muove la vista e l'udito?* Chi muove i tuoi sensi?

Le Upanishad non sono in antagonismo con i sensi. Sono spiritualmente «sensuali». Non negano nulla. Il rifiuto non è un loro slogan, né la loro attitudine verso il mondo. Il loro spirito è l'accettazione, dicono: «Il divino vibra anche nei sensi, perché non esiste nessun altro elemento motore». Le Upanishad rendono sacra ogni cosa, santificano ogni cosa. Non condannano, non dicono mai che una cosa è peccato. Le Upanishad non conoscono il peccato, è un elemento del tutto ignoto. Esse affermano che il peccato non esiste — è solo un gioco. È la stessa energia che opera anche nel peccato, anche in colui che è peccatore.

Tutto viene santificato. E se riesci a dire con tutto il

tuo cuore che tutto è sacro, santo, innocente, immediatamente diverrai santo perché proprio la sensazione di sacralità dissolverà il peccato. È la condanna a creare il peccato, e più condanni, più crei peccatori.

Il mondo intero si è trasformato in una folla di peccatori, perché tutto è stato condannato — proprio tutto! Non esiste una sola azione che non sia stata condannata da qualcuno. E se tutto è condannato, diventi un peccatore. In questo caso si crea il senso di colpa, e anche se preghi la preghiera è veleno, perché prodotta dal tuo senso di colpa. Quando ti senti colpevole puoi pregare, ma quella preghiera si fonda sulla paura. Quella preghiera non è amore — non può esserlo. È impossibile amare tramite il senso di colpa. Come puoi amare se ti senti un peccatore, se ti senti colpevole?

Le Upanishad affermano che tutto è sacro perché Lui è la sorgente di ogni cosa. Non importa se il fiume ti sembra pulito o sporco. Lui è la sorgente di ogni cosa — Egli dà energia sia al fiume contaminato che alle sacre acque del Gange. Dà energia sia al peccatore che al santo. Nella realtà non esiste un racconto come questo, ma mi piacerebbe che ci fosse: Egli creò il peccatore, poi si trasformò in un santo — proprio come nel gioco della mucca e del toro, per giocare a nascondino. Prima creò il santo, e poi si trasformò in un peccatore, ed ancora gioca a nascondino.

Una totale accettazione di tutto ciò che esiste, poiché il solo esistere rende sacra ogni cosa.

Lui — l'Atman o il Brahman — è l'orecchio degli orecchi, la mente delle menti, la parola delle parole, il prana dei prana, l'occhio degli occhi. Allorché i saggi separano l'Atman da queste funzioni dei sensi, si elevano oltre la vita dei sensi e diventano immortali.

Qualsiasi cosa fai è una funzione del Brahman, del Tutto. La totalità funziona in te. Quando respiri, cosa fai? Nulla. Il respiro entra ed esce. Anzi, è Lui a respirare te. Tu non puoi far *nulla*. Se il respiro ti lascia, cosa farai? Se non ritorna, cosa farai? Se se ne è andato, ti ha lasciato. E se non ritorna, sei impotente. Di fatto, se non ritorna più, tu non esisti più. Chi è presente ad agire?

Lui respira, non tu. L'enfasi è posta sulla totalità e non sull'individuo.

Lo si deve ricordare ad ogni istante, perché continuiamo a scordarcene. La nostra enfasi è posta sull'individuo, sull'io: «Io respiro, io vivo, io ti vedo». Non è vero! Il Maestro dice: «*Lui* vede tramite gli occhi. Lui è l'occhio degli occhi. Quando parlo, non sono io a parlare, ma Lui. E quando voi mi ascoltate, non siete voi ad ascoltare, ma Lui. Lui diventa la mucca, Lui si trasforma in toro — Lui diventa colui che parla, Lui si trasforma in colui che ascolta. È un gioco a nascondino misterioso, una grande commedia, un grande dramma. Splendido... se riuscite a capirlo. Ma Lui è *ovunque*! In colui che ascolta, in colui che parla: Egli è ovunque. Quando sei in silenzio, Lui è in silenzio dentro di te. Quando parli, Lui parla dentro di te.

Quest'enfasi non è solo metafisica, non è solo una professione di fede — anche come dottrina è splendida — è data come aiuto per guidarti verso una nuova comprensione. Mentre parli, se riesci a percepire che è Lui a parlare, nel tuo discorso sfumerà ogni eccitazione. Mentre lotti, se sei in grado di ricordarti che è Lui a lottare per tuo tramite, la lotta diventerà una commedia. Mentre sei in silenzio, se riesci a ricordare che Lui è in silenzio dentro di te... e se il silenzio viene rotto da onde di pensiero, tu sai che è Lui ad esser stato disturbato, non tu. Ed ora si è trasformato in pensieri, e si sposta nel tuo cielo interiore sotto forma di nuvole di pensieri. Egli è entrambi, quindi perché preoccuparsene? Lui è entrambe le cose!

Quando sei in salute, Lui è sano dentro di te; e quando sei malato, Lui è malato dentro di te. Sei libero da qualsiasi preoccupazione, non occorre che tu interferisca. Ogni tuo peso è stato buttato sulle Sue spalle. Per questo dico che non si tratta solo di metafisica. È una delle tecniche più profonde per trasformarti totalmente.

Se è Lui a fare tutto, perché continui a tirarti dietro il tuo sé inutilmente? È Lui a respirare, a nascere e a morire. Quando tu morirai, sarà Lui a morire, non tu. Perché temere la morte? Te ne distacchi. Questo distacco ti libera da ogni peso. E questo è un fatto reale, non è una professione di fede. Questo è il fatto reale: qualsiasi cosa accade, accade alla totalità — l'individuo è solo un'illusione.

Non sono mai esistito in quanto ego, e non esisto come ego, né potrei esistere: Lui solo esiste. E quando dico Lui, mi riferisco alla totalità. Non cercate di concepirLo come una persona. Non lo è, è la totalità, il Tutto. Ciò che respira in te, respira anche negli alberi; ciò che canta dentro di te, canta negli uccelli; e ciò che danza nel tuo essere, danza nei fiumi, nei torrenti, nelle sorgenti; e ciò che parla in te, parla anche nella brezza che passa tra gli alberi. La totalità!

Cambia semplicemente la tua *gestalt*, cambia la tua prospettiva, il tuo punto di vista. Non dare importanza all'individuo, spostati sulla totalità. A quel punto, quale sarà il problema? Non vi sarà alcun problema. Con te sopravvengono problemi di ogni tipo. Con te subentrano l'angoscia e l'ansia. Se non ti porti sulle spalle nessun peso, sei libero. Puoi diventare un *mukta*, puoi diventare un *siddha* — un essere libero — proprio in questo istante! La semplice comprensione, il sentire che «Io non sono, Lui è», dissolve il passato, annulla il futuro, perché il futuro è un prodotto delle tue preoccupazioni, dell'immaginazione, delle tue proiezioni. A quel punto Lui si prenderà cura di ogni cosa. E allora accadrà quel che deve accadere, qualsiasi cosa accadrà sarà perfetta, perché viene da Lui.

Questa è fiducia. Non si tratta di credere in un Dio seduto su un trono nell'alto dei cieli che guida tutto e tutti da lassù, come fosse un gran demiurgo, un dirigente o qualcosa di simile. Niente di simile! Non esiste nessun trono né qualcuno che vi siede sopra. E la fede non implica credere in un concetto, in un sistema filosofico. Fede vuol dire fiducia — aver fiducia nel Tutto. Allora ogni cosa è colma di beatitudine. Come potrebbe essere altrimenti? La tua sofferenza è prodotta dal *tuo* interferire. Spegniti, come fossi una lampada. Spegniti... e a quel punto Lui appare.

È l'orecchio degli orecchi, la mente delle menti, la parola delle parole, il prana dei prana, l'occhio degli occhi.

Qualunque cosa appaia in superficie, qualsiasi cosa esista, non fa alcuna differenza, Lui è sempre presente all'interno. Guardami ricordandoti con piena consapevolezza, con attenzione estrema che Lui sta guardando attraverso di te, e immediatamente la qualità della tua consapevolezza cambia. Guardami ora, proprio in questo istante! Lui sta guardando — Lui è l'occhio degli occhi — e immediatamente tu non sei più presente, e cala un silenzio profondo. Quando mi guardi come se fosse Lui a guardare e non tu, la qualità del tuo essere è diversa.

Tu mi stai ascoltando. Scorda la mia presenza: Lui è qui, la totalità è qui. Il Tutto ha preso possesso del mio essere, il Tutto è diventato attivo dentro di me, il Tutto mi ha trasformato nel Suo strumento. Guardami come se fosse Lui a parlare, ascoltami come se fosse Lui a parlare, a quel punto tutto è diverso. Tu non ci sei più. Un bagliore improvviso... e tutto cambia.

Non è una questione di tempo. Non devi far pratica. Puoi percepirlo in questo preciso istante. Guardami! Tu non sei più presente — il Tutto, la totalità, ha assunto la forma di occhi — la totalità è diventata gli occhi in te. Tu sei solo un'espressione del volere della totalità, del desiderio della totalità. Tramite me il Tutto è diventato parole, Egli mi sta usando. Egli mi usa come Suo strumento. A quel punto, in questa stanza Lui solo esiste.

Allora la totalità diventa unione. Le parti si disperdono e i frammenti non esistono più. E sopravviene un orgasmo profondo tra chi parla e chi ascolta. Allora cogli la Sua presenza, ma quella presenza può insorgere solo se tu scordi te stesso. Ricordare Dio non significa ricordare il Suo nome. Ricordare Dio non significa cantare continuamente «Rama, Rama, Krishna, Krishna», questo è inutile, del tutto futile. RicordarLo significa scordare se stessi. Se tu non sei, se tu sei dimentico, se sei completamente abbandonato, Lui è. Quando tu non esisti, all'improvviso Lui appare — e può accadere in un istante!

Ricordo un fatto accaduto in un piccolo villaggio inglese alla fine della Seconda Guerra Mondiale: sulla piazza principale c'era una statua molto bella di Gesù con le mani levate al cielo e sotto aveva questa iscrizione: «Venite a me». Durante la guerra la statua fu distrutta in un bombardamento, per cui quando ripresero le opere di ricostruzione per riportare in vita il villaggio, gli abitanti se ne ricordarono e ne cercarono i frammenti. Tra le macerie furono trovati tutti i pezzi, e la statua fu ricostruita. Ma le mani non furono più ritrovate: erano scomparse.

Il consiglio comunale decise di chiedere all'artista di forgiare due mani nuove, ma un vecchio che aveva l'abitudine in passato di sedersi sotto quella statua, e che non aveva perso questa abitudine anche quando la statua non c'era più, suggerì: «No! Lasciate Gesù senza le mani!».

Ma il consiglio ribatté: «Ma che ne faremo della scritta: "Venite a me!" se la statua non ha più le mani?».

E il vecchio rispose: «Cambiate la dicitura e scrivete: "Venite a me. Io non ho altre mani se non le vostre"».

Ed ora la statua è rimasta senza mani e sulla scritta si legge: «Venite a me. Io non ho altre mani che le vostre».

Egli si muove nelle vostre mani, si muove nei vostri occhi, batte nel vostro cuore: la totalità! E ricorda: Egli non ha altre mani, non ha altri occhi, non ha un altro cuore in cui palpitare. Egli palpita ovunque, è vivo in ogni luogo: il messaggio è questo.

Lui è l'orecchio degli orecchi, la mente delle menti, la parola delle parole, il prana dei prana, l'occhio degli occhi. Allorché i saggi separano l'Atman da queste funzioni dei sensi, si elevano oltre la vita dei sensi e diventano immortali.

Tutti questi sensi sono funzioni, Colui che agisce è al loro interno. Sapendolo, non ti poni in conflitto con loro. Sapendolo, cambi semplicemente il tuo punto di vista. E non sei più ossessionato dai sensi, ricerchi costantemente l'essenza interiore. E il *rishi* afferma che riconoscendo questa trascendenza i saggi hanno conseguito l'immortalità. Ricorda, tu solo puoi morire, la vita non muore mai. Poiché sei nato, morirai, questa è la fine naturale di ogni nascita. La vita continua inarrestabile, continua sempre... è un movimento eterno. La vita non muore mai. In essa le onde sorgono e si dissolvono, mentre la vita scorre, scorre, scorre, simile a un fiume.

Allorché giungi a percepire il fiume all'interno dell'onda, sei immortale. Se riesci a percepire Colui che vede attraverso di te, che respira attraverso di te, sei immortale. Solo questo guscio, questo veicolo chiamato corpo, scomparirà. *Tu* non scomparirai mai. Non puoi scomparire. Sei sempre esistito!

A volte sei stato albero perché l'albero era il veicolo: perché Lui ha voluto essere un albero attraverso di te. A volte sei stato mucca perché Lui ha voluto essere mucca attraverso di te. A volte sei stato una farfalla, a volte un fiore, a volte una roccia... ma sei sempre esistito. Sei *sempre* stato qui! Non sei un nuovo visitatore sprovveduto. Nessuno è qui in visita per la prima volta, nessuno è un estraneo. Voi tutti siete sempre stati qui e ora, ma con differenti veicoli. A volte si trattava di una roccia, ora sei un uomo o una donna: adesso questo è il tuo veicolo.

Se riesci a capire e a *comprendere* che il veicolo è solo un tramite, lo puoi sostituire... dovrai sostituirlo, ma l'essere interiore che continua a cambiare volti rimane immutato. Egli è immortale, la vita è immortale. Tu sei mortale. E perché lo sei? Perché ti identifichi col veicolo. Se viaggi su un carro tirato da buoi, diventi quel carro. Se viaggi in treno, diventi il treno. Se voli in aereo, diventi l'aereo. Continui a scordare che l'aereo, l'automobile, il treno, il carro, sono solo veicoli.

Tu non sei un veicolo: tu sei la totalità, e il Tutto continua a cambiare il suo veicolo. In questo caso sei immortale. Ricorda che tu non puoi essere immortale — in quanto io identificato col corpo. Sei immortale se comprendi e trascendi il corpo. La consapevolezza è immortale, la vera vitalità è immortale.

Il sutra dice:

Allorché i saggi trascendono queste funzioni dei sensi, si elevano oltre la vita dei sensi e diventano immortali.

E più sei in sintonia con l'essenza, l'interiorità, l'eterno, l'immortale, meno sarai ossessionato dai sensi. Puoi *giocarci*, ma non ne sei ossessionato.

Krishna quando suona il flauto non ne è ossessionato. Oppure Krishna che gioca con le sue compagne — le *gopi* — non ne è ossessionato. È solo un gioco! Quando riconosci l'immortale, la vita diventa un gioco, non è più un'ossessione.

Capitolo terzo

ARRENDITI ED IO TI TRASFORMERÒ

Domanda:
Hai detto che quando il Maestro è una presenza assente, e quando anche il discepolo diviene una presenza assente, inizia il lavoro del divino. Se entrambi devono essere assenti, per favore spiegami il ruolo del Maestro nello sforzo verso la spiritualità.

Non esiste un ruolo in quanto tale. Il ruolo è possibile solo se il Maestro esiste come persona. Se esiste come persona può giocare un ruolo. Di fatto la nostra personalità è composta solo e unicamente di ruoli. La tua personalità si compone dei molteplici ruoli che continui a recitare: questi ruoli sono i tuoi volti. Al mattino hai un volto, un ruolo da recitare diverso da quello che ricopri in ufficio, e la sera quando torni a casa di nuovo cambi faccia. Attimo dopo attimo, per tutto il giorno non fai altro che cambiar abito. Ovunque devi interpretare una parte, crei una maschera, diventi un attore.

Il Maestro è un essere che ha smesso di recitare. Non ricopre più dei ruoli, non fa nulla. Egli è giunto a comprendere che colui che fa è il Tutto. L'individuo si illude se pensa di agire. Il Maestro non può pensare che sta aiutando il discepolo o che si sta impegnando per la sua trasformazione. Ovvio, tutto questo accade — la trasformazione avviene, il discepolo cambia, rinasce — ma non è qualcosa fatta dal Maestro.

Il Maestro si è annullato. Non esiste come una presenza ma in quanto assenza. Dentro di lui non vi è mente, dentro di lui non esiste ego, dentro di lui non vi è un centro. Il centro è stato ridato al Divino: l'ego è stato arreso.

Il Maestro è diventato un veicolo, un tramite, un passaggio, uno strumento: assomiglia ad un flauto. Ora il divino suona per suo tramite. Ora i canti non appartengono più al Maestro. Come può recitare una parte? Come può sforzarsi? Come può *fare* qualcosa?

Tutte queste parole — fare, ruoli, sforzi, aiuto — sono egocentriche. Sottointendono che il Maestro fa qualcosa. No, il Maestro non può far nulla: non esiste. Ma intorno a lui le cose *accadono*. Non dico che il discepolo non verrà trasformato: accadrà. E può essere trasformato solo tramite un Maestro che non fa nulla. Se il Maestro fa qualcosa, il discepolo non può essere trasformato. Lo sforzo stesso fatto dal Maestro dimostra che egli non è ancora un Maestro. Non si tratta affatto di fare sforzi.

Il Maestro esiste come un'assenza, come un nessuno. E proprio questo fatto diventa una forza tremenda. Proprio questo fatto, questo esistere di un vuoto, crea intorno a lui avvenimenti misteriosi. Ma non è il Maestro *a produrli*. Ricorda: il fiume scorre verso il mare, ma in realtà il fiume non scorre affatto, non sta facendo nulla. Questo fluire è naturale. È naturale che il fiume scorra. Non vi è sforzo da parte del fiume. L'albero cresce, ma senza fare nulla. Non vi è sforzo, non vi è centro, nessun ego che agisca. Accade.

La vita è un accadere e un uomo diventa un Maestro quando lo comprende. La totalità agisce, e noi ci preoccupiamo senza motivo e interferiamo senza ragione e intromettiamo il nostro centro illusorio inutilmente — perché nessun individuo può avere un centro.

Mastro Eckhart, uno dei più grandi mistici cristiani, ha detto che solo Dio può dire «Io». In realtà nessun individuo può dire «io» perché l'io appartiene alla totalità. Le mie mani non possono dire «io» perché l'io appartiene a me. Le mie gambe non possono dire «io» perché mi appartengono e l'io appartiene a me. Le gambe, le mani, gli occhi non possono affermarsi come io perché sono frammenti, parte di un'unità più grande. Lo stesso vale per te: non sei un'entità chiusa in te stessa: sei solo una parte di un grande insieme organico. In esso sei solo un frammento, un elemento atomico: non puoi presentarti come un io.

Per questo tutte le religioni sostengono che l'unico ostacolo è dato dall'io, perché l'io è l'elemento più falso che si possa immaginare. Non ti appartiene. Non sai perché sei nato, non sai chi ti spinge nella vita. Nessuno ha chiesto il tuo parere, nessuno ti ha chiesto di scegliere. Un giorno ti sei semplicemente trovato a vivere. Ma allora, chi continua a respirare dentro di te? Non lo sai.

Poi all'improvviso un giorno ti dissolvi. Nessuno ti chiede un parere. Nascere e morire non è una tua decisione. Ma qualcosa accade e continua ad accadere. Qualcosa accade e tu nasci, qualcosa accade... e non sei più, di nuovo sei scomparso. Come puoi dire «io»? Nessuna tua decisione è stata messa in atto — *nessuna*! L'io può appartenere solo al Divino.

Ma in questo caso esiste un problema, ed è questo: se il Maestro non può aiutare, se il Maestro non può fare, come può un Maestro fare promesse? Qualcuno mi sta mostrando il pannello appeso alla parete in cui è detto: «Non sono venuto per insegnarvi, ma per svegliarvi. Arrendetevi e io vi trasformerò. Questa è la mia promessa». Ma come posso farvi promesse? Come posso dire che vi trasformerò? Di fatto questo è un trucco. Io non vi trasformerò affatto — non esisto più — ma se voi vi arrendete, verrete trasformati. Se ti arrendi verrai trasformato: non sarò io a trasformarti. La resa stessa ti porterà al punto in cui accade la trasformazione. E quando è successa, lo capirai e riderai perché si è trattato di uno scherzo cosmico...!

Io non posso fare nulla. Lo stesso concetto di fare è fuori luogo: io non esisto più. Ma tu non capiresti quel linguaggio. Tu sei in grado di comprendere solo il linguaggio dell'io. Per questo ho parlato in quel modo... ma è vero: verrai trasformato! È vero che una volta che ti sei arreso non esiste altro ostacolo per la tua trasformazione: rinascerai. E io *non* sto facendo nulla, e non posso fare nulla. Non occorre nulla perché tu sia trasformato. *Tu sei più che sufficiente.*

Ma tu hai perso fiducia in te stesso e questo trucco serve solo a ridarti quella fiducia. Hai scordato il tuo stesso potenziale. Hai scordato chi esiste dentro di te; quale tremenda energia è nascosta dentro di te, te ne sei scordato. È necessario che qualcun altro te ne parli. Possiedi un tesoro ma te ne sei scordato. Io non ti posso dare quel tesoro: *tu stesso* sei il tesoro! Io te lo posso semplicemente mostrare, posso solo darti un'indicazione.

Quando Gesù dice: «Io ti libererò», quando Gesù dice: «Io ti salverò», oppure quando Buddha dice: «io sono il tuo sentiero, la tua via», e quando Krishna dice ad Arjuna: «Arrenditi a me ed io farò tutto per te», sono tutti trucchi per aiutare coloro che hanno scordato se stessi. Ma la promessa è vera, perché accade! Non perché qualcuno ti aiuta — ma perché la tua energia si risveglia, la tua energia acquista vitalità, le tue sorgenti vengono attivate, il tuo essere entra in azione.

Ma tu non sei in grado di comprendere il linguaggio del non-io. Per questo ho parlato in termini di «io»: «Non sono venuto ad insegnarvi, ma a svegliarvi». Nessuno è venuto, nessuno può venire. Tu ed io siamo sempre stati qui. Io non posso venire, né posso andarmene. Non esiste un luogo dove andare, né esiste un luogo da cui venire. Noi siamo sempre esistiti, da sempre siamo nell'esistenza. E chi sono io per insegnarti o per svegliarti? Ma ti sei scordato del tuo potenziale, delle possibilità nascoste dentro di te, ed è necessario uno stratagemma per rimetterti in contatto col tuo essere.

E ricorda, non lo faccio perché provo compassione per te. Niente affatto! Io non provo alcuna compassione per voi. Non ne avete bisogno! Non siete schiavi, non siete miserabili, non siete mendicanti. Per diritto di nascita voi siete divini; siete divini quanto qualsiasi Krishna o qualsiasi Buddha. Non vi manca niente. Tutto è presente, ma voi siete profondamente addormentati. E quando parlo o quando spiego o quando sembra che faccia qualcosa, non accade perché provo comprensione per voi — no! Accade semplicemente che faccio questo per gioco...

Anche questo è solo un gioco. Mi diverto a giocarlo. Non dovete sentirvi riconoscenti. Io mi diverto! Non dovete affatto sentirvi in debito con me, perché questo gioco mi diverte. Mi piace! Come quando spunta un fiore e tu gli passi accanto e il fiore ti dona il suo profumo, allo stesso modo... qualcosa dentro di me è fiorito, tu passi vicino a me ed io ti offro un dono. Se lo prendi ti sono riconoscente. Se lo rifiuti, sei padrone di farlo.

E se questo atteggiamento riesce a penetrare a fondo dentro di te, non vi è più un Maestro né un discepolo. In questo caso scompare il rapporto. Deve scomparire! Solo quando non vi è più un Maestro né un discepolo ed il rapporto è scomparso, il divino inizia a funzionare.

Quando io sono il Maestro e tu il discepolo, esiste un dualismo. E vi sono cosiddetti Maestri che continuano ad insistere sul vostro ruolo di discepoli e vi ricordano che loro sono Maestri, loro sono più in alto e voi siete in basso, e in questo modo creano un gerarchia. Creano intorno a voi un apparato politico. Quel tipo di maestro non sarà di gran utilità. Anzi possono essere dannosi perché non ti danno quanto già ti appartiene. Stanno creando una nuova illusione.

Qui io non sto creando un rapporto, anzi, al contrario, cerco di dissolvere il rapporto. Se riusciamo ad essere qui senza pensare in termini di Maestro e discepolo, se riusciamo ad essere semplicemente qui, presenti, attenti, vivi, accadrà il risveglio.

Moglie e marito: è un rapporto. Padre e figlio: è un rapporto. Maestro e discepolo: non è affatto un rapporto! Sembra solo esserlo. Non è un rapporto perché lo sforzo è totalmente teso a dissolvere il dualismo ed il rapporto esiste nella dualità.

In realtà un Maestro cerca di non essere un Maestro, e allo stesso tempo fa in modo che tu non sia un discepolo. Lo sforzo tende tutto a portarti al punto in cui il rapporto scompare, là dove non vi sono più due entità, ma semplice presenza. E quando non vi è rapporto, ma voi siete attenti ed io sono all'erta, ricordate: se tu sei all'erta ed anch'io lo sono, io non esisto ed anche tu non esisti, in quell'attenzione l'io si dissolve e le fiamme di due lampade si unificano. Solo in quell'unità il divino inizia a funzionare.

Il divino lavora solo nell'unione: questo è il suo metodo di lavoro. Più siete divisi, meno lui può operare; più siete divisi, più vi allontanate dal divino. È questo che volevo dirvi.

Ci sono due cose da dire su questa domanda: primo, il Maestro non fa nulla, non recita nessun ruolo. Non fa nessuno sforzo. Non c'è affatto sforzo da parte sua. Egli è diventato attento, si è risvegliato, ed ora qualcosa fluisce attraverso di lui. Questo fluire assomiglia allo scorrere di un fiume. Ovunque vada questo fiume, renderà le persone più attente. Senza che vi sia sforzo da parte sua: è la sua natura. Per cui un Maestro è tale *per natura*, non perché si sia sforzato di esserlo. Ovunque si muova sarà un Maestro.

Ricordo una storia di un mistico egiziano, Dhun-Nun:

Dhun-Nun viaggiava sempre coperto con stracci da mendicante, e aveva come discepoli anche degli imperatori. Un discepolo ricchissimo gli chiese: «Perché vesti sempre come un mendico? Perché ti mischi alle masse ed al volgo? Non è cosa buona, perché tu sei un grande Maestro».

Dhun-Nun si dice che abbia risposto: «Un Maestro è Maestro per natura, per cui ovunque sia è un Maestro — *ovunque*: non è importante. Se si trova in una folla, anche lì è un Maestro. Egli *è* un Maestro, e funziona come tale, e la folla viene trasformata dalla sua presenza, la sua presenza è sufficiente».

Si dice che nel Corano Maometto affermi che nessun Maestro dovrebbe andare nella casa di un ricco. Se il ricco vuole incontrarlo, deve andare dal Maestro. Per cui fu chiesto a Bayazid, un mistico sufi che visitava le case dei ricchi, ed il palazzo dell'imperatore, per insegnar loro: «Tu vai contro le parole del profeta: Maometto dice che nessun Maestro dovrebbe visitare la casa di un ricco. Non serve. Se il ricco lo vuole, deve andare ai piedi del Maestro. Mentre tu vai perfino nel palazzo dell'imperatore. Come mai? Sei contro il profeta? Oppure non credi nelle sue parole?»

Bayazid rispose: «Non sai come stanno le cose. Maometto ha ragione, ed io seguo le sue parole ed i suoi insegnamenti. *Tuttavia* sia che il Maestro vada nella casa dell'imperatore sia che un imperatore vada nella capanna del Maestro, è *sempre* il Maestro che cambia l'altro. Non fa alcuna differenza». Di fatto, siete sempre voi a venire dal Maestro. Sia che il Maestro vada alla reggia sia che l'imperatore vada nella capanna del Maestro, *non* fa differenza. È sempre l'imperatore che va dal Maestro, perché è lui che deve essere cambiato. E sarà trasformato.

Bayazid dice che è nella natura del Maestro cambiare gli altri — non è uno sforzo. Il Maestro non fa assolutamente nulla, è la sua semplice presenza... e se sembra che faccia qualcosa, quell'apparenza è solo un espediente — perché voi non siete in grado di comprendere il linguaggio della non-azione. Voi riuscite a comprendere solo il linguaggio dello sforzo, per questo egli crea un linguaggio che vi si addica. Se non siete in grado di comprendere il suo linguaggio, lui è in grado di comprendere il vostro perfettamente. Se *tu* non puoi capire lui, *lui* può capirti perfettamente.

Per cui ti dà tutto ciò che sei in grado di comprendere, e col tempo la tua capacità di comprensione aumenta. E un giorno, quando giungi veramente al punto in cui ti è possibile comprendere un Maestro, ti metterai a ridere perché egli non ha fatto assolutamente nulla! Ma in quel momento proverai un'immensa riconoscenza, perché senza far nulla egli ti ha trasformato totalmente.

È vero, se qualcosa viene fatto, è violenza. Se io *faccio* qualcosa per trasformarvi, per mutarvi, sarà un'aggressione, sarà violenza. Ogni sforzo è violento. Ma la mia semplice presenza, stare intorno a me... e qualcosa in te inizia a succedere, ed io *non* sto facendo nulla, solo in questo caso è amore, e non è violenza.

E si verifica un fenomeno molto bizzarro: se qualcuno cerca di trasformarti, gli resisterai — perché istintivamente diventi consapevole della violenza, istintivamente inizi a difenderti. Se qualcuno cerca di cambiarti e di renderti religioso, morale, buono, o assurdità di questo tipo, ti opporrai. Il tuo ego si sentirà ferito, e tu inizierai a resistere. Inizierai a fare cose che non avevi mai pensato di fare, *solo* per opporre resistenza.

I bravi genitori sono la causa delle cattive generazioni.

I cosiddetti santi e i saggi sono la causa della degenerazione, dell'immoralità che esiste in tutto il mondo — perché continuano a imporre obblighi. E ogni volta che qualcuno cerca di costringerti, anche se ti spinge a forza verso il paradiso, ti ribellerai. Ed è *giusto* ribellarsi, perché ti sta uccidendo, sta uccidendo il tuo spirito. Se venissi spinto a forza in paradiso, vi resteresti come un cadavere. Meglio andare all'inferno, ma per propria scelta! Per lo meno sarai libero. Perlomeno sarai un'anima.

Un vero Maestro non vi impone mai nulla con la forza, per nulla, neppure indirettamente, mai! Perché se un Maestro non è in grado di conoscere questo meccanismo mentale, chi mai potrà conoscerlo? Se non è in grado di comprendere come funziona la mente umana e la consapevolezza — e cioè che si ribella, che resiste se le si impone qualcosa con la forza — chi mai potrà conoscerlo? Un Maestro lo sa, per questo non fa mai nulla. Si limita semplicemente a permetterti di stargli vicino. Può creare stratagemmi per permetterti di stargli vicino. Per esempio, io vi dico di meditare. E voi state meditando, ma la cosa fondamentale è che siete vicino a me. E mentre meditate, senza che io faccia nulla, qualcosa vi accade.

Io vi parlo: è un espediente. Non serve parlare. Se riuscite a comprendere, potete sedere semplicemente vicino a me. Non serve affatto dire nulla. Ma in quel caso vi annoiereste. Vi chiedereste: «Cosa sto facendo qui — sempre seduto?». La tua mente ha bisogno di giocattoli con cui trastullarsi, per questo vi do dei giocattoli e la vostra mente si perde nel gioco. Intanto, nel frattempo, accade qualcosa di fondamentale. Voi non ne siete consapevoli, ma un giorno ve ne renderete conto. Allora vedrete qual era il trucco, come funzionava quello stratagemma. La tecnica sta nell'impegnare la vostra mente altrove così siete disponibili a me ed alla mia presenza, ed io vi posso incontrare senza interferenza alcuna da parte della mente.

Seconda domanda:
Questa mattina hai parlato del rapporto sessuale e

dell'orgasmo interiore che avviene tra il corpo maschile e l'inconscio femminile, o viceversa. Per favore spiega come avviene nella meditazione dinamica da noi praticata.

Accade nella meditazione dinamica perché tutto ciò che è stato represso e nascosto viene portato a galla. È una catarsi, è l'espressione di emozioni. È il processo esattamente opposto alla repressione. Per cui dovete comprendere il processo della repressione.

Qualcuno è morto: sei molto addolorato, ma con la mente pensi che non è da uomo piangere e singhiozzare. Sembrerebbe debolezza, ed hai sempre dato un'immagine di forza all'esterno. Tutti ti conoscono come un uomo di volontà: come puoi piangere? Questo è da donnetta, per cui reprimi le lacrime. Vogliono uscire, vogliono sciogliersi e scorrere, ma tu le reprimi. Quelle lacrime diventano veleno, perché il tuo organismo voleva farle uscire e tu le hai represse. Continui a sorridere. Il tuo cuore piange e si dispera, ma tu continui a sorridere.

Cerchi di conservare un'immagine. Non riesci ad essere naturale. Non puoi permettere al tuo cuore, al tuo corpo, alla tua mente di funzionare naturalmente. Continui a manipolarli. Scegli cosa esprimere e cosa reprimere. Quella parte repressa diventa l'inconscio.

Di fatto non esiste un inconscio. Ma poiché reprimi delle cose e le reprimi profondamente... tu stesso non ne vuoi essere consapevole, non vuoi esserne cosciente, perché sarebbero un peso insopportabile per la mente. Quindi continui a scordarle. Continui ad essere inconsapevole del fatto che esistono, ne scordi l'esistenza, e con le tue stesse mani crei un inconscio all'interno del tuo essere.

In questo modo sei diviso, ti scindi in due. La parte rifiutata si trasforma nell'inconscio e la parte accettata nel cosciente. Se sei un uomo, rifiuti la donna, perché ancora nel mondo nessuna cultura ha mai accettato la bi-sessualità. Tutte le culture esistite fino ad oggi in realtà non sono mai state consapevoli che essere un uomo o essere una donna non è qualcosa di assoluto. È un fatto relativo che dipende da pochi gradi di differenza.

Se sei un uomo, non significa che lo sei al cento per

cento. Nessuno può esserlo, perché per esserlo dovresti esser nato solo da tuo padre, e tua madre non avrebbe dovuto parteciparvi affatto. Ed è una cosa impossibile! E per essere donna al cento per cento, il padre non dovrebbe affatto essere presente — solo la madre. Perché se il padre vi partecipa, subentra l'elemento maschile; se la madre vi partecipa, subentra l'elemento femminile. Questo è un fatto portato alla luce dalla psicologia del profondo — una novità per l'Occidente, ma il Tantra in Oriente ne è sempre stato consapevole.

L'uomo è tale solo in termini relativi: può essere uomo per il sessanta per cento e donna per il quaranta per cento. Viceversa, una donna può essere donna al sessanta per cento e uomo al quaranta per cento. Per questo si ha una casistica tanto ampia. A volte i gradi di diversità sono così vicini che qualcuno può essere uomo al cinquantun per cento e donna al quarantanove per cento, per cui è difficile sapere con certezza se è un uomo o una donna. Camminerà, parlerà, agirà con modi femminili al quarantanove per cento. Si tratta di una diversità ormonale. Si possono iniettare nuovi ormoni. Questo è un caso limite: quarantanove per cento donna e cinquantun per cento uomo. Basta iniettare solo pochi ormoni femminili in più, e l'equilibrio cambia, per cui quell'uomo diventerà donna.

Si sono verificati molti casi in cui all'improvviso un ragazzo è diventato femmina e una ragazza è diventata maschio. E gli studiosi si sono messi all'erta: «Che fenomeno è mai questo?». Quindi si sono resi conto che esistono casi limite. Oggi sono disponibili degli ormoni, per cui penso che tra breve, prima ancora della fine di questo secolo, la possibilità di scelta sarà alla portata di tutti: potrete scegliere di cambiar sesso.

Ed è un'idea fantastica! Per un uomo che ha vissuto come tale per trent'anni, sarà un ottimo cambiamento. Di fatto essere donna vuol dire entrare in un mondo diverso, e questo è un cambiamento più grande che non l'andare sulla luna. Lassù non c'è granché, è proprio simile alla terra. Ma un uomo che diventa donna o una donna che diventa uomo, implica lo spostarsi ad un polo completamente opposto.

E quando questa possibilità sarà reale, solo gli sciocchi non la sfrutteranno. I saggi, la utilizzeranno subito, perché così diventerai consapevole grazie al fatto di vivere in due mondi completamente diversi. Questo darà una luce nuova alla mente dell'uomo, perché in realtà l'uomo non ha mai compreso cosa sia la donna veramente, nè la donna è in grado di comprendere l'uomo, perché le loro psicologie sono così radicalmente dissimili che essi esistono a poli completamente opposti.

Freud ha detto: «Per quarant'anni ho lavorato sulla psiche umana, tuttavia ancora non sono in grado di dire cosa desidera la donna, cosa vuole la donna, come sia conformata la sua psiche». È difficile dirlo perché l'uomo non è in grado di comprendere la donna. Qualsiasi cosa comprenda sarà un punto di vista, colto stando al polo opposto. Osserverà la donna in quanto uomo, e questo distorce tutto. Una donna non è in grado di comprendere l'uomo perché lo guarda sempre dal suo punto di vista, in quanto donna. E non possiamo cambiarci le parti. Se la biologia ci aiuta, scomparirà la vecchia diatriba tra l'uomo e la donna.

Sto dicendo che tu sei uomo o sei donna solo da un punto di vista relativo. E se sei uomo, dovrai reprimere l'altra parte che è femminile, che ti è stata donata da tua madre. Perché? Perché è necessario reprimerla? Perché noi abbiamo cercato di vivere seguendo la logica. E questo è stato l'errore più grande commesso dall'uomo. Abbiamo cercato di vivere conformandoci alla logica, mentre la vita è illogica.

La vita è contemporaneamente sia uomo che donna, mentre la logica è sempre solo femminile o solo maschile. La tua logica ti dice che sei un uomo, per cui devi tagliare quelle qualità che non appartengono all'uomo. Quella parte repressa diventa il tuo inconscio. Sei una donna, per cui tutti ti ricordano che devi essere gentile, amorevole, piena d'attenzioni. Non devi essere crudele, non devi odiare, non devi essere aggressiva, perché l'idea che si ha della donna non è quella.

Questo è assurdo! Di fatto se una donna diventa aggressiva, è eccezionale. Nessun uomo può competere con lei, perché la tua aggressività è già esaurita: l'hai usata fin troppo. Mentre lei non ha usato la sua parte maschile che è fresca e giovane. Se la donna diventa aggressiva, nessun uomo può competere con lei. Se la donna è arrabbiata e violenta, di fronte a lei impallidirai.

E lo stesso vale per l'uomo. Si dice che l'uomo dev'essere aggressivo, violento, potente, deve avere forza di volontà, non deve essere debole, non deve essere amorevole, né premuroso: queste sono cose da donnetta. Ma se un uomo è veramente in grado di amare, nessuna donna può competere con lui. Nessuna donna, perché la femminilità dell'uomo è sempre fresca e intoccata, non è stata usata e non si è esaurita.

Voglio dire questo: l'altra tua parte è illogica, per cui la neghi solo per poter avere un'immagine definita, un'immagine logica.

Mi hanno raccontato:

Accadde che un grandissimo mistico e Maestro Zen morì. Il suo discepolo Lin-chi era molto conosciuto, più del Maestro. Di fatto il Maestro era noto a causa del discepolo; e Lin-chi era un grand'uomo, famoso in tutto il Giappone. E quando il Maestro morì, migliaia di persone si riunirono per porgergli gli onori funebri.

La folla rimase sorpresa nel vedere che Lin-chi piangeva e singhiozzava, a fiumi scorrevano le lacrime sulle sue gote. Molti amici lo apostrofarono: «Cosa fai? Questa gente parla di te e dice: "È inconcepibile, Lin-chi piange! Lo credevamo un uomo totalmente distaccato; credevamo che avesse abbandonato ogni attaccamento, ed ora piange! E questo Lin-chi ci insegnava che l'anima è immortale, che solo il corpo muore, e il corpo non è nulla — polvere che torna alla polvere. Perché ora piange?"».

Gli amici esigevano una risposta. Erano persone logiche, perché se un uomo ha affermato che l'anima è immortale, la morte non ha più alcuna importanza: «Dunque, perché piangi?» chiesero. «Tu dici che la soluzione è il non attaccamento, perché allora sei attaccato al tuo

Maestro? Solo il corpo è morto, e tu hai sempre insegnato che il corpo è solo materia morta. Perché te ne preoccupi? Una cosa effimera si è dissolta.»

Pretendevano una risposta, ed erano uomini di logica. Ma cosa disse Lin-chi? Disse: «La vostra domanda è logica, ma cosa ci posso fare? Le lacrime scendono. Io piango, mi ritrovo a piangere. Non solo voi ne siete sorpresi: lo sono anch'io. Cosa posso farci? Così la vita mi accade, e la vita è illogica». Lin-chi disse: «È bene che il mio Maestro sia morto e mi abbia reso consapevole della totalità della mia vita. Senza di lui pensavo di non avere attaccamenti. Se lui ora non fosse morto, non avrei mai scoperto di avere un cuore e di avere delle lacrime, di poter piangere!».

«Per cui, non solo voi siete sorpresi, lo stesso Lin-chi è sorpreso. Ma non per questo reprimerò la vita. L'ho accettata totalmente. Ed ancora dico che l'anima è immortale e che solo il corpo muore — ma anche il corpo era meraviglioso! Ed io piango per il corpo. Polvere alla polvere: certo, dico ancora che la polvere è tornata alla polvere, ma quella polvere aveva assunto una forma meravigliosa, ed io piango per lei.»

Nelle cronache Zen si tramanda che Lin-chi si dimostrò fedele alla vita e non alla logica. Sii fedele alla vita e non alla logica, allora qualsiasi cosa avrai represso affiorerà, esploderà. Questo è quanto fa la meditazione dinamica: porta in superficie gli elementi repressi perché vengano espressi; riporta in vita le lacrime, riporta in vita la rabbia, il riso, la tristezza; ributta fuori tutto dal tuo organismo per purificarlo, per farlo diventare di nuovo innocente. Con un organismo innocente, potrai contattare il Divino. Questo organismo avvelenato non può avere nessuna forma di contatto.

La meditazione dinamica è catarsi. Serve per purificarti. E quando sarai purificato e l'inconscio sarà stato espresso, cadrà la barriera tra la parte cosciente e l'inconscio — perché quella barriera è stata creata dalla repressione. Quando non reprimi più, la barriera scompare, a quel punto non vi sono più limiti tra l'elemento cosciente e l'inconscio.

Allora sarai sia uomo che donna: sarai bi-sessuale. E quando sei sia uomo che donna, avrai una nuova sensazione d'essere, una nuova unità interiore. Non ti sentirai sradicato, diviso. Diventerai un'unità organica. Questa unità potrà guidarti all'unione suprema. Questa unità è il primo passo.

Capitolo quarto

IL SÉ INCONOSCIBILE

KENA-UPANISHAD

CAPITOLO I
(continuazione)

3

Gli occhi non possono raggiungerLo né la parola e neppure la mente. Pertanto non Lo conosciamo, né sappiamo in quale modo Lo si possa insegnare. Egli è diverso da ciò che è noto ed è aldilà di ciò che è ignoto. Così L'abbiamo udito dagli antichi veggenti che ce L'hanno spiegato.

4

Ciò che la parola non può rivelare, ma che rivela la parola, questo solo è il Brahman. Sappilo. Non è certamente nessuno di questi oggetti che la gente venera in questo mondo come tale.

5

Ciò che non si può comprendere con la mente ma che comprende la mente, questo solo è il Brahman. Sappilo. Non è certamente ciò che la gente venera in questo mondo come tale.

Il mistero più profondo dell'esistenza è il fenomeno della conoscenza. Puoi conoscere tutto ma non il tuo Sé. Colui che conosce non può essere conosciuto, perché conoscere qualcosa significa ridurlo ad oggetto. Il processo cognitivo stesso si fonda sulla dualità. Io posso conoscere te perché dimoro nel mio essere, mentre tu ne sei all'esterno. Tu diventi un oggetto. Ma mi è impossibile conoscere il mio Sé perché non posso ridurlo ad oggetto. Non posso incontrare il mio sé tramite un metodo oggettivo. Non posso mettere il mio Sé di fronte a me. E se potessi porre il mio Sé di fronte a me, ciò che vedrei non sarebbe il mio Sé. Come potrebbe essere il mio Sé? In verità, colui che osserva dall'interno, solo quello rimarrebbe il mio Sé.

Il Sé è soggettivo, e questa soggettività non può essere oggettivata. Da qui il paradosso: ciò che conosce ogni cosa, non può conoscere se stesso; ciò che è fonte di ogni conoscenza rimane inconoscibile. Se riesci a capirlo, questo sutra sarà una grande rivelazione: è uno dei sutra più profondi, scende a livelli mai toccati da altri mistici. In esso si dice che l'autoconoscenza è impossibile, mentre da sempre hai sentito dire, ti è stato predicato, ovunque si dice: «Conosci te stesso». Ma come puoi conoscere te stesso? Ti è possibile conoscere tutto ciò che è altro da te, ma un solo elemento rimarrà sempre ignoto, inconoscibile: e quell'elemento sei tu.

Il termine «Conoscenza di Sé» non è affatto corretto. La conoscenza di Sé non è possibile. Ma questa impossibilità può creare in te un profondo pessimismo. Se la conoscenza del Sé non è possibile, l'intera dimensione religiosa diventa assurda perché quello è il suo unico scopo — offrirti la conoscenza di te stesso. Per cui il termine conoscenza di sé deve avere un altro significato. Deve esistere qualche elemento, una dimensione nascosta, attraverso la quale ti è possibile conoscere il Sé senza per questo ridurlo ad un oggetto. Deve essere possibile la conoscenza in un modo radicalmente differente.

Nel mondo tutto ciò che conosciamo è oggettivo mentre il soggetto rimane inconoscibile, colui che conosce resta ignoto. Ma è possibile conoscere questo soggetto conoscente? Questa è la domanda essenziale, il problema fondamentale. Se esiste un solo modo per conoscere — e cioè la conoscenza oggettiva — non lo si può conoscere. Per questo tutti i pensatori con mente scientifica negheranno l'esistenza del Sé. Il loro negare è significativo: chiunque sia stato educato a pensare in termini oggettivi, e di oggettività, sosterrà che non vi è un Sé.

E questa loro affermazione deriva dal fatto che non sono in grado di concepire un altro tipo di conoscenza. Essi pensano che esista un solo tipo di conoscenza: quella oggettiva. E il Sé non può essere ridotto a un oggetto, per cui non può essere conosciuto. E ciò che non può essere conosciuto, non si può dichiarare esistente. Come potresti dire che esiste? Nel momento in cui lo affermi, affermi anche di averlo conosciuto. Non puoi affermarne l'esistenza. Se non lo si conosce, e non solo è ignoto ma è inconoscibile, come puoi dire che esiste? Per questo gli scienziati insistono nel dire che non vi è un Sé, l'uomo è un meccanismo e la consapevolezza che appare in lui è solo un derivato, un epifenomeno. Il Sé non esiste, né vi è un centro. La consapevolezza nasce soltanto da fenomeni chimici. E allorché il corpo si dissolve, la consapevolezza scompare.

Per cui per la scienza, la morte è totale estinzione, nulla rimane. La consapevolezza non ha sostanza, è una conseguenza. Senza il corpo non può esistere. È parte del corpo, una semplice combinazione di molti elementi materiali. Viene prodotta. Non è un elemento semplice: è un composto, una combinazione, una sintesi, qualcosa che dipende da altre cose. Il Sé non esiste. La scienza afferma che il Sé non esiste perché non lo si può conoscere.

La parola «scienza» vuol dire conoscenza. E se qualcosa è inconoscibile, la scienza non lo approverà, non lo accetterà. «Scienza» indica ciò che può essere conosciuto, solo questo... la scienza non è mistica. Non può cadere nell'assurdo. Per la scienza la parola stessa «Conoscenza di sé» è assurda. Eppure la religione ha un valore e un senso, perché esiste un'altra dimensione della conoscenza.

Cerca di comprendere quella dimensione del sapere dove ciò che si conosce non è ridotto ad oggetto. Per esempio: se in una stanza buia viene accesa una lampada, tutto ciò che si trova in quella stanza è illuminato, lo si conosce grazie alla luce della lampada. Ma anche la lampada viene ad essere conosciuta grazie alla sua luce. Tutto il resto: sedie, mobili, pareti, quadri, sono conosciuti grazie alla luce. Ma cosa ci porta a conoscere la luce stessa?

La luce si fa luce da sé. La sua semplice presenza rivela gli altri oggetti ma rivela anche se stessa. Ma queste due rivelazioni sono differenti. Quando si conosce una sedia tramite la luce, la sedia è un oggetto. La luce illumina la sedia, e se viene spenta la sedia non può essere conosciuta. La conoscenza della sedia dipende dalla luce, ma la conoscenza della luce non dipende affatto dalla sedia. Se elimini tutto, la luce permane immutata. Non rimarrà nulla da illuminare, tuttavia continuerà a far luce a se stessa. Questa rivelazione della luce è un'autorivelazione.

Lo stesso accade nel mondo interiore, con il Sé interiore. Per suo tramite si conosce ogni cosa, ma esso non si conosce se non per suo tramite — è un fenomeno che si rivela da sé. La conoscenza del Sé non significa che il Sé è conosciuto da qualcun altro, perché in questo caso l'altro sarebbe il Sé. Perciò, qualsiasi cosa venga conosciuta in modo oggettivo non può essere il Sé. Il Sé rimarrà sempre colui che conosce. Ma come è possibile conoscere questo Sé? Il Sé è di per se stesso evidente, è un fenomeno che si rivela da solo: per conoscerlo non occorre altro. Non occorre ridurlo ad oggetto.

Di fatto quando tutti gli oggetti vengono rimossi dalla mente, quando si rimuove ogni struttura mentale, all'improvviso il Sé si rivela da solo. E questa è la differenza tra materia e consapevolezza: la materia non si autorivela, la consapevolezza sì. La materia deve essere conosciuta da qualcun altro, la consapevolezza si conosce da sé. Questa è la differenza fondamentale tra materia e consapevolezza. Gli alberi esistono, ma se non è presente un essere consapevole, essi non possono essere resi noti. Per essere rivelati hanno bisogno della consapevolezza di qualcuno.

Esistono le rocce, rocce splendide, ma se non vi è consapevolezza, esisteranno senza essere splendide — nessuno sarà consapevole della loro presenza. La loro esistenza sarà muta. Le rocce stesse non potranno riconoscere la propria esistenza. La vita ci sarà sempre, ma non ve ne sarebbe alcuna rivelazione.

Un bimbo va a giocare vicino a quelle rocce e all'improvviso esse vengono rivelate. Ora non sono più esistenza cieca. Le rocce si sono affermate di fronte alla vita attraverso il bambino. Ora anche l'albero è stato rivelato. Ogni cosa intorno al bambino acquista vita in un senso nuovo. Il bambino è diventato fonte di rivelazione. Intorno a lui tutto ha acquistato vitalità. Per cui, più è profonda la tua consapevolezza, più profondamente riveli l'esistenza.

Quando viene al mondo un Buddha l'intera esistenza festeggia *in lui* a causa della sua profonda consapevolezza. Tutto ciò che è nascosto nella materia diviene manifesto. Prima non era mai stato conosciuto. La semplice presenza di un essere illuminato rende illuminata l'intera esistenza intorno a lui. Tramite la sua presenza tutto acquista vita e sensibilità. La consapevolezza rivela gli altri, ma ad un'altra consapevolezza non serve rivelarla: si rivela da se stessa.

Prendiamolo da un altro punto di vista: tutto deve essere dimostrato perché tutto può essere messo in dubbio. Ma non puoi mettere in dubbio il Sé, per questo il Sé non ha mai bisogno di una prova. Puoi forse dubitare del Sé? Cartesio, uno dei più famosi pensatori occidentali, usava il dubbio quale metodo di conoscenza. Iniziò il suo viaggio di conoscenza attraverso un dubbio che penetrava molto a fondo. Cartesio decise di dubitare di tutto finché non avesse incontrato un fatto che non potesse essere messo in dubbio. E se non sussiste un fatto fondamentale che non può essere messo in dubbio, non puoi costruire il palazzo della conoscenza perché non ha fondamenta solide su cui poggiare. Se tutto può essere messo in dubbio e deve essere dimostrato, l'intero edificio si fonda solo sulla logica. Qualcosa in profondità dev'essere indubitabile, deve esistere senza bisogno di prova.

Dio può essere messo in dubbio. Ricordalo, Dio può essere messo in dubbio. Non solo, ma si può anche dimostrare che non esiste. Di fatto se qualcuno mette in dubbio Dio, non ti è possibile dimostrare la Sua esistenza. Puoi convincere solo coloro che già sono convinti ma non puoi convertire chi non crede: è impossibile. Non un solo ateo può essere convertito, perché ha bisogno di prove e Dio non può essere dimostrato.

Dio non è scevro dal dubbio. Lo si può dubitare e confutare. Questa ipotesi può essere definita falsa. Non ci sono prove a favore. Per questo Cartesio insiste nel dubbio, nella discussione, nella ricerca, dicendo che se non incontra qualcosa nell'esistenza di cui non si possa dubitare... non qualcosa che possa essere dimostrata, niente affatto, ma che non sia possibile mettere in dubbio. E alla fine giunge al Sé, ed egli afferma che il Sé è una realtà più sicura di Dio. Lo è, perché non può essere messo in dubbio. Lo puoi forse dubitare? Anche per dubitarne lo devi possedere.

Per esempio, se sei in casa e qualcuno bussa e chiede se ci sei o no, e tu rispondi: «No, non ci sono», la risposta stessa dimostra che ci sei. Non puoi negare te stesso. Proprio il tuo dire: «Non ci sono», dimostra che ci sei. La negazione stessa diventa una conferma. Non occorre un'affermazione — la stessa negazione è una conferma. Quando la negazione stessa è una prova, il fatto è indubitabile. Come potresti dubitarlo?

Non puoi dire: «Non so se esisto o no», o puoi dirlo?

Perché anche per essere in quella confusione è necessario che tu sia presente. Come può esserci confusione se tu non sei presente? Non puoi dire: «Non credo alla mia esistenza», perché anche il non credere implica la presenza di qualcuno. È impossibile negare la tua esistenza, è impossibile negare l'esistenza dell'io.

Questo Sé è l'unico fatto indubitabile nel mondo, tutto il resto è stato messo in dubbio. Sono esistiti gli scettici che hanno dubitato di ogni cosa... le cose più semplici, è inconcepibile fino a che punto sia arrivato il loro scetticismo. Voi siete presenti, ma il filosofo inglese Berkeley direbbe: «Non posso credere che tu sia qui. È possibile che tu sia solo un sogno. Ed è impossibile dimostrare che tu non sia un sogno — perché quando sogno, sogno persone che ti assomigliano». E questa è una delle qualità del sogno: nel sogno il sogno stesso appare reale.

Quindi il fatto che tu sembri reale, secondo Berkeley non dimostra nulla perché in ogni sogno il sogno sembra reale. Mentre sogni, puoi forse dubitare? È impossibile: il sogno appare reale. Perfino il sogno più assurdo sembra reale. È pura assurdità, è illogico, tuttavia mentre esiste sembra reale. Per questo Berkeley afferma che è impossibile dimostrare se tu esisti oppure no. Puoi essere messo in dubbio, tutto può essere messo in dubbio.

Nagarjuna, uno dei mistici più grandi dell'India, ha dubitato di tutto. Proprio *tutto*! Afferma: «Nulla è reale perché tutto può essere messo in dubbio». Tuttavia evita sempre un aspetto: non parla mai del Sé, perché in quel caso l'intero edificio, tutta la sua filosofia, crollerebbe visto che il Sé non può essere messo in dubbio. Si può chiedere a Nagarjuna: «Okay! Il mondo intero è illusorio e tutto può essere messo in dubbio, ma chi è colui che dubita? Dubiti anche di colui che dubita e nega il mondo intero?».

Il Sé non può essere messo in dubbio perché è evidente di per sé. Non occorrono prove, non occorrono discussioni: si evidenzia da solo.

Mahavir negò Dio: disse che non esiste alcun Dio. Ma non poté affermare che non vi è un Sé. Per cui il Sé per lui divenne divino. Disse: «Solo il Sé è Dio». Ed è vero!

All'interno del tuo essere, il Sé è l'elemento più vicino all'esistenza divina. Per questo non può essere messo in dubbio. Si evidenzia da solo, si rivela da solo, si illumina da solo.

Questo è il secondo metodo di conoscenza. Il metodo scientifico implica conoscere una cosa in quanto oggetto. Il metodo religioso implica conoscere il soggetto in quanto soggetto. Nel metodo scientifico la conoscenza si compone di tre parti: colui che conosce, ciò che è conosciuto e la conoscenza. La conoscenza è solo un ponte tra colui che conosce e l'oggetto di conoscenza. La conoscenza religiosa non si divide in tre parti. Colui che conosce è ciò che si conosce e colui che conosce è la conoscenza. Non è suddivisa in tre elementi. È unica, è indivisa.

Ora approfondiremo il sutra:

Gli occhi non possono raggiungerLo, né la parola e neppure la mente. Pertanto non Lo conosciamo, né sappiamo in quale modo Lo si possa insegnare. Egli è diverso da ciò che è noto ed è al di là di ciò che è ignoto. Così L'abbiamo udito dagli antichi veggenti che ce L'hanno spiegato.

Gli occhi non possono raggiungerLo, né la parola e neppure la mente.

Gli occhi possono raggiungere qualsiasi altra cosa perché si trovano tutte di fronte agli occhi stessi, mentre il Sé no. Il Sé è posto dietro gli occhi, solo il Sé si trova dietro gli occhi. Tutto il resto si trova di fronte. Attraverso gli occhi puoi incontrare tutto, ma non il Sé perché *non* si trova di fronte. Per cui gli occhi non possono essere usati per vederlo. Di fatto devi diventare cieco per vederlo. Non nel vero senso del termine, tuttavia gli occhi devono divenire vuoti, come se non vedessero, come fossero chiusi, non funzionassero, solo allora perverrai a conoscerLo. Gli occhi non possono raggiungerLo. Dovrai avvicinarti a Lui senza occhi. Simile a un cieco devi avvicinarti a Lui.

Per questo motivo un cieco e un uomo che vede non sono affatto diversi, per quanto concerne il Sé. Rispetto al mondo, il cieco è in grande svantaggio, non è in grado di conoscere nulla. Ma rispetto al Sé non è affatto svantaggiato. E se è un saggio, la sua cecità può essergli d'aiuto.

Per questo in India abbiamo definito i ciechi *pragya chakshu*: occhi di saggio. Non perché ogni cieco sia saggio, ma egli è potenzialmente più vicino al Sé di qualsiasi uomo che veda, perché chi ha occhi si è perso nelle infinite distese del mondo. Si è allontanato moltissimo, e tramite gli occhi puoi raggiungere il limite estremo del mondo. E la scienza continua a creare occhi sempre più potenti che permettono di vedere parti minuscole, fenomeni atomici, o anche le stelle più lontane.

La scienza continua ad allontanarti dal tuo Sé. Per cui più un'epoca diventa scientifica, meno si avvicina ad una conoscenza di tipo religioso. Ora avete a disposizione strumenti potentissimi con cui distrarvi, e vi siete allontanati all'infinito dal vostro Sé.

I sensi hanno acquisito potere. Di fatto la scienza non sta facendo altro che aumentare il potere dei sensi. Ora le tue mani possono raggiungere la luna; i tuoi occhi possono toccare le stelle lontane. Ogni senso è stato potenziato, ed è un processo che continua ancora.

Un cieco è chiuso in se stesso, non può uscire all'esterno. Ma può scendere all'interno, se non è turbato dalla sua cecità e se viene aiutato dalla società a capire che questa non è una sfortuna bensì una benedizione.

È ciò che intendiamo sottolineare quando chiamiamo i ciechi *pragya chakshu*. Diciamo: «Non ti preoccupare degli occhi comuni. Tu puoi acquisire *quegli* occhi interiori attraverso i quali puoi vedere il tuo Sé, quindi non disperarti. Scordateli. Non stai perdendo nulla, perché attraverso gli occhi nessuno guadagna qualcosa. Tu puoi scendere all'interno con facilità perché la porta all'esterno è chiusa».

Gli occhi sono la tua porta verso l'esterno. Viaggi attraverso gli occhi, per loro tramite hai desideri, illusioni, proiezioni: il mondo intero si muove attraverso gli occhi. Ma l'essenza intima non può essere incontrata attraverso gli occhi. Dovrai diventare cieco. Ciò non vuol dire che devi buttar via gli occhi, bensì i tuoi occhi devono diventar vuoti, privi di oggetto, privi di sogni. Devono svuotarsi, essere liberi da oggetti, da immagini, liberi da riflessi. Se ti è possibile guardare negli occhi di un illuminato, vedrai che sono totalmente diversi. Un Buddha ti guarda pur senza guardarti. Tu non diventi parte del suo sguardo. Il suo sguardo è vuoto. A volte puoi spaventarti, perché sentirai che è indifferente nei tuoi confronti. Ti guarda in modo così vacuo, senza prestarti alcuna attenzione.

Di fatto non ti può prestare attenzione. Ora l'attenzione è persa: egli possiede solo consapevolezza. Non può essere attento a qualcosa in particolare, perché quell'attenzione esclusiva è prodotta dal desiderio. Ti guarda come se non guardasse. Tu non diventi mai parte dei suoi occhi. Se ne diventassi parte, diverresti anche parte della sua mente perché gli occhi sono semplici porte della mente. Non fanno altro che collezionare il mondo esterno e condurlo all'interno. Gli occhi devono diventar ciechi, solo allora puoi vedere il tuo Sé.

Questo sutra dice:

Gli occhi non possono raggiungerLo...

Gli occhi non Lo possono avvicinare. Ma noi continuiamo a chiedere come vedere Dio, e continuiamo a dire: «Non crederò, se non potrò vedere Dio». Non riuscirete mai a vederLo! La vista non è affatto d'aiuto. Potete vedere solo il mondo. Dio non può essere visto. E se qualcuno afferma di aver visto Dio, vive nell'illusione. Ha avuto un sogno, un'allucinazione — un sogno bello, sacro, ma pur sempre un sogno. Per cui se dite di aver visto Krishna e Rama e Gesù, state sognando — ottimi sogni, sogni splendidi, ma pur sempre sogni. Non Lo potete vedere. In quella dimensione gli occhi non sono di nessun aiuto. Non Lo si può raggiungere attraverso gli occhi. Per vederLo dovete diventare ciechi.

Quando perdi l'uso della vista, quando non vi è alcun desiderio di vedere, gli occhi diventano vuoti. E all'improvviso Egli si rivela all'interno. Non occorre avere gli occhi per vederLo. Si autorivela da solo! Gli oggetti non si autorivelano mai, per questo sono necessari gli occhi. Lui si autorivela! Di fatto, da un punto di vista più profondo, quando tu guardi attraverso gli occhi, è Lui a vedere per loro tramite, non gli occhi. Questa è un'altra dimensione che deve essere compresa.

Quando ti guardo sono forse i miei occhi ad osservarti? Gli occhi sono solo delle finestre. *Io* ti sto guardando attraverso gli occhi. Gli occhi non sono altro che finestre, dietro di loro ci sono io. Se sono ritto alla finestra e guardo le colline, diresti che è la finestra a vedere? Non ne parleresti neppure. Io vedo dalla finestra. Gli occhi non sono altro che finestre, fessure aperte. La consapevolezza vede per loro tramite. E questa consapevolezza non ha affatto bisogno di guardare se stessa attraverso gli occhi. Gli occhi servono per gli oggetti. Sono espedienti per vedere l'altro, ciò che è alieno. Per vedere il tuo Sé non occorrono gli occhi.

Ad esempio: per vedere le colline devo guardar fuori dalla finestra, ma se guardo il mio Sé non occorre, posso chiudere la finestra. È inutile, perché non mi trovo fuori dalla finestra, ma all'interno. Gli occhi servono per tutto il resto. Per loro tramite tutto può essere raggiunto. Solo il Sé non può essere raggiunto da loro.

Gli occhi non possono raggiungerLo...

Ricordalo! Perché così cadrà un interrogativo falso: «Come posso vedere Dio?». Non creerai più quella domanda né produrrai intorno ad essa una falsa ricerca. Non chiederai dove vederLo, dove Lo si può trovare. In nessun luogo! Perché di fatto gli occhi sono irrilevanti rispetto a Dio. Egli si nasconde all'interno, dietro gli occhi stessi. Chiudili ed Egli verrà rivelato.

Ma il semplice chiudere gli occhi fisici non servirà a rivelarLo, perché chiudendo quegli occhi non chiudi nulla. Il mondo che hai raccolto all'interno continua a girare, e tu continui ad osservarlo. Posso chiudere gli occhi, tuttavia continuo a vederti. In questo caso gli occhi non sono vacui, sono ancora colmi di immagini. Quando tutte le immagini scompaiono, quando scompaiono tutte le impressioni, allora gli occhi diventano vacui. E in quella vacuità puoi incontrarLo, puoi raggiungere l'interiorità.

...né la parola e neppure la mente.

E verbalizzare non servirà, il pensiero intellettuale sarà inutile. Qualsiasi cosa riesci a pensare non sarà il Sé, perché anche il pensiero è estroverso, si riferisce agli oggetti. La scienza pone l'accento sul pensare, la religione sul non-pensiero. La scienza insiste: «Razionalizza di più il pensiero, solo allora la natura delle cose verrà rivelata con maggior chiarezza». Mentre la religione dice: «Non pensare, solo allora ti verrà rivelata la natura del Sé». Sono diametralmente opposte.

La religione dice: «Smetti di pensare, non pensare più, lascia cadere i pensieri: sono un ostacolo». E la scienza incalza: «Rendi il pensiero più sofisticato, più logico, più acuto, più analitico, più razionale. Non inquinarlo con nessun tipo di fede. Non corromperlo con nessuna forma di emozione. Non lasciarti coinvolgere. Lascia che sia imparziale. Porta la logica al suo estremo. Solo così ti sarà rivelata la natura delle cose». Ed entrambi hanno ragione. La scienza ha ragione per quanto concerne il mondo, e la religione ha ragione per quanto si riferisce al soggetto interiore.

Ma è possibile cadere in errore, e quell'errore è universale, è diffuso in tutto il mondo. Uno scienziato quando si accorge che il pensiero tanto più è acuto, tanto più penetra nel cuore delle cose, subito pensa che lo stesso metodo dovrebbe essere utilizzato anche per la ricerca interiore. Qui inizia l'errore. Quel metodo non può essere di alcun aiuto per la ricerca interiore. E di fatto se lo scienziato insiste nell'uso di quel metodo scientifico, di quella metodologia oggettiva, fondata sull'esperimento, giungerà alla conclusione che non vi è un Sé. Non che non ci sia, ma purtroppo il metodo dello scienziato serve a svelare le cose, non a rivelare il Sé. Gli passerà accanto, e a causa di quel metodo se lo lascerà sfuggire.

Ciò che è utile nel mondo è un ostacolo per la ricerca interiore. E lo stesso errore è stato commesso all'estremo opposto. Quando un uomo di religione raggiunge il Sé tramite il non-pensiero, subito crede che tramite il non-pensiero possa essere svelata anche la natura del mondo.

L'Oriente è caduto profondamente in questo errore. Per questo non è stato in grado di creare alcuna scienza. Tramite il non-pensiero è impossibile creare una scienza. L'Oriente è stato assolutamente non-scientifico. Vi sono nate menti eccelse ma non poterono creare nessuna scienza. Discussero, discussero, discussero: dal punto di vista filosofico erano stupendi, ma nel mondo esterno non accadde nulla. Non poteva accadere nulla.

L'Occidente oggi ha creato un grande edificio scientifico, ci sono persone come Einstein. Tuttavia la ricerca interiore resta ferma. Perfino sul letto di morte Albert Einstein si sentì frustrato. Aveva penetrato il mistero delle cose nell'universo, e ne aveva svelata una parte essenziale — la teoria della relatività. Tuttavia aveva compreso che nonostante avesse conosciuto molte cose ignote fino ad allora, il suo stesso Sé rimaneva ancora un mistero. Sul Sé non aveva appreso nulla. I metodi sono opposti perché le direzioni sono opposte.

Per conoscere una cosa devi muovere verso l'esterno; per conoscere il tuo Sé devi muoverti verso l'interno. Per uscire all'esterno devi spostarti coi pensieri: il pensiero è un processo orientato all'esterno. Per entrare dentro di te devi arrestare i pensieri, devi smettere di pensare: il non-pensiero è un processo di introversione.

Questo sutra dice:

...né la parola e neppure la mente.

La mente non sarà di grande aiuto. Solo la meditazione può aiutare. La meditazione tende a creare in te una non-mente. Ricordalo: la meditazione serve a creare una non-mente dentro di te; per questo insisto tanto sul lasciarsi andare completamente alla follia — così la mente verrà a cadere, perché la mente tende a resistere sempre alla follia. La mente dice: «Che fai? Sei pazzo?». La mente vuol sempre cose logiche e ben definite. Il suo interrogativo è sempre: «Perché fai questo?». E se non sai trovare un perché, la mente dirà: «Fermati!».

Ma la vita non risponde a nessun perché. Se ti innamori, la mente dirà: «Perché ti sei innamorato?». Per cui ci costruirai intorno un'idea: il volto della ragazza era bello... ma non è vero. Di fatto il volto della ragazza appare bello perché ti sei innamorato, non viceversa. Non ti sei innamorato perché il volto è bello. Altrimenti tutti si innamorerebbero della tua ragazza, ma non accade. Il volto non è bello: il tuo amore gli dà bellezza, il tuo amore gli crea intorno un alone di bellezza.

Per questo non fai che ridere dell'amore degli altri. Pensi che quell'uomo sia impazzito, sia folle — innamorarsi di *quella* ragazza? Tu provi repulsione e lui ne è attratto. Pensi sia pazzo. No, non lo è, perché l'amore non è un fenomeno logico. Ti innamori. Per questo lo si chiama «una caduta» (inglese, *to fall in love*: cadere in amore; N.d.T.): sei caduto dalla testa. Non è un elevarsi in amore, ma una caduta, perché la testa la vive come tale. Hai perso la ragione, stai impazzendo.

L'amore *è* una forma di follia. La vita in sé è davvero una forma di follia. Se continui a chiederti perché, non riuscirai a vivere un solo istante. Se continui a chiederti: «Perché? Perché respirare? Perché alzarsi dal letto oggi? Perché?». Non c'è risposta. «Perché andare a dormire?» Non esiste una risposta. «Perché mangiare ogni giorno? Perché amare ogni giorno la stessa persona?» Non c'è risposta. La vita è priva di risposte. Puoi porre domande, ma non vi è nessuno che risponda.

La vita è una sorta di follia.

La ragione è morte, non è vita. Più diventi razionale, più sarai morto, perché continuerai a porre interrogativi... e non verrà mai una sola risposta. Per cui non muoverai un solo passo, continuerai a fermarti, ti rattrappirai. La vita è un'espansione folle, e in meditazione ci si espande sempre più a fondo nella vita — verso l'abisso più profondo, verso l'essenza più intima, il centro più assoluto.

La mente dev'essere abbandonata. Per questo ti dico di non chiedere perché, ma di muoverti. E qualsiasi cosa ti venga spontanea, lascia che accada. Se le lasci spazio, all'inizio la mente ti dirà: «Non farlo. Cosa diranno gli altri? Cosa penseranno di te? Un uomo così razionale che danza come un bambino? Che piange e si dispera e urla come un pazzo? Non farlo!». La mente continuerà a controllarti, e avrai bisogno di coraggio per non ascoltarla, perché la mente non è in grado di comprendere. Devi lasciarla da parte.

La mente è un espediente per trattare col mondo. Per *te* non ha alcuna utilità. Tu esisti prima della mente, esisti in una dimensione più profonda della mente. La mente si è aggiunta a te, è solo alla periferia. Abbiamo vari tipi di mente, ma il nostro essere non è diverso. La mente è una aggregazione di elementi, è un'acquisizione. Quando un bambino viene al mondo, nasce senza mente. È un semplice essere, poi col tempo si viene a creare una struttura mentale intorno a lui. Avrà bisogno di una mente per muoversi nella società. Avrà bisogno di una mente per lavorare, per sopravvivere.

La mente è uno strumento. Per questo ogni società creerà un tipo di mentalità differente. Se nasci in un villaggio di aborigeni, perduto tra le colline, che non conosce nulla delle tecnologie del mondo contemporaneo, ignaro di qualsiasi cosa sia moderna, i tuoi genitori ti forniranno un tipo di mente diverso dall'attuale perché dovrai vivere in un mondo diverso. Se nasci in Oriente avrai una mentalità diversa da quella che avresti se nascessi in Occidente. E anche se nasci nello stesso villaggio, se sei un cristiano avrai un tipo di mente e se nasci mussulmano ne avrai un altro.

La mente è un prodotto, una cosa coltivata. Ma l'essere che è privo di mente è simile ovunque. E se scendi in profondità, ti verrà rivelata un'altra cosa: tu sei un essere umano, hai una certa struttura mentale, e l'albero che cresce a due passi dalla finestra, ha anche lui una mente ma di tipo diverso. Ma per quanto riguarda l'essere, tu e l'albero siete simili. La diversità è solo mentale. Poiché l'albero deve vivere tra gli alberi, deve crearsi una mente, uno strumento per poter vivere tra loro. Tu non hai bisogno di quel tipo di mente. Per questo hai la sensazione che gli alberi non parlino: non ne conosci il linguaggio. Pensi che gli animali non parlino, che non abbiano un linguaggio. Di fatto le cose stanno in questi termini: poiché non li comprendi, pensi che non abbiano un linguaggio. Ma essi hanno un loro linguaggio, hanno una mente che si adatta al loro habitat, al loro ambiente, alla loro società.

La mente è un espediente per sopravvivere nel mondo esterno. All'interno non è necessaria. E se te la porti dietro, non riuscirai a scendere nel tuo essere. Con la mente uscirai all'esterno, ma non puoi scendere dentro di te.

Lascia cadere la mente, mettila da parte. Dille: «Ora non servi, sto scendendo nel mio essere. Non mi servi».

Pertanto non Lo conosciamo, né sappiamo in quale modo Lo si possa insegnare.

Ciò che si può conoscere con la mente può essere insegnato con la mente. Ma se è impossibile conoscerLo con la mente, come Lo si può insegnare, visto che ogni insegnamento passa attraverso la mente? Per questo il Brahman, l'Assoluto, il Sé, non può essere insegnato. È impossibile! Allora cosa sto facendo io? O cosa fanno un Buddha o un Cristo o un Krishna? Cosa fanno se non è possibile insegnarLo? Cosa sta facendo il veggente della Kena-Upanishad? Non può essere insegnato — questa è una verità assoluta e irreversibile — tuttavia qualcosa si può fare.

Si può creare una situazione di contagio. Non può essere insegnato, ma può venir diffuso per contagio. In una situazione particolare, ne puoi venir contagiato. Per questo l'essenza del fenomeno discepolo-Maestro non è di apprendimento. Di fatto il Maestro non sta insegnando nulla. Il Maestro cerca semplicemente di tirarti in una situazione dove il contagio possa accadere.

Tutti gli espedienti dello Yoga e del Tantra servono solo a creare una situazione in cui ciò possa accadere. Io posso condurti in una situazione in cui tu diverrai consapevole di un tipo di realtà differente, ma quella realtà non può essere insegnata. Puoi forse insegnare ad un cieco cos'è la luce? No! Qualsiasi cosa tu faccia, non riuscirai ad insegnarglielo. Ma una cosa si può fare: puoi operare i suoi occhi, puoi curarli. E se il cieco riuscirà a vedere, saprà cos'è la luce.

Si può sperimentare la luce, ma non si può insegnarla ad un cieco. E noi siamo simili a ciechi, per quanto concerne la realtà interiore. I tuoi occhi interiori possono essere aperti verso quella dimensione, ma questa non ti può essere insegnata.

Per questo la fede è sempre stata il fondamento di tutti i fenomeni religiosi. Il cieco deve aver fede, altrimenti non ti permetterà di operare i suoi occhi. Dirà: «Potresti distruggerli!». Non ha occhi, ma si spaventerà ugualmente: «Cosa vuoi fare?». E se pensa che stai per operarlo, che lo sottoponi ad un intervento chirurgico, dirà: «Non toccarmi gli occhi. Li potresti distruggere. Come posso sapere che vedrò la luce dopo l'operazione? Cos'è la luce? Prima parlamene. Prima *dimostrami* cos'è la luce e che esiste davvero. Se non me lo dimostri, non ti permetterò di operarmi».

E non esiste un solo medico che possa dimostrare che la luce esiste. Il medico può solo dire: «Fidati di me». Non può far altro, non esiste una prova. Il dottore può solo dire: «Fidati». E può aggiungere: «Anche se non otterrai nulla, non perderai niente poiché non hai degli occhi da perdere».

È ciò che hanno detto Buddha, Krishna e Gesù: «Abbiate fede. Non avete nulla da perdere, perché preoccuparsi tanto? Cosa ci perdete nel credermi? Cos'avete? E se avete qualcosa da perdere, scappate via da me il più in fretta possibile. Ma non avete nulla da perdere, e tuttavia siete così preoccupati».

La gente viene a dirmi: «Come possiamo credere?».

Rispondo: «Non è un problema di come, perché il come ha bisogno di risposte. Fede significa che non avete nulla da perdere, perché dunque non sperimentare? Perché non provare?».

Karl Marx ha detto ai proletari di tutto il mondo: «Non avete nulla da perdere, se non le vostre catene». Forse non ha ragione per ciò che riguarda i proletari, ma io lo dico a voi: non avete nulla da perdere se non le vostre catene, la vostra schiavitù, la vostra cecità. E ciò può avvenire solo se avete fiducia, perché state entrando in una regione inesplorata, sconosciuta.

Io dico di averLo conosciuto, ma non ve Lo posso insegnare. Vi posso condurre fino al punto in cui voi diventate consapevoli che esiste, ma non ve Lo posso insegnare. Non esiste un linguaggio né una mente per insegnarLo. Non vi è metodo né simboli che possano insegnarLo. Qualsiasi cosa conosci non può essere tradotto in quella conoscenza. Il Sé ne è aldilà.

Io ho conosciuto qualcosa, e posso condurti fino al punto in cui anche tu ne diventi consapevole, e dirai: «Egli è!».

La mente non Lo può conoscere.

Pertanto non Lo conosciamo...

Perché qualsiasi cosa conosciamo, è appresa tramite la mente. Tutta la nostra conoscenza si compone sempre e solo di elementi mentali. Per questo non Lo possiamo conoscere...

...né sappiamo in quale modo Lo si possa insegnare. Egli è diverso da ciò che è noto ed è al di là di ciò che è ignoto.

Questo rende il problema ancor più profondo.

Egli è diverso da ciò che è noto...

Ovviamente, perché se non fosse diverso da ciò che è noto, Lo avresti già conosciuto.

Qualsiasi cosa conosci, non Lo comprende. E così come tu conosci, non ti aiuta a conoscerLo, altrimenti L'avresti già conosciuto perché hai vissuto milioni e milioni di vite. Ma te Lo sei lasciato sfuggire sempre. E i Buddha continuano a parlarne e tu continui ad ascoltarli senza che accada nulla.

Egli è diverso da ciò che è noto ed è al di là di ciò che è ignoto.

Perché ciò che non si conosce può essere conosciuto. Ignoto significa solo ciò che non è ancora conosciuto. Usa gli stessi metodi di conoscenza e un giorno arriverai a conoscerLo.

La scienza divide il mondo in due parti: ciò che è noto e ciò che è ignoto — non esiste altro. La scienza dice: «Esistono cose note e cose ignote. Le cose note sono quelle che abbiamo conosciuto, mentre le cose ignote sono quelle che prima o poi arriveremo a conoscere».

La religione introduce una terza categoria: l'inconoscibile. La religione afferma che vi sono cose note, cose ignote e qualcosa che è inconoscibile. E solo se esiste qualcosa di inconoscibile, diventa possibile l'esistenza della religione, altrimenti la scienza da sola sarebbe sufficiente. E ciò che è sconosciuto continuerebbe ad essere mutato in cose conosciute.

Si può immaginare che un giorno per la scienza esisterà solo una categoria: ciò che è conosciuto. Col tempo l'ignoto diverrà noto. E a un certo punto non ci sarà più nulla da conoscere. Questo è concepibile attraverso la scienza. Ma la religione afferma che esiste qualcosa che non è conosciuto né è sconosciuto: è inconoscibile. Qualsiasi cosa tu faccia, non lo puoi conoscere. Per cui anche quando tutto è stato conosciuto, l'inconoscibile esisterà sempre, rimarrà il mistero, l'arcano, il *mysterium*.

Perché insistere che è inconoscibile? Perché non dire semplicemente che è ignoto? Perché ciò che si conosce passa attraverso la mente e l'ignoto diverrà noto tramite la mente, mentre l'inconoscibile è aldilà della mente. In nessun modo potrai mai avvicinarlo con la mente. Dovrai abbandonare la mente, e con essa cadrà anche ciò che è noto e ciò che è ignoto, perché queste — del noto e dell'ignoto — sono le due dimensioni in cui funziona la mente. Quando la mente cade, entrambe cadono e tu sei entrato in una terza dimensione: quella dell'inconoscibile. *Tu* esisti in quella dimensione, il Sé dimora lì.

Ma il *rishi* dice una cosa bellissima:

Così l'abbiamo udito dagli antichi veggenti che ce L'hanno spiegato.

Dice: «Così l'abbiamo udito dai nostri Maestri». E lui lo conosce in prima persona. Potrebbe dire: «Così l'ho conosciuto. E questo è quanto ho appreso». Non sarebbe difficile dirlo. Invece dice: «Così l'abbiamo udito. I nostri Maestri ne hanno parlato».

Questa è una peculiarità propria alla tradizione hindu, è il modo in cui gli hindu si esprimono; il loro modo di essere sempre umili, di non imporsi. Anche Buddha dice: «Qualsiasi cosa dico era conosciuta prima di me da altri Buddha. Non è nulla di nuovo». E questo riconoscimento è sempre messo in evidenza. Si sottolinea sempre che questa non è una novità, non è nulla di originale. E di fatto la verità non può essere originale, solo una cosa non vera può esserlo. Si possono inventare bugie, ma non la verità: non è vero?

La verità non può essere inventata. La verità è eterna, senza tempo. Per cui è assurdo dire: «L'ho scoperta». La puoi solo riscoprire, non la scopri mai, ma la riscopri sempre. È stata riscoperta milioni di volte! E milioni di volte è stata compresa ogni volta come nuova. La si riscopre sempre, ma non la si scopre mai.

Per sottolineare questo fatto il *rishi* dice: «Così è stato detto da coloro che ci hanno preceduti. È sempre stata conosciuta». Non rivendica alcuna originalità. Quella rivendicazione appartiene all'ego. Quella pretesa appartiene alla mente egoista: «Questa è la *mia* scoperta». Di fatto l'ego si sente sempre ferito se dici che la sua scoperta non ha nulla di originale. Se una persona dice qualcosa e tu gli rispondi che non è nulla di originale, si sentirà ferito a morte. Se qualcuno scrive un libro e tu gli dici: «Non è nulla di originale. Sono solo frasi trite e ritrite, perché ci hai perso su tanto tempo, inutilmente?», si sentirà ferito. Ogni scrittore, ogni pensatore, in un modo o nell'altro cerca sempre di dimostrare che quanto dice è originale. Non è vero? Questo è un nuovo tipo di malattia.

In Occidente se non dici nulla di originale, che senso ha parlarne? Perché ne parli? Stai zitto! In Oriente è successo proprio il contrario. Se dici qualcosa di originale, in Oriente ti si dirà: «Aspetta e meditaci sopra. Non parlarne, non dire nulla, perché se è originale ci dev'essere qualcosa di sbagliato; altrimenti qualcuno lo avrebbe già conosciuto in passato. La verità è eterna. Se è originale, ci dev'essere qualcosa di sbagliato! Aspetta! Non parlarne a nessuno, altrimenti ti troverai in difficoltà e si dimostrerà che sei un bugiardo. Aspetta, pensaci sopra, medita! Il mondo esiste dall'eternità e non ha inizio... come puoi concepire: "Posso conoscere una verità nuova, mai conosciuta in passato"? È impossibile!».

Ma accade perché il raggio della nostra conoscenza è molto limitato. Funziona così: a primavera gli alberi sono carichi di fiori. Quei fiori non possono saper nulla dei fiori spuntati la stagione precedente. Non sanno niente perché non li hanno mai visti. Penseranno: «Siamo unici, nuovi — non siamo mai spuntati su questa terra! Grazie a noi questa terra è diventata meravigliosa. Poiché noi siamo sbocciati, l'intera esistenza è sbocciata con noi».

Non sanno che questo continua ad accadere dall'eternità. Ogni anno arriva il momento in cui i fiori sbocciano. Ma i fiori non si possono incontrare tra loro, per cui ognuno di loro pensa di essere spuntato per la prima volta. Questo dà loro un sapore particolare, un ego. Il fiore sente di essere qualcosa, qualcuno.

In Oriente si è sempre messo l'accento sul fatto che la verità è eterna. La si può solo riscoprire. Molti l'hanno conosciuta, molti la conosceranno. Tu non sei altro che un elemento di una lunga processione. Per te è giunta la stagione della fioritura e sei fiorito, ma altri Buddha sono già fioriti. È come quando ti innamori: pensi che questo tipo d'amore non sia mai esistito — nell'esistenza è spuntato qualcosa di nuovo. Nessun amante può credere che un altro abbia mai amato nel modo in cui lui ama la sua amata. *Nessun* amante può crederlo! In un certo senso questo è un bene. È bello: quando sei innamorato, come potresti pensare altrimenti? Pensi che altri abbiano amato, ma non in questo modo; altri hanno amato, ma non era una cosa così profonda e così intensa. Non è mai successa. È originale.

Lo stesso vale per i pensieri: quando un pensiero affiora nella tua mente, pensi che un pensiero simile non sia mai sorto in precedenza. Ma i pensieri sono simili a nuvole: ogni anno si raccolgono nel cielo per poi scomparire e ritrovarsi di nuovo. Il mondo si muove in un cerchio che continua a ripetere se stesso.

Per questo gli hindu, e in particolare i saggi hindu hanno sempre sottolineato il fatto che qualsiasi cosa affermano non è mai nuova — è già stata affermata in passato. Questa è un'attitudine assolutamente non egocentrica, e nasconde una verità profonda: «Come è possibile che la verità aspetti me per farsi scoprire? Come può *aspettare* la mia venuta per essere scoperta?». È stata ripetutamente riscoperta. Ma tu la scopri e di nuovo si perde, perché non la puoi trasmettere.

Se io ho raggiunto una verità, non posso passarla a te. Non può essere trasmessa, perché la verità non è un oggetto. È qualcosa che accade nell'essere: non può essere trasferita. Per questo la verità che io riscopro verrà di nuovo riscoperta. E quando tu la riscoprirai, avrai la sensazione che è successo qualcosa di nuovo, di originale. Ma se conosci, e se riesci a comprendere uno stile di vita non-egocentrico, saprai che il *rishi* ha ragione: la verità è già stata detta in passato, è già stata conosciuta.

Ciò che la parola non può rivelare, ma che rivela la parola, questo solo è il Brahman. Sappilo. Non è certamente nessuno di questi oggetti che la gente venera in questo mondo come tale.

Ciò che la parola non può rivelare, ma che rivela la parola...

Non Lo puoi rivelare, non ne puoi parlare, ma attraverso la parola Egli è stato rivelato. Di fatto senza di Lui non puoi parlare, senza di Lui non puoi vedere, senza di Lui non puoi sentire. È la tua vita! Non ne puoi parlare, ma è Lui che parla; non Lo puoi vedere in nessun luogo, ma è Lui colui che vede; non Lo puoi pensare, ma è colui che pensa; senza di Lui non puoi fare nulla, perché è Lui che agisce. Perciò qualsiasi cosa tu faccia, Egli viene rivelato. Tu non puoi rivelarLo, ma si rivela in qualsiasi cosa fai, perché Lui solo esiste. Brahman significa la vita: Lui solo è.

Ciò che la parola non può rivelare, ma che rivela la parola, questo solo è il Brahman. Sappilo. Non è certamente nessuno di questi oggetti che la gente venera in questo mondo come tale.

La gente continua ad adorare idoli. Riducono anche Dio ad un oggetto, perché non ci possiamo sentire tranquilli finché non vediamo qualcosa di tangibile davanti a noi. Ci sentiamo a disagio, inquieti. Un Dio sconosciuto, inconoscibile, ci mette in difficoltà. Allora creiamo un idolo. Poi lo mettiamo davanti a noi e lo adoriamo.

È stupido perché tu stesso hai creato quell'idolo ed ora lo adori *come se fosse lui il creatore.* Adori l'idolo come se lui avesse creato *te.* E sei stato tu a crearlo, il vero creatore è nascosto dentro di te. Di fatto Dio non è nell'oggetto adorato, bensì in chi adora. Non dimora nell'oggetto cui rivolgi le tue preghiere, bensì dimora proprio nella sorgente da cui la preghiera scaturisce, da dove sale la preghiera. È sempre all'interno. Ma per noi qualcosa acquista significato solo quando è all'esterno, perché ci siamo abituati all'idea che esiste solo ciò che è oggettivamente visibile. Questo ha creato il problema e noi abbiamo eretto templi e chiese e moschee solo per rendere oggettivo ciò che non può esserlo. Fino a questo punto giunge la stupidità umana...

Maometto predicò l'impossibilità di rendere oggettivo il Suo essere, non si poteva farne un idolo. E aveva ragione. Diceva ciò che è detto anche nelle Upanishad. Ma cos'hanno fatto i mussulmani? Pensarono che fosse loro dovere distruggere idoli e templi, bruciarli, visto che non era possibile renderLo oggettivo: «Allora si devono distruggere tutti gli oggetti in cui Lui sia ridotto ad oggetto».

Vedete la stupidità umana: Maometto voleva aiutarti a scordare l'oggetto per spostarti verso l'interiorità, invece i mussulmani non solo non hanno scordato gli oggetti, bensì ne sono diventati ossessionati: «Vai e distruggi!». Così abbiamo qualcuno che adora Dio in una pietra e qualcun altro che distrugge la pietra, ma entrambi sono ossessionati a modo loro dalla pietra, ed entrambi pensano che la pietra abbia importanza: uno perché l'adora, l'altro perché la distrugge. Il primo sente che se non adora questa pietra non è religioso, e il secondo sente che non è religioso se non distrugge questa pietra. Per entrambi la pietra è molto importante.

Continuiamo ad essere attratti dagli oggetti. Per amore o per odio, ma l'oggetto rimane sempre. E coloro che hanno conosciuto insistono: scorda l'oggetto, resta in rapporto solo con la soggettività. Non creare nessun oggetto, nessuna immagine, nessun nome, nessuna forma. Non creare niente! Colui che crea è già presente, non Lo puoi migliorare. Non fare nulla. Muoviti semplicemente verso l'interiorità e conosciLo.

Ciò che non si può comprendere con la mente, ma che comprende la mente, questo solo è il Brahman. Sappilo. Non è certamente ciò che la gente venera in questo mondo come tale.

La mente non può comprenderLo, ma Lui può comprendere la mente. La mente è compresa nel Suo essere, ogni cosa lo è. Perfino le pietre lo sono. Ma la pietra non Lo può includere in se stessa: questo è il punto. Disegna un cerchio e al suo interno uno più piccolo. Il cerchio più grande include quello più piccolo, il cerchio piccolo è *parte* del cerchio più grande, ma il cerchio più piccolo non può includere quello più grande.

La tua mente è inclusa nel Divino, ma la tua mente non può includere il Divino. È una parte, e una parte non può includere in sé il Tutto. Il Tutto comprende in sé ogni cosa, include tutto. E quando una parte inizia a dire: « Io includo in me ogni cosa », è impazzita, è diventata nevrotica.

Quando cerchi di comprenderLo, di comprendere il tutto con la mente, fai una cosa assolutamente assurda. È impossibile! Una goccia d'acqua non può includere in sé l'oceano, ma l'oceano include la goccia d'acqua. E se una goccia dice: « Io sono l'oceano », è impazzita. Tuttavia questa goccia può diventare l'oceano. Se questa goccia d'acqua cade nell'oceano, se perde ogni confine, perde il suo contorno, la sua limitatezza, allora quella goccia è diventata l'oceano.

La mente non può dire: « Io conosco ». La mente può lasciarsi cadere nell'oceano della totalità, *e* allora vi è inclusa.

Tutto ciò che adoriamo è solo un gioco. Va bene: se ti fa piacere adorare, non c'è nulla di male. È un bel gioco, e non voglio distruggere il gioco di nessuno. Se adori e ti senti bene andando in chiesa, perfetto! Continua a farlo. Ma ricorda che così ti lasci sfuggire l'elemento essenziale: l'Assoluto dimora all'interno di colui che adora. Per cui mentre sei in adorazione non mettere a fuoco l'oggetto che adori, metti invece a fuoco in te stesso colui che adora. *Là* Egli si rivelerà, là Egli si nasconde.

Capitolo quinto

È IL TUO ESSERE

Domanda:
Hai detto che l'erudizione e il sapere intellettuale non hanno mai aiutato nessuno, e che le Upanishad dicono di non negare nulla. Se l'intelletto esiste e non dobbiamo negarlo, qual è il modo migliore di utilizzarlo?

La prima cosa da comprendere sull'intelletto è che la sua esistenza si fonda sulla negazione. La funzione primaria dell'intelletto è negare, dire di no. L'enfasi posta dalle Upanishad sulla non negazione, fondamentalmente ha lo scopo di liberarti dai tuoi sforzi intellettuali.

L'intelletto dice sempre di no. Per cui più si diventa intellettuali, più si diventa incapaci di dire di sì. Dire di sì implica fede, il no sottointende il dubbio, e l'intelletto dipende dal dubbio. Se dubiti, l'intelletto ha una funzione. Se non dubiti, non rimane possibilità di funzionamento intellettuale.

L'intelletto è negazione. Per cui, quando le Upanishad dicono: «Non negare nulla», ciò vuol dire che all'intelletto non rimane nessuna funzione. Pensa alla tua mente: inizia a funzionare ogni volta che dici di no; quando dici di sì, il sì diventa un termine, il viaggio si è concluso.

Quest'epoca è una delle più intellettuali, e questo milieu intellettuale è creato dal continuo dubitare su tutto. Più un intelletto è grande, più sarà scettico: se dite di no potrà funzionare in modo estremamente acuto. Se dite sì, l'intelletto viene annientato. Per questo le religioni pongono l'accento sulla fede — perché nella fede l'intelletto non può muoversi. Non ha più alcun punto d'appoggio. Non vi è ulteriore spostamento: il sì è la fine. Se riuscite a dire di sì all'intera esistenza, il pensiero si arresterà. Il pensiero ha in sé la qualità della negazione. Il Maestro dice: « Non negare ». E nella assenza di negazione l'intelletto si dissolve. E tu mi chiedi cosa fare con l'intelletto. Non ci sarà più! Non dovrai fare nulla, non lo devi negare. E non puoi negare l'intelletto, perché la negazione è propria dell'intelletto. Se neghi l'intelletto, la negazione stessa darà più spazio alla tua mente intellettuale. Diventerai una vittima: se neghi l'intelletto sarai vittima di uno sforzo intellettuale più profondo. È impossibile negarlo. Come potresti? La negazione introduce il pensiero. Puoi trovare dei motivi per non negarlo, ma saranno tutti dei richiami intellettuali. Puoi ragionare sul perché negarlo, ma saranno tutte argomentazioni intellettuali.

La fede non ha argomenti a favore né contro. E di fatto chiamo irreligiosi coloro che hanno prodotto prove per l'esistenza di Dio, perché i ragionamenti non hanno nulla a che vedere con la religione. In tutto il mondo, in particolare in Occidente, molti filosofi hanno cercato di provare l'esistenza di Dio. Io li chiamo irreligiosi, perché se riesci a provare la Sua esistenza, l'intelletto diventa superiore all'esistenza stessa di Dio. Viene provata tramite l'intelletto, e qualsiasi cosa venga dimostrata attraverso l'intelletto, da questo può venire confutata. Per cui coloro che cercano di dare dimostrazioni, di fatto sfidano altri a confutare.

Gli atei esistono perché vi sono teisti che amano la polemica. Quando dici: « Per questo motivo Dio esiste », sfidi qualcun altro, sfidi l'intelletto di qualcuno a dire: « Questo ragionamento è falso ». E si possono portare prove a favore e contro ad infinitum... non si arriva mai ad alcuna conclusione. Persone veramente religiose non hanno mai discusso su Dio, hanno vissuto. Hanno vissuto come si dovrebbe vivere se Dio esistesse. Non puoi vedere Dio, ma puoi vedere una persona divina. Puoi vedere una persona che vive Dio. Quella è l'unica prova, ma non è una prova utile per l'intelletto. Quella prova non è affatto intellettuale. Quella prova è assolutamente aldilà dell'intelletto: raggiunge direttamente il tuo cuore. La senti.

Quando vedi un Ramakrishna o un Ramana, quando incontri una persona come Gesù, non è l'intelletto che trae come conclusione e conferma che quest'uomo è divino. Innanzitutto lo senti. Il tuo cuore inizia a vibrare in una dimensione nuova, senti una nuova fragranza dell'essere. Ma si tratta di una sensazione: non la si può dimostrare.

L'intelletto può dimostrare o confutare, ma non ti potrà mai dare la fede. Anche quando dimostra, si limita a dimostrare se stesso. Nient'altro può essere comprovato. Se riesci a dimostrare l'esistenza di Dio, non hai *affatto* provato la Sua esistenza. Hai semplicemente dimostrato di essere un intellettuale, nient'altro. Hai dimostrato di avere un intelletto molto acuto, hai confermato il tuo ego. Nient'altro. E l'intelletto è il nutrimento più sottile dell'ego. Hai l'impressione di conoscere, di poter dimostrare, di poter confutare. Hai la sensazione di essere tu stesso il centro. Perfino Dio dipende da te: se *tu* Lo dimostri, Lui esiste; se tu Lo neghi, Lui non esiste più. Dio è di secondaria importanza. Ricorda: per l'intelletto tutto è secondario rispetto alla sua funzione primaria. Tutto il resto è una conseguenza: l'intelletto viene prima di ogni altra cosa.

La fede dice di buttar via questa supremazia dell'intelletto. Solo allora l'essere totale può affermare se stesso. E allora l'essere diventa primario e l'intelletto diventa secondario. In questo caso l'esistenza diventa l'elemento più importante e l'intelletto solo una parte. L'intelletto è dittatoriale. La fede è democratica, perché la fede dà espressione al tuo essere totale. L'intelletto è solo una parte che cerca di essere assoluta.

Quando le Upanishad dicono di non negare... l'intelletto scompare. Se non neghi, non avrai affatto l'intelletto. Occorre il no, quello è il punto di partenza. Senza il no l'intelletto non può affermarsi. Per cui non si pone affatto la domanda: cosa fare con l'intelletto? *Non* negare nulla, e non ci sarà un intelletto di cui preoccuparsi.

Capitolo sesto

DIO È ESISTENZA

KENA-UPANISHAD

CAPITOLO I
(continuazione)

6

Ciò che con l'occhio non si vede, ma mediante il quale gli occhi vedono, questo solo è il Brahman. Sappilo. Non è certamente ciò che la gente venera in questo mondo come tale.

7

Ciò che con l'udito non si ode, ma mediante il quale l'udito ode, questo solo è il Brahman. Sappilo. Non è certamente ciò che la gente venera in questo mondo come tale.

8

Ciò che il prana non rivela ma che rivela il prana, questo solo è il Brahman. Sappilo. Non è certamente ciò che la gente venera in questo mondo come tale.

Questo secolo è iniziato con una dichiarazione stranissima, fatta da Friedrich Nietzsche: «Dio è morto, per cui l'uomo d'ora in poi è totalmente libero». Quando venne fatta la prima volta, questa dichiarazione sembrò strana, ma col tempo si è dimostrata profetica. E pian piano è diventata il fondamento della mentalità moderna.

È vero: per l'uomo moderno Dio è morto. Non che sia morto veramente: se Dio fosse morto nulla potrebbe essere vivo, perché con Dio intendiamo l'essenza, la vita eterna, il fondamento dell'esistenza. Tuttavia per l'uomo moderno Dio è morto. Oppure, in altre parole, possiamo dire che l'uomo moderno è morto rispetto a Dio. Il legame si è spezzato, il ponte non esiste più. Che abbiate fede o no non fa differenza alcuna: la vostra fede è superficiale, non scende in profondità.

E anche il vostro non credere è superficiale. Se la fede stessa è superficiale, come può essere profonda l'incredulità? Se i teisti sono superficiali, come possono essere profondi gli atei? Se lo stesso sì ha perso ogni significato, come può aver senso il no? Tutto il valore dell'ateismo deriva dalla profondità del teismo. Solo quando esistono persone che possono dire sì a Dio con tutto il loro essere, il no acquista valore. È secondario.

Dio è morto, e con lui è morto anche l'ateismo. È morta la fede, e con questa è morto il non credere. In un certo senso, questo secolo e la mentalità moderna si trovano in una situazione molto particolare, mai esistita prima. In passato esistevano persone devote, che credevano fermamente nell'esistenza di Dio; e vi erano veri atei, che con la stessa intensità non credevano nell'esistenza di Dio. La mente moderna è indifferente. Non se ne preoccupa: non importa se Dio esiste o no. Nessuno è interessato a dimostrare l'una o l'altra cosa.

E questo è il vero significato della dichiarazione di Nietzsche sulla morte di Dio. A te non interessa neppure negarlo. Non ti interessa neppure discutere contro di Lui. Il ponte è semplicemente spezzato, e noi non abbiamo più alcuna relazione con Lui né a favore né contro. Come mai è successo? Come mai questo fenomeno si è accentuato fino a questo punto nella mente moderna? Cos'ha prodotto questa indifferenza? Ne dobbiamo ricercare le cause.

La prima causa è stata l'aver sempre pensato a Dio come una persona. Pensare a Dio come un'entità tangibile è falso, irreale, e questa idea doveva morire. L'idea che Dio sia una persona che controlla, amministra, crea e conserva, è falsa. Dio non è una persona. Questa idea ha acquistato tanto rilievo a causa delle nostre menti. Ogni volta che pensiamo a qualcosa, o la focalizziamo come cosa o come persona. Abbiamo solo due alternative: se qualcosa esiste, deve essere necessariamente una cosa o una persona.

Non riusciamo a pensare, né immaginiamo che cose e persone sono entrambe manifestazioni di qualcosa di più profondo e nascosto. La stessa forza assume forma di oggetto o di persona — ma di per sé, quella forza non è né l'uno né l'altro. Dio, considerato come una persona, è morto. Quel concetto è morto, e doveva morire, perché come persona Dio non può essere dimostrato. E in quanto persona non risolve nessun problema, anzi ne crea di più perché se Lui esiste come persona, come mai nel mondo c'è il male? Lui deve permetterlo, di certo Lui coopera col male. Quindi diventa un essere malefico.

Da qualche parte André Gide ha detto: « Mi è difficile concepire l'esistenza di Dio come bontà. Ma riesco a concepirne l'esistenza come male, come satana, perché il mondo è sommerso dal male, è divorato dalla sofferenza, dal dolore, dall'angoscia ». Ci è impossibile concepire Dio come artefice di tutto questo. Al vertice deve esserci un essere diabolico, un diavolo supremo. Dio deve essere buono, altrimenti che Dio sarebbe? In Lui dev'esserci il bene come fondamento. Ma così come si presenta il mondo, sembra che Dio sia un essere diabolico, che gioca col male, incurante del bene. E in un certo senso sembra che tutta questa sofferenza lo diverta: tortura e ne gode!

Se Dio è una persona, non ci restano che due alternative: o si trasforma nel Maligno oppure ne dobbiamo negare l'esistenza. E la seconda soluzione è la migliore. Dio come persona doveva morire, perché era diventato impossibile concepirlo come buono. Ma il concetto era sbagliato: era antropocentrico. Concepivamo Dio come un uomo superiore, un superuomo. Dio era visto come una persona simile a noi, ingigantita. Non abbiamo fatto altro che magnificare l'uomo.

Nella Bibbia è detto che Dio creò l'uomo a Sua immagine e somiglianza, ma questo è detto dall'uomo. E la realtà è esattamente il contrario: l'uomo creò Dio a sua immagine e somiglianza. Questa immagine dell'uomo doveva scomparire. Ed è un bene che questo tipo di Dio sia morto, perché ora che quel concetto è stato eliminato possiamo iniziare una ricerca nuova su cosa sia Dio.

Le Upanishad sono completamente diverse. In esse non è mai detto che Dio è una persona, per questo sono una rivelazione per la mente moderna. Non affermano Dio come persona. In esse è detto che Dio è il fondamento stesso dell'essere, non una persona. Dio è l'esistenza, non è esistenziale. È una distinzione sottile, ma cercate di capirla.

Una cosa esiste, un uomo esiste, una donna esiste, una persona esiste, ma possono scomparire dall'esistenza. Tutto ciò che esiste può diventare non-esistente, è un corollario. Tutto ciò che esiste può uscire dall'esistenza, ma l'esistenza stessa non può uscire dall'esistenza. Per questo possiamo dire che una sedia o una casa esistono, perché possono scomparire dall'esistenza, ma non possiamo dire che Dio esiste.

Dio è esistenza — non è che Dio esista: Egli è semplicemente sinonimo di esistenza. Di fatto dire « Dio esiste » è una ripetizione. Dio significa essere. Dire « Dio esiste » non è corretto linguisticamente, perché l'esistere, l'essenza dell'esistere, è Dio. Dio significa essere — esistere. «Dio esiste» è sbagliato. Dio è esistenza! Oppure Dio è un'altra definizione dell'esistenza. L'esistenza non muore mai, non scompare mai dall'esistenza. Le forme vanno e vengono, le forme cambiano. Nel mondo della forma nulla è duraturo. Per questo nelle Upanishad è detto che *nama* e *rupa* — il nome e la forma — sono il mondo, mentre ciò che è aldilà del nome e della forma è Dio. Ma cosa c'è aldilà del nome e della forma? L'esistenza stessa è aldilà del nome e della forma.

Le Upanishad non pensano a Dio in quanto persona, ma come l'esistenza stessa — come il fondamento stesso dell'esistenza. *Namarupa-atit*: aldilà del nome, aldilà della forma. Cosa c'è aldilà del nome e della forma? Intorno a questa casa vi sono degli alberi, esistono. Aldilà degli alberi vi sono delle colline, esistono. Voi siete qui e esistete. Cosa c'è in comune tra gli alberi, le colline e voi? La forma non è l'elemento comune — avete tutti forme diverse, gli alberi hanno una forma diversa e anche le colline. I nomi e le forme non sono l'elemento comune. Cosa c'è in comune? Quel denominatore comune sarà Dio. Voi esistete, gli alberi esistono, le colline esistono — l'esistenza è l'elemento in comune. Tutto il resto è contingente. L'elemento essenziale è che voi esistete, gli alberi esistono, e così pure le colline. L'esistenza è comune a tutti! Quell'esistenza è Dio.

Ma le Upanishad non divennero mai molto popolari. Non poterono mai essere diffuse tra la gente perché per voi se Dio è esistenza, perde ogni significato — non è forse vero? — perché vi ponete il problema di come mettervi in relazione con l'esistenza. Se Dio è una persona, un padre, una madre, un fratello, un amato, potete mettervi in rapporto con lui, riuscite a pensare ad un legame. Ma come entrare in rapporto con l'esistenza? L'esistenza è così pura, così astratta. Come pregarla? Come invocarla? Come piangere e lamentarsi di fronte a lei? Non c'è nessuno!

A causa di questa debolezza umana, le Upanishad non divennero mai popolari. Sono così vicine alla verità, non possono diventare popolari. È pressoché impossibile rendere popolare la verità, perché la mente umana non la accetta così come è. La mente umana può solo pensare: «Se Dio è una persona, possiamo entrare in rapporto con Lui». Per questo vi è una così grande diffusione di culti devozionali, culti *Bhakti*. Si prega, si è in rapporto di devozione, ci si arrende, ma è presente una persona. Diventa facile! È possibile pregare, parlare, comunicare. Di fatto non esiste nessuno, ma ti è facile pregare se riesci a pensare che qualcuno ascolta le tue preghiere.

Nessuno è lì ad ascoltarti... vi è solo l'esistenza astratta che non ha orecchie per ascoltare, non ha occhi per vederti, non ha mani per toccarti. È difficile pregare. A causa di questa difficoltà, l'uomo pensa sempre che Dio è una persona. Allora tutto diventa facile, ma tutto viene distorto. Da un lato è più semplice, dall'altro viene distorto.

Quel Dio è morto, ed è impossibile resuscitarlo, è impossibile riscaldare il suo sangue e far pulsare di nuovo il suo cuore. È veramente morto. Quel Dio non può essere introdotto di nuovo nel mondo. Quella fase è superata. La mente dell'uomo è maturata e quell'atteggiamento infantile nei confronti di Dio non può più esistere. Ma ci si aggrappa ancora al passato. Ancora pensiamo in termini ormai estinti. Continuiamo a raffigurarlo anche se tutti i nomi e le forme si sono dissolte.

Oggi le Upanishad hanno un rilievo nuovo. Cinquemila anni fa erano in anticipo rispetto al loro tempo. Quando questa Kena fu scritta, era in anticipo rispetto ai tempi. Ora il tempo è giunto e la Kena può essere compresa, questa Upanishad può essere capita perché Dio in quanto persona non esiste più. Ora Dio può esistere solo come esistenza impersonale.

Ma sorgeranno difficoltà perché ora dovrai cambiare tutto quanto. Tutta la tua religione dovrà essere trasformata perché il centro scompare: rispetto alla vecchia religione non esiste più un centro. E con un nuovo centro sorgerà una nuova religione: un nuovo atteggiamento religioso.

Per questo insisto sulla meditazione e non sulla preghiera. Perché? Perché la preghiera ha bisogno di un riferimento personale, mentre la meditazione non ha bisogno di nessuna presenza personale. Puoi meditare senza che ci sia una persona che ti ascolta, perché non è una preghiera, non è indirizzata a nessuno. È una cosa che fai senza entrare in rapporto con qualcuno o qualcosa.

Se Dio è morto, la preghiera ha perso tutto il suo significato. Solo la meditazione può avere un senso. Quando preghi, ti rivolgi a qualcuno. Quando mediti, ti limiti a meditare. La preghiera è un rapporto di dualità, il dualismo è dato dalla tua presenza e dalla presenza di qualcuno a cui ti rivolgi. La meditazione non è dualista — *advaita* — non c'è nessun altro. Non è affatto un rapporto. Sei solo. E più ti addentri in questa solitudine, più scendi in meditazione.

Meditazione indica la capacità di essere solo — non solo di essere solo, ma di godere di questa solitudine; diventare così solo che l'altro scompare completamente, l'altro non è più presente; diventare così solo che inizi a cadere in profondità nel tuo stesso essere. Si apre l'abisso, e tu continui a sprofondare sempre più nel tuo essere. E precipitando all'interno di te stesso, prima o poi la forma si perderà, il nome si perderà, perché esistono solo in superficie. Più a fondo ti cali nel tuo essere, più ti avvicini a Dio, Dio in quanto esistenza, non in quanto persona.

Dunque, questa è la differenza. Se preghi, all'esterno del tuo essere vi è Dio: quel Dio è morto. Ora un Dio all'esterno non esiste più. Puoi continuare a pensarLo, a credere che stia da qualche parte in paradiso, nei cieli, ma tu stesso sentirai che è un atteggiamento infantile. Non esiste nessuno là fuori! Quel Dio è scappato da tutte le dimore.

Un tempo, all'epoca dei Ṛigveda viveva qui vicino, sull'Himalaya — nevvero? — perché l'Himalaya era irraggiungibile. Viveva sul monte Kailash. Ma poi l'uomo arrivò fin lì e Lui dovette andarsene. Là non venne trovato! Quindi fissò la sua dimora tra le stelle, sulla luna. Ma oggi l'uomo ha raggiunto la luna e Lui non è lì. Prima o poi l'uomo sarà ovunque e Lui non sarà da nessuna parte, perché dove potrebbe più nascondersi? Oggi nulla più è irraggiungibile, o meglio, prima o poi tutto verrà raggiunto e Dio non ha più un luogo dove nascondersi. Quel concetto non può più sopravvivere. Dio come persona non esiste, e non si può trovare. Ed è un bene, perché adesso puoi spostarti dalla preghiera alla meditazione.

In realtà la preghiera è infantile. In un certo senso è nevrotica, perché vi porta a creare un Dio nella vostra immaginazione per poi rivolgervi a Lui. E potete lasciarvi sopraffare dall'allucinazione al punto da rispondere alla preghiera al posto di Dio. Allora sarete veramente impazziti. Non sarete più padroni di voi stessi. E lo si può fare, molte persone l'hanno fatto, e tutte sono conosciute come santi grandissimi. Erano malati, perché con Dio è possibile solo il silenzio. Ma quando diventi silente non puoi più entrare in relazione con l'altro, precipiti all'interno del tuo stesso essere. Allora Dio diventa una forza interiore. Non è più una persona all'esterno: ora è una forza interiore.

Nell'antica letteratura hindu si tramanda un racconto bellissimo:

Si dice che Dio creò il mondo, e che era solito vivere sulla terra. Era la Sua creazione, e Lui se la godeva con gli uomini, gli animali e gli alberi. Ma si trovava in gran difficoltà, perché veniva disturbato tutto il giorno. Perfino la notte gli era impossibile dormire, perché la gente andava da Lui a lamentarsi: «Questo non va bene, quest'altro è sbagliato. Perché hai fatto questo? Perché non farlo in quest'altro modo?» Tutti andavano da Lui e avevano suggerimenti da dargli.

Dio si stancò e riunì a concilio le sue divinità, i suoi saggi consiglieri, e chiese loro: «Trovatemi un posto dove possa nascondermi da quanto io stesso ho creato perché o mi uccideranno oppure sarò spinto al suicidio. Ogni minuto vengono a darmi suggerimenti, e a dirmi: "fai questo! Fai quello! Questo è sbagliato, così non si deve fare!" E sono tutte opinioni così contraddittorie che a seguirle tutte, l'intera creazione diventerebbe un caos».

Per cui, qualcuno suggerì: «Vai sull'Himalaya. Nasconditi sul Gourishankar — sul Monte Everest».

Ma Dio ribatté: «Non vedete più in là del vostro naso. Un giorno verranno Tenzing e Hillary, è solo una questione di poche ore». Per Dio, si tratta solo di poche ore, per cui disse: «Non basta!».

Allora qualcuno consigliò: «Vai sulla luna».

E Lui disse: «Non capite. Nel giro di pochi minuti l'uomo arriverà anche lì».

Infine un vecchio saggio Gli si avvicinò e in un orecchio gli disse: «La soluzione migliore è che tu ti nasconda nell'uomo stesso. Lì non cercherà mai di entrare». E si dice che Dio accettò questo consiglio, e da quel momento nessuno lo disturbò più.

Ora è giunto il momento di disturbarLo proprio lì. E si può entrare in quello spazio solo tramite la meditazione, non attraverso la preghiera, perché nella preghiera si continua a credere che Egli viva da qualche parte — sull'Everest, sulla luna, o da qualche altra parte... la preghiera continua a localizzarlo all'esterno. La meditazione spazza via completamente l'idea che Lui dimori all'esterno, o che si possa pregarLo, parlarGli, o entrare in rapporto con Lui. Niente affatto, puoi solo addentrarti nel tuo essere, e più scendi in profondità, più ti avvicini a Lui, scendi in Lui. Ma questo incontro avverrà in silenzio perché Lui non è altro. Lui è *te*, è rimasto sempre nascosto sotto le tue spoglie.

Se riuscite a seguirmi, se riuscite a comprendere la differenza tra preghiera e meditazione — Dio in quanto una persona e Dio come esistenza — vi sarà facile seguire questo sutra:

Ciò che con l'occhio non si vede, ma mediante il quale gli occhi vedono, questo solo è il Brahman. Sappilo. Non è certamente ciò che la gente venera in questo mondo come tale.

Ciò che con l'occhio non si vede...

Se egli fosse all'esterno, Lo potresti vedere. In quel caso gli occhi non sarebbero inutili. Potresti trovare metodi e modi per trovarLo, e potresti vederLo. Ma Dio non è all'esterno. Per questo il sutra dice:

Ciò che con l'occhio non si vede...

Non Lo puoi vedere! È impossibile, qualsiasi cosa

escogiti, non riuscirai mai a vederLo. Tuttavia qualcuno L'ha visto. Cosa dire di loro? Cosa pensarne? Hanno visto!

Sono esistiti mistici cristiani che dicono di aver visto Gesù ritto di fronte a loro. Sono esistiti devoti hindu che dicono di aver visto Krishna suonare il flauto. In tutto il mondo vi sono molti altri tipi di devoti: qualcuno Lo ha visto come Rama, altri come Krishna, altri ancora come Maria... ma tutti continuano a vederLo. E questa Upanishad dice:

Ciò che con l'occhio non si vede...

Di certo se lo devono essere immaginati. Splendida immaginazione! Profondamente gratificante! Quando vedi Gesù ritto di fronte a te, ti senti colmo di un profondo appagamento, sei profondamente soddisfatto. Tuttavia resta sempre un sogno — bello, ma un sogno — una visione che *tu* hai creato, una visione che hai desiderato, una visione che sognavi di avere. E sei in grado di vedere qualsiasi cosa desideri vedere, perché la mente umana può immaginare qualunque cosa e tradurla in realtà. È un potere della mente dell'uomo: puoi creare un sogno e renderlo reale.

Ovviamente sarà reale solo per te e per nessun altro. Per cui quando vedi Gesù non puoi tradurre quella visione anche per altri. Se gli amici ti chiedono: «Lascia vedere anche a noi», sei impotente. Non puoi far nulla, perché il sogno ha una qualità particolare: non può essere condiviso con altri. Tu puoi sognare i tuoi sogni, io posso sognare i miei, ma tu non puoi entrare nei miei sogni, né io posso entrare nei tuoi. Il sogno è la cosa *più* privata che esista al mondo. Tutto può essere reso pubblico, ma non il sogno. Per quanto tu possa amare un tuo amico, tua moglie, tuo marito, per quanto possiate essere in intimità, non potete entrare gli uni nei sogni degli altri. Rimane sempre un fatto privato.

Lo stesso vale per quelle visioni: il tuo vedere Gesù. Nessun altro può condividere questa esperienza. Tu camminerai con lui al tuo fianco, ma tutti ti vedranno camminare solo. È un tuo sogno privato.

Ho sentito raccontare questo aneddoto:

Una ragazza sognò che un principe bellissimo arrivò da lei su un cavallo. La prese, la baciò con intensità, e se la portò via. Il cavallo correva, veloce, sembrava quasi volare, e la ragazza chiese al principe: «Dove mi stai portando? Dove mi conduci?».

Il principe rispose: «È il *tuo* sogno, dimmelo tu. Il sogno è tuo! Dimmelo *tu*: dove ti sto portando?».

Quando hai una visione di Gesù o di Krishna, non hai fatto altro che dividere la tua stessa mente in due parti, una è diventata il devoto e l'altra si è trasformata in Dio. E se chiedi a Krishna: «Dove mi stai guidando?». Ti dirà: «È un tuo sogno. Dimmelo tu!».

Ma quando dico che si tratta di un sogno, non lo sto condannando. Faccio solo una constatazione. È splendido. Divertiti! Non c'è nulla di male. Che male c'è a godersi un sogno, un sogno splendido? Puoi godertelo benissimo. Il problema sorge quando inizi a pensare che questa sia una realtà. *In quel caso* sorge il problema! Allora cammini su un terreno pericoloso: stai attento! La mente può proiettare qualsiasi cosa.

Vai in un manicomio e guarda. Vedrai che tutti parlano a qualcuno che non c'è — tutti parlano e *si rispondono* da soli! In un manicomio le persone sono tutte dissociate. Continuano ad avere visioni, proiezioni. E quelle immagini sembrano così reali ai loro occhi che siamo costretti a rinchiudere quelle persone perché non possiamo più fare affidamento su di loro. Hanno perso il contatto con la realtà: ora sono solo in contatto col loro mondo di sogno.

Ecco cos'è un pazzo: uno che ha perso il contatto con la realtà. Ora non ha più un contatto con i fatti, ma solo con la fantasia. Un pazzo vive in un suo mondo privato. Non vive con te nel mondo reale, non ne fa più parte. E non potete convincere un pazzo che è in errore. È impossibile! Lui può confondere te, ma tu non puoi confondere lui. E se stai a lungo vicino ad un pazzo, tu stesso puoi impazzire.

Una volta è accaduto:

Un imperatore impazzì. Aveva la passione degli scacchi, per cui uno psicologo suggerì che se un campione di scacchi avesse giocato con lui la sua mente si sarebbe rilassata. Ancora si interessava agli scacchi. Il resto del mondo era scomparso, l'unico anello di collegamento col mondo reale erano gli scacchi. Per cui fu chiamato il campione più grande, e si mise a giocare con l'imperatore. Per un anno questo gioco continuò e alla fine accadde che l'imperatore guarì dalla sua follia, e il campione di scacchi impazzì. L'imperatore tornò in contatto con la realtà, e il povero giocatore di scacchi impazzì.

Se vivi con un pazzo per un anno, ti sarà difficile non impazzire. Lui ti confonderà, ma tu non riuscirai a confondere lui. Lui è aldilà... non riesci a toccarlo, perché vive in un suo mondo privato. Non puoi entrare in quel mondo. È impossibile penetrare nel suo mondo personale. E non puoi convincerlo che è in errore. Giusto e sbagliato, vero e falso, sono distinzioni del mondo reale. In un mondo onirico nulla è sbagliato, nulla è giusto. Qualsiasi cosa è giusta per diritto acquisito, il suo semplice esistere ne conferma la verità.

Vi sono pazzie religiose, vi sono pazzie laiche. La gente può impazzire in due modi: in un modo profano e in uno religioso. Quando impazzisci in modo religioso, la gente ti rispetta perché pensa che tu abbia realizzato qualcosa. Quindi ricordati di non impazzire mai in modo profano. Se proprio vuoi impazzire, non farlo secondo la formula del mondo, cerca sempre la via della religione. Allora la gente ti rispetterà, ma solo in Oriente; oggi in Occidente non è più così! Qualunque sia la strada che scegli, la gente dirà che sei matto.

Ogni volta che proietti una realtà attraverso la tua mente, crei intorno a te un'illusione — e poi puoi avere visioni. Ma le Upanishad sono profondamente realistiche. Dicono che non puoi vedere:

Ciò che con l'occhio non si vede, ma mediante il quale gli occhi vedono...

Tu non Lo puoi vedere con gli occhi, ma Lui può vedere i tuoi occhi, perché Lui è nascosto dietro di te. I tuoi occhi sono proprio di fronte a Lui. Lui è te, e può vedere i tuoi occhi. Ma tu non Lo puoi vedere attraverso gli occhi. Egli è nascosto dietro tutti i tuoi sensi e Lui può percepirli.

Se vai in profondità nella meditazione riesci a vedere l'interno del tuo corpo, le mura interiori. E si è verificato un fenomeno strano: in Occidente la scienza medica è giunta a capire la struttura interna del corpo solo da trecento anni, attraverso la dissezione. La scienza medica è arrivata a conoscerne la conformazione solo tagliando il corpo, analizzandolo, dissezionandolo... mentre invece gli yogi e i tantrika lo conoscono da sempre, senza aver mai dissezionato un solo corpo. Sanno quante *nadi*, quanti nervi ci sono. Hanno determinato nei dettagli come funziona tutto l'organismo, ma non ne hanno mai sezionato uno. Non erano chirurghi. Come hanno fatto a conoscerlo? In modo totalmente diverso: divennero silenziosi nel loro essere interiore, divennero meditativi e in quel silenzio si distaccarono dal corpo. Divennero una semplice consapevolezza interiore. Quindi iniziarono a vedere cosa vi è all'interno.

Tu conosci il tuo corpo solo dall'esterno. Ed è strano perché vivi al suo interno eppure non lo hai mai osservato dall'interno. Sarebbe come se tu vivessi in una casa, e le giri intorno continuamente senza conoscerla mai dall'interno. Il tuo corpo ha due superfici: quella esterna, di cui siamo consapevoli perché la possiamo vedere con gli occhi, la possiamo toccare con le mani; e quella interna dove gli occhi non possono essere usati, e neppure le mani.

È sufficiente che tu stia attento e in silenzio, distaccato, vieni a conoscere la superficie interiore. Allora puoi vedere i tuoi occhi, ascoltare le tue orecchie, e toccare le tue mani, e ti è possibile conoscere il tuo corpo. Ma il tuo corpo non può conoscere te.

È ciò che dice questo sutra:

Ciò che con l'occhio non si vede, ma mediante il quale gli occhi vedono, questo solo è il Brahman. Sappilo. Non è certamente ciò che la gente venera in questo mondo come tale.

Non esiste altro tempio se non il corpo in cui entrare e cercare. Non esiste moschea né chiesa in cui Dio dimora: Egli dimora in te. Se riesci ad entrare e ricadere nel tuo centro di consapevolezza, sappi che quello solo è il Brahman, l'assoluto, il reale, l'esistenza. E non cadere vittima di tutto ciò che la gente adora in questo mondo.

La gente continua ad adorare la propria immaginazione, la gente continua ad adorare i prodotti della propria mente. E col cambiare delle mode, cambia anche l'immaginazione; per cui si creano nuovi idoli, nuove immagini, nuovi luoghi di culto. Per questo esistono tante religioni sulla terra, altrimenti sarebbe assurdo. Come ci potrebbero essere tante religioni? Se la verità è una sola, come possono esserci tutte queste religioni? La scienza è una sola, come mai la religione non lo è?

Perché la scienza non è scienza cristiana, o hindu, o mussulmana? Non è possibile perché la scienza opera coi fatti, e se operi coi fatti ci può essere solo una scienza perché i fatti non sono cose private. Se scopri un fatto, tutti lo *devono* accettare: non ci sono altre possibilità. Non si può continuare a negarlo. Se lo fai, sarà a tuo discapito. Se la fisica scopre una legge, non puoi dire: « Io sono un hindu e non posso credere a un uomo che scopre una legge in Inghilterra. Come posso seguire un inglese o un cinese? Apparteniamo a nazioni diverse, le nostre culture sono diverse ». Non puoi rifugiarti dietro queste affermazioni. Una legge fisica è semplicemente una legge fisica. Non importa chi la scopre. Una volta scoperta è universale.

La scienza è una sola, come mai la religione non lo è? Se è oltretutto la legge suprema, dovrebbe essere una sola — *più* unica della scienza stessa, perché questa si occupa solo dei fatti esteriori mentre la religione si occupa della verità interiore. Perché succede questo? Vi sono trecento religioni: com'è possibile?

Queste trecento religioni sono prodotte dalla fantasia, dal sogno, non dalla verità. Possono esistere perché sono vostre creazioni, non una vostra realizzazione. *Voi tutti* create una formula di adorazione personale. Create i vostri templi. Le vostre religioni sono opere d'arte, non realizzazioni scientifiche — *creazioni artistiche*! Dipingi la tua religione personale, il quadro ti piace, e non riesci a pensare che vi sia un quadro migliore del tuo. Te ne innamori, e combatti per affermare che il tuo quadro è il più bello. Nessun altro può dipingere così! Gli altri sono tutti lavori privi di rilievo. Se sei un uomo di buon cuore, puoi tollerare con un atteggiamento paternalista: «Sono un po' stupidi, sciocchi. Basta aspettare: arriveranno a vedere la cosa giusta».

I cristiani continuano ad aspettare: «Gli hindu rinsaviranno e diventeranno cristiani». Gli hindu continuano ad aspettare: «Questi stupidi cristiani, un giorno o l'altro si convertiranno, come possono sfuggire la verità: diventeranno hindu!». E i giainisti pensano: «Tutti questi seguaci di Krishna e di Cristo, seguono falsi maestri. Ma come si fa a seguire a lungo un falso Maestro? Un giorno o l'altro arriveranno al vero Maestro, Mahavir. E tutti lo seguiranno». In cuor loro tutti pensano di aver ragione, e considerano gli altri in errore.

Questo accade perché per le masse la religione è immaginazione. Hanno tutte una loro immaginazione: tutte hanno dipinto un loro mondo. Artistico, e non c'è nulla di male: ciascuno decora la propria casa a modo suo, più che giusto. Chi può mai dire che sia sbagliato? Nessuno ha il diritto di dirlo. Arreda la casa a modo tuo, ma non farne un motivo di lotta. Non dire: «Il *mio* arredamento è la verità suprema». Tutti gli altri hanno il diritto di decorare la casa a modo loro.

Con la mente fai la stessa cosa: l'arredi con immagini, preghiere, culto, con le tue Bibbie e le tue Gita. Continui ad addobbare il tuo mondo interiore, e poi ne diventi parte e vivi in quel mondo: è tutta un'illusione.

Il sutra dice: il Brahman è solo ciò che comprendi allorché hai trasceso i sensi, quando vai aldilà delle percezioni, quando puoi vedere gli occhi, sentire le orecchie, toccare le mani dall'interno.

... questo solo è il Brahman. Sappilo. Non è certamente ciò che la gente venera in questo mondo come tale.

Ciò che con l'udito non si ode, ma mediante il quale l'udito ode questo solo è il Brahman. Sappilo. Non è certamente ciò che la gente venera in questo mondo come tale.

Ciò che il prana non rivela ma che rivela il prana

questo solo è il Brahman. Sappilo. Non è certamente ciò che la gente venera in questo mondo come tale.

Tutti i templi sono falsi, tutte le moschee sono false, tutte le chiese sono false. Non sto condannando: prendo nota di un fatto, perché sono solo creazioni dell'immaginazione. E non dico di distruggerle. Ti invito a godertele! Ma non pensare che quel divertimento ti porti verso l'Assoluto. Goditele! È un bel gioco, non c'è nulla di male. Qualcuno va al cinema, qualcuno va a ballare, perché alcuni non dovrebbero permettersi fantasie religiose come divertimento? La gente dovrebbe poter essere libera nei templi, nelle moschee, nei gurudwara! Ed è meglio avere fantasie religiose che non avere nulla. *Ma* non pensare che lì stai realizzando il Brahman. Non è possibile. Non è lì, per cui non puoi far nulla. Puoi divertirti, puoi goderti la tua fantasia, il tuo mondo onirico.

Se si capisce questo, i templi possono restare. Sono belli, opere d'arte, ma non perderti lì dentro. Vai pure, ma non perderti. E continua a ricordare che qualsiasi cosa venga adorata dalla gente non è il vero Brahman, perché il vero Brahman è nascosto in colui che adora. Questo è l'importante. Quando sono in adorazione, è presente l'oggetto di adorazione, e ci sono io: dov'è il Brahman? Nell'oggetto di adorazione o in chi adora? Le Upanishad mettono a fuoco questo elemento: Egli dimora in colui che adora, non nell'oggetto di adorazione, perché questo è secondario, è un prodotto *del* devoto. Il valore che cogli nell'oggetto è proiettato da te, è dato da te. È un dono da te fatto all'oggetto.

Puoi portarti in casa una pietra affusolata e adorarla come Shiva — è uno *shivalingam.* E per milioni di anni quella pietra è rimasta inosservata sul ciglio della strada o nel letto di un fiume. Nessuno l'ha adorata mai, nessuno sapeva che si trattava di Shiva. Il fiume non se ne è mai preoccupato. Gli animali le sono passati accanto, senza degnarla mai di uno sguardo. E all'improvviso tu trasformi quella pietra. D'un tratto quella pietra diventa un oggetto di culto, è sacra. Nessuno la può toccare, mentre un tempo la gente la calpestava. Per secoli i loro piedi l'hanno toccata. Ora all'improvviso le crei intorno un piedistallo, e la metti sopra, dicendo: «Questo è uno *shivalingam*, è il simbolo del Dio Shiva», quindi la veneri e ti senti profondamente in pace.

Nulla di male. La pietra è bella, e se ti piace, divertiti. Ma ricorda che la pietra è solo una pietra e Shiva è una tua creazione. *Tu* l'hai proiettato, tu hai mutato quella pietra in Shiva. Quel dio è una tua creazione, la pietra non ne è neppure consapevole. E se la pietra potesse vederti, riderebbe: «Quest'uomo è impazzito. Cosa fai? Mi adori?!». Il devoto crea l'oggetto di devozione, ogni devoto crea il suo Dio.

Le Upanishad dicono che lì non troverai mai il reale, ma sempre e solo l'immaginario. Spostati invece all'interno del devoto, scendi in colui che adora. Dimentica l'oggetto di adorazione e cerca di capire: «Chi è questa persona che adora? Chi è colui che prega? Colui che va al tempio, chi è?». E se riesci a scoprire chi è questo devoto, hai trovato il Brahman.

Vi racconto una storia:

Una volta mentre Huang Po, un Maestro Zen, stava tenendo un sermone, un uomo si alzò all'improvviso e disse: «Per anni ho ascoltato tutti coloro che dicono: "Conosci te stesso," ma non ne capisco il senso. Cosa intendi dire con "conosci te stesso"? Per favore cerca di spiegarmelo in termini più semplici. Non sono un uomo colto, non riesco a seguire queste elucubrazioni. Dammi dei fatti! Cosa intendi dire con "conosci te stesso"?».

Huang Po disse: «Se non riesci a seguire le elucubrazioni, non userò le parole». E chiese alle persone presenti di fargli spazio perché voleva avvicinarsi all'uomo.

Huang Po lasciò il podio e si avvicinò all'uomo. Questi si intimorì, si sentiva a disagio perché non capiva il motivo di tanta vicinanza. Pensò: «Forse mi vuol colpire?». E Huang Po aveva un'aria molto aggressiva: assomigliava ad un leone. Per cui l'uomo aveva paura, e tutti i presenti erano in apprensione: «Cosa accadrà?» E tutti conoscevano Huang Po. A volte aveva preso a schiaffi, oppure aveva scacciato chi lo interrogava, lo aveva picchiato... cosa sarebbe accaduto ora? Era sceso un silenzio di morte, nessuno respirava più.

Huang Po era vicino all'uomo, lo prese per la collottola e gli disse: «*Chiudi* gli occhi!». E l'uomo, solo per paura, li chiuse. Il silenzio era assoluto. L'uomo chiuse gli occhi, e Huang Po gli disse: «Ora *conosci* chi c'è lì dentro!». E l'uomo stava là fermo, l'intero auditorio era in silenzio, nessuno respirava, e Huang Po era ritto lì di fronte...

L'uomo rimase ad occhi chiusi. Doveva essere un uomo veramente semplice, innocente. Tenne gli occhi chiusi e cercò di scoprire chi era. Cercò, cercò, cercò, e il tempo passava. Infine Huang Po gli disse: «Ora apri gli occhi e dimmi chi sei».

L'uomo aprì gli occhi. Erano occhi completamente diversi: la qualità dello sguardo era mutata. L'uomo sorrise, si inginocchiò per toccare i piedi a Huang Po, e disse: «Non avrei mai pensato che tu mi ributtassi nelle braccia del mio stesso essere, ma è successo. Ora non chiedermi nulla, perché non posso dire nulla. Non sono un uomo colto. Ma d'ora in poi non chiederò più chi sono: l'ho visto».

Le Upanishad cercano di ributtarti nelle braccia del tuo stesso essere. Scordati l'oggetto di adorazione... muovi semplicemente dentro di te. E come puoi farlo? È facile scordare l'oggetto di adorazione, ma è difficile scendere all'interno del proprio essere, perché nella mente vi sono sempre altri oggetti, continuano a restare sospesi intorno a te. Ogni volta che chiudi gli occhi intorno a te compare un mondo immaginario: è un fluttuare di sogni, un affiorare di immagini, un fluire ininterrotto di pensieri. Di nuovo ti ritrovi in un mondo. Il mondo degli oggetti non c'è più, ma rimane sempre il mondo dei pensieri. E fino a quando questo mondo di pensieri non si arresta, non puoi conoscere colui che adora.

E come lo si può arrestare? Se continui a dargli il tuo appoggio, continuerai a crearlo. Non è possibile distruggere il mondo delle cose, perché non sei stato tu a crearlo. Ricordalo: non *puoi* distruggere il mondo delle cose. Come potresti distruggere queste colline, la terra, la luna, le stelle? Non le puoi distruggere perché non le hai mai create! Ma puoi distruggere il mondo dei pensieri perché tu nei sei *l'unico* creatore. Nessun altro ti ha aiutato. Da solo hai fatto tutto!

I pensieri esistono perché tu collabori con loro. Non cooperare più: questa è l'unica tecnica. Sii indifferente. Limitati ad osservarli, senza amarli né odiarli; senza condannarli, né apprezzarli; senza dire che sono buoni, né che sono cattivi. Non dire nulla. Non assumere nessuna posizione. Sii un semplice osservatore, indifferente.

Le nuvole vagano nell'aria. Siedi sotto un albero ed osservale semplicemente passare, non prendere nessuna posizione. Non chiedere: «Perché queste nuvole si muovono? Non dovrebbero!». Oppure: «Dovrebbero». Non assumere nessun atteggiamento. Diventa un semplice osservatore: osserva le nuvole che passano nel cielo.

E allo stesso modo osserva i pensieri che passano sul cielo interiore. Non assumere nessuna posizione! Una volta presa una posizione hai iniziato a cooperare. Se resti indifferente le nuvole in cielo non scompariranno, ma le nuvole del cielo interiore scompariranno *di certo. Esistono* a causa tua. Se tu sei indifferente, se ne andranno. Tu le hai invitate, consciamente o inconsciamente, ma sono ospiti che tu stesso in passato hai invitato.

Forse è successo tempo fa, e non te ne ricordi più. Forse è successo in qualche altra vita. Ma nel tuo mondo interiore non succede nulla che non sia stato voluto da te. Ogni pensiero è stato invitato in precedenza. Ed ora è lì, e tu ancora gli dai energia.

Puoi dargli energia in due modi: se sei a suo favore, gli dài energia; se sei contro di lui, gli dài energia. In entrambi i casi il pensiero trae nutrimento da te. E per staccarti da lui vi è un solo modo, essere indifferente. Buddha l'ha chiamato *upeksha*. Ha detto che se si resta indifferenti al processo dei pensieri, questi scompariranno.

Insisti nell'essere indifferente. Non assumere nessun atteggiamento. Non scegliere. Rimani un semplice testimone, ed essi scompariranno. E all'improvviso, con la loro scomparsa, si rivela colui che adora: all'improvviso tu vieni rivelato a te stesso. Solo questa rivelazione è il Brahman, e *non certamente ciò che la gente venera in questo mondo come tale.*

Capitolo settimo

LA MEDITAZIONE E L'OCCHIO INTERIORE

Prima domanda:
Questa mattina hai detto che il Brahman non lo si trova nell'oggetto di adorazione, ma in colui che adora. Tuttavia i satguru — i Maestri spirituali — sono sempre stati adorati dai loro discepoli come Dio. Per favore, puoi spiegare questo fatto.

I Maestri sono sempre stati adorati come Dio, ma questo è solo l'inizio, non è la conclusione. E il Maestro è veramente tale se alla fine libera il suo discepolo da ogni forma di adorazione. Ma all'inizio sarà così perché il rapporto tra Maestro e discepolo è un rapporto d'amore, è passionale. E ogni volta che siete innamorati, l'altro vi appare come divino.

Perfino nell'amore ordinario l'amato appare come divino. E la relazione tra un discepolo e un Maestro è una relazione d'amore molto profondo. Di fatto ti innamori del Maestro, e in questo non c'è nulla di male. E quando ti innamori del Maestro, inizi ad adorarLo. Ma il Maestro lo prende solo come un gioco. Se il gioco lo interessasse e fosse preso sul serio, o avesse per lui un valore, non sarebbe affatto un Maestro. Per lui è solo un gioco — ma un bel gioco, perché può essere d'aiuto al discepolo.

Come? Più il discepolo adora il Maestro, più gli si avvicinerà, entrerà in maggior intimità, più si arrenderà, più sarà ricettivo e passivo. E più sarà ricettivo, passivo, arreso, più sarà in grado di comprendere ciò che il Maestro cerca di fare. E quando l'intimità tocca il vertice, quando non vi è che una distanza infinitesimale, la separazione di un istante, quando l'intimità è diventata talmente profonda che il Maestro può condurre il discepolo a se stesso, a quel punto il Maestro può aiutare il discepolo a liberarsi da lui.

All'inizio è impossibile. Non capiresti. Se un Maestro cercasse di liberarti dalla sua presenza, non saresti in grado di capire. All'inizio hai bisogno di qualcuno su cui appoggiarti, all'inizio hai bisogno di qualcuno da cui dipendere, all'inizio hai bisogno di qualcuno di cui puoi essere totalmente schiavo. Questo è un bisogno interiore. E non puoi essere trasformato in un maestro fin dall'inizio. All'inizio ci sarà una forma di dipendenza spirituale.

Ma se anche il Maestro prova soddisfazione per la tua dipendenza, non è un Maestro. È un pericolo, è dannoso: è uno che non sa nulla. Se anche lui si sente gratificato, allora si ha una dipendenza reciproca: tu dipendi da lui e lui dipende da te. E se il Maestro dipende da te in un modo qualsiasi, non può essere di nessun aiuto. Ma se ti rifiuta fin dal primo istante, non si creerà intimità. E se non c'è intimità, non ci si potrà impegnare nell'ultimo passo.

Solo quando ti fidi del tuo Maestro al punto da riuscire a lasciarlo se lui ti dice: «Lasciami», puoi essere liberato. Se ti fidi del tuo Maestro al punto da riuscire ad ucciderlo se lui te lo chiede, solo allora puoi essere liberato — non prima. E a questo processo si arriva a poco a poco. È un processo a lunga scadenza. Il Maestro continua a lavorare con un discepolo a volte per una vita intera, a volte per diverse vite.

Il discepolo non ne è consapevole, non lo sa. Vive nell'oscurità. Il Maestro lo sta guidando verso il punto in cui non sarà più un discepolo, ma diventerà un Maestro per diritto acquisito. Quando diventi un Maestro, quando il bisogno di dipendenza è scomparso completamente, si è dissolto, e puoi esistere da solo, quando puoi stare da solo senza soffrire, senza angoscia, senza provar dolore — quando puoi essere solo *e* in estasi, solo allora sei libero.

E di fatto, quando un discepolo si trova vicino a un Maestro, questi sembra un dio. Per il discepolo è un dato di fatto, tanto è l'amore che fluisce dal Maestro, tali sono le sottili vibrazioni che il suo essere trasmette: Egli diventa la fonte. E la sua semplice presenza ti eleva verso l'alto. Il semplice essere in contatto con lui ti rende diverso. Il semplice essere vicino a lui ti fa vibrare in una dimensione assolutamente diversa.

Per cui se il Maestro sembra essere un Dio, per il discepolo è una *realtà*. E in questo non c'è nulla di male. Il Maestro è un Dio! Il male sta nel fatto che il discepolo ancora non è consapevole che anche lui è un Dio. Non sbaglia rispetto al Maestro — sbaglia rispetto a *se stesso*. E se il Maestro dice: «Io non sono Dio» esclude la possibilità di dire al discepolo, un giorno: «Anche tu sei Dio». Il Maestro non lo dirà, perché deve essere portato alla luce!

E anche se il discepolo è giunto solo a comprendere che il Maestro è Dio, è già un passo considerevole. Ora il secondo passo sarà che il discepolo sentirà di essere lui stesso Dio, e a quel punto l'intera esistenza diventerà divina. Allora non sarà più neppure necessario dire che il Maestro è Dio, sarà inutile perché l'intera esistenza è Dio, che senso avrebbe chiamare Dio un Maestro? Ma all'inizio è significativo.

Ricorda, per il discepolo la verità deve essere rivelata per gradi. Non può essere rivelata nella sua totalità perché non saresti in grado di reggerla. *Non* saresti capace di sopportarla! Sarebbe troppo distruttiva. Deve essere rivelata lentamente, per gradi. Ti si può rivelare solo la quantità che riesci ad assorbire, che può diventare il tuo sangue, le tue ossa, il tuo cuore, che non si tradurrà in distruttività.

Per questo molte cose verranno dette più tardi. Il Maestro continuerà a parlare. E più diventerai ricettivo, maggiori saranno le sue rivelazioni. E quando sarai sufficientemente cresciuto da poter essere indipendente, l'ultima cosa che il Maestro dirà, sarà: «Io ti sono d'ostacolo. Ora lascia anche quest'ultimo ceppo, lascia quest'ultima schiavitù».

Quando Zarathustra si stava allontanando dai suoi discepoli, per ritirarsi sulle colline e scomparire per sempre, disse loro: «Ecco il mio ultimo messaggio, e l'ultimo messaggio è: state attenti a me. Sono pericoloso! Potreste diventar dipendenti da me, e il mio sforzo è tutto teso a rendervi indipendenti. Potreste prendere le mie parole come verità, e tutto il mio sforzo è teso a dirvi che *nessuna* parola può essere la verità. Ora diffidate di me».

L'ultimo messaggio di qualsiasi vero Maestro sarà: «Diffidate di me!». Ma questo non può essere detto all'inizio. Per questo i Maestri hanno permesso ai discepoli di adorarli. In cuor loro devono aver sorriso, perché conoscevano il gioco. Il discepolo è molto serio. Pensa di fare qualcosa di molto significativo. Ma il Maestro sta semplicemente giocando.

È come quando giochi coi tuoi bambini, coi loro giocattoli, e anche tu fingi di essere serio. Il Maestro si trova veramente tra bambini. Vivono a livelli così differenti che se il Maestro vuol fare qualcosa, vuol essere d'aiuto, deve parlare il linguaggio dei bambini. Pian piano guiderà i bambini verso un mondo diverso e con un linguaggio diverso. Ma sarà un lungo cammino.

Tuttavia le Upanishad affermano l'Assoluto — sono l'essenza di tutta la religione. Di fatto non sono per i principianti, ma per coloro che da tempo sono ormai in cammino. Sono per coloro che da tempo lottano, meditano, ricercano, indagano. Solo in questo caso le Upanishad possono essere d'aiuto.

Vi parlo delle Upanishad perché voi state meditando. E attraverso la vostra meditazione è possibile che abbiate un'intuizione che vi faciliterà la comprensione delle Upanishad. Ma se non siete in meditazione le Upanishad vi passeranno semplicemente sopra la testa. Non avranno alcun significato. Solo con un cuore meditativo potrete entrare in contatto con questo messaggio.

Il messaggio delle Upanishad è il più semplice, ma al tempo stesso il più elevato, il più alto. Il linguaggio usato è molto semplice, il più semplice possibile, ma il contenuto, ciò che viene detto attraverso quel linguaggio, è l'ultima parola. Non può essere migliorato, nulla può essere detto che non sia già stato detto nelle Upanishad. Se una sola Upanishad venisse salvata, e tutte le altre scritture sacre fossero bruciate, non si perderebbe nulla perché i semi sono tutti lì. Seminateli, e potrete portare a maturazione l'intera religiosità umana. Ma ci riuscirete solo se siete in profonda meditazione, se vi muovete in sintonia col cuore, con il centro più intimo, e non facendo un semplice sforzo intellettuale per capire.

Qualcuno ha detto che le Upanishad sembrano ripetitive: continuano a ripetere la stessa cosa su un organo di percezione, e su quest'altro, e di nuovo parlano di occhi e di orecchie. Perché questa ripetizione continua? Deve esserci un senso! Sì, c'è: è così perché il Maestro sta parlando a dei bambini. Non si può fidare della tua memoria, per cui la verità dev'essere ripetuta costantemente. E anche così la possibilità che sia compresa rimane solo una speranza.

Buddha continua a ripetere le stesse cose. Le Upanishad continuano a ripetere le stesse cose. Parlano a bambini — a bambini disattenti, che molte volte si lasceranno sfuggire il senso. Si spera che prima o poi stiano attenti, e pertanto si continua a ripetere. Voi non siete attenti, per questo è necessaria la ripetizione. Altrimenti l'Assoluto potrebbe essere espresso in una sola parola. E anche quella è di troppo. Può essere espresso tramite il silenzio: non occorre neppure una parola sola per renderlo manifesto. Ma voi non riuscireste a comprendere il silenzio.

Qualcuno chiese a Rinzai, un mistico Zen: «Dimmi ciò che è veramente l'essenziale, perché ho fretta. Sono un alto funzionario del governo e non ho tempo da perdere. Passavo vicino al tuo eremo e ho pensato di venire a interrogarti. Da tempo mi rimugina nella mente. Dimmi in termini essenziali: cos'è il fondamento, la struttura base della religione?».

Rinzai rimase in silenzio. L'alto funzionario si sentì a disagio. Disse: «Mi hai sentito? Sembri sordo. Ti chiedo di darmi la parola chiave della religione».

Rinzai disse: «Te l'ho data. Ora puoi andare».

E il funzionario: «Ma io non l'ho sentita».

Rinzai disse: «Ciò che può essere udito non è essenziale. Io ti ho dato la parola chiave — la chiave è il silenzio. Ora vai. Hai fretta».

Ma ora il funzionario era stato solleticato nella sua curiosità. Quest'uomo lo interessava. Disse: «Per favore elaborala un po' di più. È troppo breve, è troppo condensata, è un seme troppo piccolo. Un po' di chiarimento sarà utile».

Rinzai disse: «Ma sarebbe una ripetizione, perché ho espresso tutto ciò che può essere detto. Ora mi stai forzando a ripetere».

Il funzionario disse: «E lasciamo che sia una ripetizione, ma sviluppala un po' di più».

Per cui Rinzai disse: «*Dhyana* — meditazione». È la stessa cosa perché meditazione significa silenzio. Che altro potrebbe significare? Ora è una parola. Prima era semplice silenzio: ed era più reale. Ora è una parola: meditazione.

E l'uomo insistette: «Ancora mi risulta difficile. Sono un uomo di mondo. Spiegamelo. Ancora mi sembra un rebus».

Rinzai disse: «Se la elaborassi ancor di più sarebbe falsa. La verità è stata data la prima volta; ora è solo una ripetizione di parole. È già diventata parzialmente falsa, ma se ora la elaboro di più diverrà totalmente falsa. Per cui non forzarmi a commettere un peccato. Ora puoi andare. Sei di fretta».

Le Upanishad continuano a ripetere *per te* perché non si può fare affidamento sulla tua attenzione. Buddha seguiva una strada molto noiosa: ripeteva ogni sentenza tre volte, ma solo per compassione. Forse non hai sentito la prima volta, forse non hai ascoltato la seconda. Si spera che tu possa stare attento alla terza volta.

Gesù continua ad usare parabole. Io stesso continuo ad usare parabole, aneddoti, storielle. Non che siano essenziali — sono un assoluto spreco di tempo — ma lo faccio per voi, perché i bambini possono comprendere le storielle meglio di qualsiasi altra cosa. Si spera che anche se non si capisce nulla, perlomeno la storiella venga ricordata, e inconsciamente venga serbata anche l'eco dell'insegnamento essenziale. Di certo non ti scorderai la storiella. E se puoi ricordartela, per semplice associazione potrai portare con te il ricordo di qualcos'altro. Gesù usava tante parabole perché con i bambini non è possibile parlare altrimenti. E anche Buddha continuava a raccontare aneddoti...

Le Upanishad si ripetono per causa vostra. Non esiste altro motivo. Tutto potrebbe essere detto in una sola frase: i sensi non condurranno mai all'Assoluto, ma le Upanishad continuano a ripetere che la vista non ti condurrà all'Assoluto, l'udito non ti potrà aiutare, le mani non serviranno a nulla.

A causa vostra una sola cosa deve essere costantemente ripetuta, e ancora non capite: il mistero è questo. L'ascoltate, e non solo l'ascoltate ma sentite che è una ripetizione. Tuttavia non si verifica nessuna comprensione. Cercate di capire. Non cercate di analizzare. Non cercate di pensare alla mente del *rishi*: perché egli ripete continuamente. Pensate alla vostra stessa mente: perché egli si ripete. E state attenti così che il *rishi* non abbia bisogno di ripetersi.

Ho sentito raccontare questo fatto:

Un monaco Zen tenne il suo primo sermone, e la settimana successiva lo ripeté uguale identico, e la terza settimana lo ripeté senza cambiare una sola parola. La comunità di fedeli iniziò a sentirsi a disagio, era troppo. I sermoni religiosi sono di per se stessi noiosi, e quell'uomo aveva ripetuto sempre lo stesso discorso, parola per parola, una, due, tre volte... per cui i fedeli decisero di reagire.

Nominarono un loro rappresentante che andò dal monaco e gli chiese: «Cosa succede? Hai un solo sermone da predicare?».

Il monaco rispose: «No, ne ho diversi».

E l'interlocutore: «Ma allora perché continui a ripetere lo stesso sermone? L'abbiamo sentito tre volte, siamo stufi!».

E il monaco ribatté: «Ma ancora non avete cambiato nulla. E se non vi mettete ad agire di conseguenza, non posso passare al secondo. Io ho diversi sermoni da tenere, ma cosa avete *fatto* voi rispetto al primo? Per tre volte ho predicato, cosa avete fatto? Nulla! E se non fate nulla, non posso passare al secondo».

Si narra che pian piano la comunità di fedeli disertò il

tempio. E si dice che il monaco continuò a predicare lo stesso sermone. Anche quando non c'era più nessuno, continuò a ripetere la stessa omelìa al tempio deserto. E la gente smise di passare da quelle parti, perché a volte, camminando vicino al tempio, era possibile sentire lo stesso sermone portato dal vento. La gente iniziò a spaventarsi, era terrorizzata dall'uomo. Lo evitavano per la strada, ovunque lo incontrassero. Se il monaco li vedeva, li fermava e chiedeva loro: «Hai fatto qualcosa rispetto al primo sermone?». Per cui tutti lo evitavano, e nel villaggio quell'uomo divenne un fenomeno ossessionante.

Per questo le Upanishad sono così ripetitive — perché ancora non hai fatto nulla rispetto alla prima cosa detta. Rispetto al primo elemento della verità non ti sei mosso, per cui deve essere ripetuto una seconda e una terza volta. E le Upanishad sono centootto. E in nessuna è detto nulla di nuovo; continuano a ripetere sempre e comunque la stessa cosa. Una Upanishad è ripetuta centootto volte. Tuttavia, in proposito non è stato fatto ancora nulla. Avete bisogno di altre Upanishad.

Non pensate alla mente del Maestro. Pensate alla vostra mente.

Seconda domanda:
La Kena Upanishad dice all'inizio che nulla deve essere negato e che dovrebbe esistere un'accettazione totale. Ma questa mattina hai detto che la preghiera, l'adorazione di idoli, i templi, le chiese, sono tutte fondate sulla falsità, su proiezioni mentali. Questo sembra essere una negazione.

No, è una semplice constatazione dei fatti. Dire che un sogno è un sogno, non è negarlo. Dire che una proiezione è una proiezione, non è negarla. Dire che una falsità è una falsità è solo constatare un fatto. Non è negarlo! Totale accettazione non significa dire che una cosa falsa è vera, che un sogno dev'essere chiamato realtà.

Totale accettazione significa accettare qualsiasi cosa per ciò che è. Se la mente del devoto proietta divinità, esseri divini, lo si deve accettare. È un fatto riconosciuto che i devoti l'abbiano fatto. E con questo non dico a te di andare a cercare di distruggere le loro proiezioni: non ti si chiede di andare a distruggere templi e idoli. Se *tu* capisci, quella stessa comprensione ti trasformerà. Tu non creerai quelle immagini. E se le vuoi creare saprai che sono solo proiezioni con cui ti piace divertirti.

Si narra che Naropa, un mistico tibetano tra i più grandi mai esistiti, fosse una personalità del tutto assurda. E dico assurda perché faceva cose che nessuno si aspetterebbe mai da un Maestro. Un giorno venne trovato in un bar a bere. Qualcuno si stupì: «Naropa, cosa fai? Sei illuminato, hai raggiunto la meta, e ti metti a bere?».

Naropa rispose: «Questo è un gioco. E visto che è un gioco non mi preoccupo affatto dei pro e dei contro. Ora che sono arrivato a capire che interiormente sono l'eterno, perché dovrei temere l'alcol? Perché dovrei averne paura?».

Lo definisco una personalità assurda... ma Naropa sta dicendo che si tratta di alcol, per cui qualsiasi cosa creata dall'alcol è un sogno. Non dice che è la realtà, dice che si tratta di un sogno.

Ma dice anche: «Non sono a favore né gli sono contro! Per caso un amico mi ha invitato e non volevo dirgli di no. Era un amico ad invitarmi. Per lui è realtà, per me è un sogno. Ma questo è un sogno per me, non per lui. Perché preoccuparmene? Per lui sarebbe stato un problema».

Vi narrerò un altro episodio meno assurdo, che illustra meglio l'idea.

La famiglia di Kabir iniziò a sentirsi turbata. Era povera gente e Kabir invitava a mangiare chiunque andasse in casa sua. E ogni giorno come minimo duecento persone venivano per vederlo, a *darshan*. Ed egli continuava ad invitare tutti a mangiare.

Alla fine Kamal, suo figlio, una sera gli disse: «Smettila! Siamo poveri. Abbiamo mendicato, ci siamo fatti prestare cose, ora nessuno ci darà più nulla. Cosa fai? Ci costringerai a rubare».

Era molto in collera. Ma Kabir si mise a ridere e disse: «Perché non ci hai pensato prima? Fai il ladro! E` un'ottima idea!».

Ma Kamal era anche suo figlio, perciò lo guardò stupito: «Kabir, un mistico che dice: "fai il ladro"? È impazzito! Oppure non si rende conto di quello che sta dicendo», tuttavia lo assecondò: «Va bene, se lo dici tu lo farò, ma tu dovrai venire con me». E Kamal in cuor suo pensava: «Ora ragionerà. Come potrebbe venire a rubare?».

Kabir si alzò e disse: «Bene, vengo».

Kamal portò la prova fino in fondo. Pensava che all'ultimo momento Kabir si sarebbe messo a ridere e avrebbe detto: «Scherzavo». Ma non accadde! Kamal entrò in una casa, prese qualcosa dal forziere del padrone, lo portò fuori, e Kabir era là ad aspettare, pronto. Era fatta! Ora non era più possibile cambiare il corso degli eventi. E Kamal chiese: «Cosa dobbiamo fare? Dobbiamo portarci a casa questi ori?».

Kabir disse: «Bene, ma prima torna indietro, sveglia gli abitanti della casa e avvisali».

Kamal chiese: «Che modo di rubare è mai questo?».

Kabir disse: «Perlomeno devono essere avvisati, altrimenti si preoccuperanno inutilmente».

I seguaci di Kabir non narrano più questo episodio nei loro libri, perché è un'assurdità: Kabir che approva il furto? Ma cos'era accaduto? Il mattino dopo Kamal gli chiese: «Dimmi cos'è successo! Tu approvi il furto?».

Kabir rispose: «Tutto appartiene a Lui. Nessun altro è il padrone».

Osserva questa mente. Per lei tutto è accettabile. Vi è un'accettazione totale. Perfino il furto è accettato. Tuttavia aggiunge: «Vai ad avvisare la gente della casa, altrimenti si preoccuperà inutilmente».

E Kamal ribattè: «Ma penseranno che siamo dei ladri».

E Kabir: «Hanno ragione. Lo siamo!»

E Kamal: «Ma domani tutto il rispetto che hanno per te sarà andato in fumo. Nessuno ti onorerà più».

Allora Kabir concluse: «È giusto! Perché dovrebbero onorare dei ladri?»

Accettazione totale significa non negare nulla. Quando tu accetti qualcosa, lo fai a certe condizioni. Dici: «Bene, lo farò... se non ci saranno conseguenze. Posso rubare se Dio non mi manderà all'inferno. Posso rubare se non è un peccato. Posso rubare, se la gente non mi disonorerà». Ma si deve accettare anche ciò che farà la gente.

Accettazione totale è lo stile di vita *più* vivo. Ma allora si accetta tutto... qualsiasi cosa accada come conseguenza è accettata. Non vi è *nessuna* negazione. Questo è lo stile di vita supremo, l'ultimo. Di fatto, questo è ciò che dovrebbe essere un sannyasin. Cosa dovrebbe essere? Accettazione totale.

Ma quando noi diciamo che tu stai creando un sogno, non stiamo negando: ci limitiamo a stabilire un fatto. Se ti piace, puoi creare sogni. E io ti posso aiutare a crearne facilmente. Però ricorda che si tratta di sogni.

Il problema sorge quando i sogni diventano realtà. Puoi giocare col tuo Krishna, puoi danzare con lui. Non c'è nulla di male. La danza di per sé è bellissima. Che male c'è? Non fai del male a nessuno se balli con Krishna, se giochi con lui. Fallo pure! Ti farà bene. Ma ricorda che non è reale. È una proiezione. L'hai creata tu.

Se riesci a ricordartelo, giocherai senza mai identificarti con il gioco. Continuerai ad essere consapevole che si tratta di un gioco. Un gioco è tale se tu non ne sei identificato. Se ti sei identificato, è diventato serio, è diventato un problema. Ed ora ne sarai ossessionato...

Capitolo ottavo

SENZA INIZIO... E SENZA FINE

KENA-UPANISHAD

CAPITOLO II

1

Se ritieni di conoscere il Brahman alla perfezione, veramente conosci appena la Sua forma, poiché la forma del Brahman che vedi racchiusa negli esseri viventi e negli dei è poco meno di niente. Pertanto devi ricercare più a fondo ciò che è il Brahman.

2

«Io non credo di conoscerLo alla perfezione e neppure credo di non conoscerLo, tuttavia Lo conosco.» Chi di noi sa che Egli è dissimile da ciò che è ignoto e da ciò che è noto, Lo conosce.

La conoscenza dell'Assoluto è paradossale per diversi motivi. Innanzitutto la pretesa stessa di conoscere diventa un ostacolo, perché nel momento in cui dici: «Io so», non metti l'accento sulla conoscenza bensì sull'io. E l'io è l'ostacolo. L'ego è la barriera più sottile, ma al tempo stesso la più resistente. Per cui, quando qualcuno afferma: «Io so», l'io distrugge la conoscenza. L'io non Lo può conoscere perché Lui può essere conosciuto solo quando tu sei scomparso completamente. Solo quando tu non sei, Lui è. Questo il primo problema.

Si narra che l'Oracolo di Delfi dichiarò Socrate l'uomo più saggio esistente. Coloro che l'udirono andarono da Socrate e dissero: «L'Oracolo ti ha dichiarato l'uomo più saggio della terra».

E si dice che Socrate abbia riso, e abbia risposto: «Doveva accadere un po' prima, allora sarei stato contento. Ora è troppo tardi. Tornate e dite all'Oracolo che io sono la persona più ignorante di questa terra».

«Quand'ero giovane e pieno di ego, anch'io avevo la stessa opinione dell'Oracolo rispetto a me stesso — Io sapevo — ma poiché l'io era così solido, mi era impossibile concepire che il mistero supremo non può essere conosciuto. L'io era così solido che non mi era possibile pensare di essere ignorante. Tutto ciò che esisteva, lo ritenevo conosciuto, o quanto meno conoscibile. Ma più cresceva la mia conoscenza, la mia comprensione, più diventavo consapevole della mia ignoranza. Ora tornate e dite all'Oracolo che Socrate stesso dice di essere un semplice ignorante, che non sa nulla».

Quelle persone tornarono e dissero all'Oracolo: «Socrate rifiuta di accettare le tue parole; e se è lui stesso a rifiutare, deve significare qualcosa. Lui sostiene di essere l'uomo più ignorante».

L'Oracolo rise e disse: «Per questo ho dichiarato che è l'uomo più saggio, perché solo l'uomo più saggio può riconoscere la sua ignoranza».

Questo è il paradosso: coloro che non sanno pensano sempre di sapere. Questo fa parte dell'ignoranza. Ritenere di sapere fa parte dell'ignoranza, è un suo derivato. Se non sai, penserai di sapere molto. E più sarai ignorante, più ti riterrai sapiente. L'ignoranza straripa di conoscenza. Di fatto l'ignoranza fonda la sua esistenza sulla conoscenza, si nutre di conoscenza. Più diventi saggio e consapevole, più comprendi, tanto più ti rendi conto di quanto sei ignorante. E viene un momento in cui senti di non sapere nulla. Sei semplicemente ignorante. Tutto il peso della conoscenza viene buttato via. Non hai più il peso del sapere sopra di te. Sei diventato così leggero che puoi volare. Il sapere è un peso soffocante.

Quando senti di non sapere l'ego scompare, non può esistere. Può esistere solo se hai la pretesa di sapere. Di fatto, ogni volta che pretendi di sapere, questa pretesa appartiene all'ego. «Io so»: l'accento non è sul sapere, ma sull'io. Quando dici: «Non so», l'enfasi non è sull'ignoranza, bensì sull'assenza di ego. Nel momento in cui dici: «Non so», dove sei, dov'è l'io? Non esiste più. Ora è solo una parola. Ora non ha più alcuna eco dentro di te. Questo è il primo problema.

Tertulliano, un mistico cristiano, ha diviso l'umanità in due categorie. Dice che una parte dell'umanità è costituita da coloro che «ignorando conoscono», e l'altra da coloro che «sapendo sono ignoranti». Ignoranti che sanno e sapienti che ignorano; l'intera umanità è divisa in queste due categorie. C'è un'ignoranza che è conoscenza, e una conoscenza che è ignoranza. Se pretendi di sapere, sei ignorante. Se accetti l'ignoranza diventi sapiente, perché nell'ignoranza l'io non può esistere. E quando l'io non è presente, la porta è aperta. Puoi guardare la realtà direttamente.

Tu sei l'unico ostacolo. Quando tu non ci sei, la barriera non esiste: questa è la prima cosa.

La seconda: L'Assoluto non è solo ignoto, il Brahman non è solo sconosciuto. È anche inconoscibile. Lo puoi comprendere, ma non lo puoi conoscere totalmente. Di nuovo questo crea confusione, è un altro enigma. Lo puoi conoscere, ma non lo puoi conoscere totalmente, perché tu ne sei solo una parte e la parte non può conoscere l'insieme. Come potrebbe? Tuttavia la parte non ne può essere totalmente ignorante perché appartiene al Tutto, ne è parte. Per cui in un certo senso sa, sente, comprende, ma non comprende la totalità perché la totalità è vastissima.

Un fiume che sbocca nell'oceano... giunge a conoscere l'oceano, a sentirlo, a vivere nell'oceano. Vi si fonde, ma non può fondersi con la *totalità* dell'oceano. Non si può espandere nella totalità dell'oceano, non ne può conoscere la vastità: ne conosce solo una parte.

Quando la vostra consapevolezza sfocia — simile a un fiume — nel Brahman, nell'oceano dell'Assoluto, perverrai a conoscerLo, ma non Lo conoscerai nella sua totalità. È impossibile, non può accadere. Per cui il Brahman è inconoscibile perché il Tutto rimane inconoscibile alla parte. Per questo, quando qualcuno perviene alla comprensione sorge il problema: si diventa ignoranti, privi di ego e tuttavia si conosce, eppure neanche allora si può dire: «Ho conosciuto la totalità».

Non si può dire di non conoscere, e allo stesso tempo non si può dire di conoscere. Si può dire: «In un certo senso so, e in un altro non so. Da un certo punto di vista sono entrato in Lui e Lui è entrato in me, ma io sono solo una goccia e Lui è l'oceano. Io Lo *conosco*, eppure il Tutto rimane un mistero». Per questo motivo, coloro che sono giunti a comprendere attraverso la loro ignoranza, la dimenticanza di sé, hanno difficoltà a dire qualcosa della totalità. Non ne possono negare la conoscenza, né la possono affermare. E non può che essere così.

Per questo motivo molti sono rimasti in silenzio. Buddha non ha mai risposto a questioni sul Brahman. Ovunque andasse, i suoi discepoli avvisavano: «Non chiedete nulla sull'Assoluto, perché Buddha non risponderà a domande su quell'argomento».

Qualcuno gli chiese: «Perché non rispondi?».

E Buddha rispose: «Se rispondo, in un modo o nell'altro sarà falso. Se dico di sapere, è sbagliato perché come potrebbe una goccia conoscere l'oceano? Se dico di non sapere, è sbagliato, perché la goccia conosce l'oceano. La goccia è solo un oceano in miniatura. L'intero oceano è anche nella goccia.

Di fatto conoscere una goccia d'acqua totalmente ti permette di conoscere l'oceano, perché quella è la sua essenza. La goccia contiene tutto, tuttavia rimane una goccia. Per cui se dico di sapere sarà falso, perché io sono solo una goccia. Ma se dico di non sapere è falso, perché io so! Anch'io sono l'oceano: un oceano in miniatura. Per cui è meglio star zitto».

Ma anche il silenzio può essere frainteso, e *venne* frainteso. La gente che era contro Buddha iniziò a dire: «Non ne parla perché non conosce. Sta zitto perché ancora non è entrato nel Brahman, altrimenti ne parlerebbe».

Osservate la difficoltà. Se dice di sapere, si crea un problema. Se dice di non sapere, ci sarà sempre un problema: se sta zitto la gente lo fraintenderà.

L'Assoluto non può essere trasmesso in *nessun* modo, sia che tu stia zitto sia che tu ne parli. Rimane incomunicabile. Non può essere trasmesso. Non è trasferibile: è aldilà di una possibile comunicazione.

Quindi viene una terza difficoltà a creare un altro problema: Brahman significa il fondamento, la fonte di ogni cosa. La fonte deve restare un mistero, non può essere decodificato. Chi potrebbe farlo? Nessuno può stargli vicino, e per decodificarlo è necessario che qualcuno possa esserne osservatore, che rimanga separato, neutrale e veda quella cosa a distanza. E noi non possiamo restare ad una distanza d'osservazione dall'Assoluto. Ne siamo parte, simili a pesci che nuotano in una pozza d'acqua. Questi pesci non possono trarsi in disparte, non possono osservare la pozza d'acqua.

Kabir era solito narrare che una volta un pesce sentì

due studiosi parlare sulla sponda di un fiume, e discutere di cosa fosse l'oceano. Il pesce si sentì disorientato. Iniziò a cercare, e ne divenne ossessionato: cos'è l'oceano?

Chiese ai pesci più vecchi, e tutti dissero di averne sentito parlare, ma non sapevano cosa fosse. Non lo avevano mai visto: e tutti quanti vivevano nell'oceano. Ma come puoi vedere una cosa se ci vivi dentro? Erano nati nell'oceano, ma come puoi conoscere qualcosa se ci sei nato dentro? Ne fai parte al punto che non può sussistere una distanza, ed è talmente parte di te che non la puoi conoscere.

E il pesce che vuole sapere, continua nella sua ricerca, senza mai fermarsi. Nessuno può mai rispondergli, ma tutti gli dicono che anche loro hanno sentito parlare di questo oceano.

E Kabir dice che l'uomo alla ricerca di Dio, di che cos'è Dio, di dov'è Dio, si trova nella stessa situazione. Noi *ne* siamo parte, da qui sorge la difficoltà. E un pesce può saltar fuori dal fiume o dall'oceano. Il pesce può saltar fuori, anche solo per pochi secondi, e guardare l'oceano dalla riva. Ma l'uomo non ha una possibilità simile. Non puoi saltar fuori dal Brahman, non ha sponde. Non ne puoi uscire: non vi è nulla che ne sia fuori. Tutto *ne* è parte e all'esterno non esiste nulla. È questo che intendo per infinito...

Non puoi uscire dall'esistenza, o forse tu puoi farlo? Perché nell'istante in cui esci dall'esistenza, non esisti più. Non puoi uscire dall'esistenza: *tutto* è esistenza, l'esistenza è ovunque. Ovunque vai l'esistenza è presente. Per cui non è possibile creare nessuna distanza. Non puoi diventare un osservatore, non puoi stare a guardare il Brahman. Il mistero non può venir risolto. È così fondamentale, così assoluto, così universale, e tu sei solo un pesce nell'oceano. Il Brahman non può essere conosciuto nella maniera in cui conosciamo altri fatti, perché quelli li possiamo osservare.

La scienza continua a decodificare, la scienza svela. Ma può farlo perché non affronta mai la domanda suprema. Affronta solo questioni secondarie. Può arrivare a sapere cosa sia l'idrogeno, può arrivare a sapere cosa sia la struttura atomica. Si può osservare: puoi andare in un laboratorio a vedere, là puoi scendere nel mistero delle cose perché nulla è assoluto. Ma come puoi osservare e fare esperimenti con il Brahman? Dove e come si può penetrarlo? Ovunque tu vada ne sei parte, sei dentro di Lui. Questo mistero non può essere decodificato.

Il Brahman rimane mistero, e se il Brahman è il mistero supremo, come puoi dire di sapere? Puoi conoscere qualcosa solo quando viene svelato. Nel momento in cui sai, non c'è più mistero. Per questo la scienza uccide il mistero. E più la scienza si evolve, e aumenta il numero delle persone educate scientificamente, tanto più esse perdono il contatto col mistero.

È inevitabile che la scienza uccida il mistero, lo uccide sempre. Per questo il mondo si è impoverito tanto, mentre la scienza lo ha reso ricchissimo. Il mondo non è mai stato tanto ricco e al tempo stesso così povero. Tutto è più ricco: si vive in case più belle, si usano abiti più sofisticati, si mangia cibo migliore. Tutto è diventato più ricco. Perfino i re sarebbero gelosi se potessero essere resuscitati. Perfino Ashoka e Akbar, si sentirebbero poveri di fronte a voi, perché neppure Ashoka poteva indossare la camicia che hai tu. E il bagno che usi tu sarebbe un lusso persino per Akbar.

Questo mondo si è arricchito di oggetti, ma l'uomo è diventato sempre più povero, perché non c'è più mistero. La vita ha perso il suo mistero, è morta. Solo un mistero può essere vivo.

Guardate i bambini: la loro vitalità è enorme. Perché? E come mai un vecchio non ha la stessa vitalità? Non dipende dall'età. Il problema fondamentale è più sottile. Il bambino è vivo perché vive in un mistero: tutto per lui è un mistero — tutto! Mentre un seme sta fiorendo, il bambino sta a guardare. È un fatto così misterioso che non riesce a credere possa accadere. Un uccello si è posato su un ramo e canta: è un mistero senza confronti. Le nuvole che corrono nel cielo e la pioggia che cade... tutto è mistero. Il bambino vive in un paese di meraviglie, per questo è così vivo: tutto è una sfida! La vita non è piatta. La vita ha spazi e dimensioni ancora segreti. Il bambino continua a correre e a scoprire, ad osservare tutto. E ogni cosa è così misteriosa perché il bambino non sa nulla.

Ai tempi delle Upanishad tutti erano più vivi perché tutto era un mistero. Vi era meraviglia, e quando c'è meraviglia sei vivo perché dall'esterno ti viene uno stimolo a penetrare il mistero. Viceversa la scienza continua ad uccidere il mistero, continua a spiegare ogni cosa. Qualsiasi cosa fai trova spiegazioni. E una volta data la spiegazione il mistero è svanito. Tutto si appiattisce. Senza qualcosa da scoprire, non c'è stimolo. E quando mancano stimoli, la vita perde mordente. Non può esplodere e danzare. Non c'è nulla.

Negli ultimi tre secoli l'umanità si è impoverita come non mai: la scienza ha spiegato il mondo degli oggetti e la psicologia ha cercato di spiegare il mondo della mente. Se ti innamori, è un mistero. Ma se interroghi Freud, ti spiegherà il mistero nei dettagli. Dirà: «Nulla di speciale, semplici ormoni nell'organismo: non preoccupartene troppo! È un semplice fenomeno chimico, ormoni particolari che ti costringono ad innamorarti. Nulla per cui impazzire. Quegli ormoni possono essere espulsi dall'organismo, e l'amore scomparirebbe. Oppure con un'iniezione si potrebbero rafforzare e tu ti innamoreresti di più. Nulla di più. Non lasciarti coinvolgere troppo». E una volta spiegato, il mistero dell'amore è svanito.

In tutto il mondo si stanno tenendo lezioni di educazione sessuale. In un certo senso è un bene, ma solo in quanto antidoto. Come reazione all'educazione vittoriana e puritana, è bene insegnare ai bambini cos'è il sesso. Ma ad un livello più profondo è molto pericoloso, perché una volta spiegato, il mistero sessuale scompare. E questo accade soprattutto in America dove oggi si conosce tutto sul sesso. La gente sta perdendo ogni interesse, e questo accade quando si sa tutto su una cosa...

Due scienziati, Masters e Johnson, hanno penetrato il mistero del sesso usando dispositivi elettronici. Mentre una coppia sta facendo l'amore, all'interno della vagina congegni elettronici riportano su un grafico tutto ciò che accade. Nello stesso tempo altri dispositivi registrano cosa accade nel sistema sanguigno, all'apparato respiratorio, al corpo e al sistema ormonale. Alla fine il mistero è chiarissimo, e le conclusioni sono: «Si tratta solo di un fenomeno meccanico. E accade per questi motivi».

Una volta che il mistero sessuale è stato chiarito, la tua vita sarà una noia senza fine. Mentre fai all'amore sai ciò che accade: cambia la pressione sanguigna, vengono secreti degli ormoni, conosci tutto nei dettagli. Per cui alla fine non occorre più innamorarsi, si può fare l'amore anche con oggetti che stimolino dall'esterno.

Masters e Johnson hanno studiato peni e vagine elettroniche. Ed ora affermano che un pene elettronico, uno stimolante elettronico può portare ad un orgasmo più profondo di quanto possa un uomo, perché la vibrazione è continua: ed è solo una questione di vibrazione; e un uomo ha un potenziale di energia limitato, mentre uno stimolante elettronico non ha limiti. Una volta messo in azione, continua a vibrare e può procurare ad una donna un orgasmo più profondo, può darle orgasmi multipli. E quando una donna scopre l'intensità orgasmica raggiungibile con un pene elettrico, tutti gli amanti al confronto impallidiscono. Ma questo è pericoloso, porta in un territorio molto pericoloso. Una volta svelato il mistero, il romanticismo scompare.

La scienza ha cercato di demistificare la vita in mille modi. Ed io sto sottolineando questo fatto per permettervi di comprendere il significato dalla religione. La religione ha il compito di rendere misteriosa la vita, mentre la scienza ha come compito di svelarne il mistero. La religione afferma che il mistero è così assoluto che nulla può essere conosciuto. E tutto ciò che scopri è solo momentaneo, e qualsiasi cosa sai, serve solo a spostare il problema. Non viene mai risolto, ti limiti a spostarlo indietro di un passo, senza risolverlo mai. Tutte le tue spiegazioni sono artificiali perché l'Assoluto resta sempre nascosto, e nessuna spiegazione Lo può chiarire. Il «perché» non può trovare risposta, anche se riesci a spiegare il «come».

Ad esempio, la scienza può dire che non esiste mistero nell'acqua. È un semplice incontro di atomi di idrogeno e d'ossigeno: H_2O. Due atomi di idrogeno e uno di ossigeno: ecco risolto il mistero. Ma la religione afferma che in questo modo si risponde solo al come. Il perché resta ancora irrisolto. Perché due atomi di idrogeno e uno di ossigeno formano l'acqua, perché? Conoscendo come fare potremo far unire due atomi di idrogeno con uno d'ossigeno ed ottenere l'acqua, tuttavia il perché accade rimane ancora insoluto. E il perché è il Brahman.

Perché due atomi di idrogeno e uno di ossigeno formano l'acqua? E perché non tre atomi di idrogeno? E perché non quattro atomi di idrogeno e uno di ossigeno? Ma la scienza proclama: «Il perché non ci interessa, a noi basta sapere come». E la religione dichiara: «Il come è una ricerca superficiale: se non si risponde al perché, si può usare il come, ma il mistero resterà irrisolto, non viene affatto svelato. E il perché dell'esistenza è il Brahman».

Per questo alla fine la scienza si riduce a pura tecnologia: è un sapere come operare — è un *know-how*. La scienza viene continuamente trasformata in tecnologia. Si conosce come funzionano le cose, ne nasce una tecnica applicata che determina una tecnologia. Per cui la scienza si riduce a essere un precursore della tecnologia, un araldo che ne annuncia la venuta.

La religione si fonda sul mistero, crede nel mistero e crede che quel mistero sia assoluto. Non lo si può distruggere, non lo si può svelare. E questa è la sua bellezza, perché quando senti che il mistero è assoluto e irrivelabile, sei di nuovo simile a un bambino, avvolto da meraviglia. E solo quando questo stupore ti afferra, sei vivo al massimo delle tue possibilità. Quando non esiste questo stupore vivi al minimo del tuo potenziale.

Attraversi la vita con occhi privi di meraviglia, per questo la vita ti appare così noiosa. Ma la noia non dipende dalla vita, bensì dai tuoi occhi privi di stupore. Se riesci a riconquistare l'intuizione, a riconquistare una mente stupita che continua a meravigliarsi fino all'ultimo istante, là dove avviene l'incontro col mistero supremo dove puoi continuare a meravigliarti senza mai risolverlo... un mistero è un enigma che non può essere risolto. Un enigma non è un mistero, perché può essere risolto! E la scienza si interessa solo ad enigmi che *possono* essere risolti. Viceversa la religione si interessa solo al mistero che non può essere risolto. E più lo penetri, più ti rendi conto che è irrisolvibile.

I filosofi greci hanno detto che la filosofia è nata dalla meraviglia. Anche le Upanishad dicono che la filosofia è nata dalla meraviglia, ma la religione termina nella meraviglia mentre la filosofia nasce nella meraviglia, ma le si oppone. Nasce dalla meraviglia, ma poi cerca di distruggerla, cerca di trovare risposte, spiegazioni e chiarimenti. Dall'idea dei filosofi greci secondo cui la filosofia è nata nella meraviglia, e dallo sforzo successivo di dominarla, è nata la scienza occidentale. La fonte è sempre la mente greca, la scienza occidentale ne è solo l'erede diretto. Per cui la filosofia nasce nella meraviglia, ma sfuma nelle spiegazioni: allora diventa scienza. La filosofia inizia nello stupore per concludersi in un sistema di spiegazioni, di soluzioni: diviene scienza. Poi la scienza sperimenta, viene a conoscere il «come» e diventa tecnologia.

Le Upanishad affermano che la religione *termina* nello stupore, non che vi inizia. Da *qualsiasi* punto partiate, la religione si conclude nello stupore. Il mistero rimane intatto, non viene mai risolto. Questa è la differenza fondamentale tra la mente hindu e quella greca, e queste sono le due menti fondamentali esistenti nel mondo. La scienza occidentale è nata dalla mente greca, mentre dalla mente hindu non nacque mai una scienza, bensì una religione.

Tutte le religioni più grandi sono nate in Oriente, mentre l'Occidente non diede mai alla luce un solo fenomeno religioso. Tutte le grandi religioni hanno visto la luce in Oriente, e quelle più profonde sono nate in India. E quelle nate nei paesi vicini, sono semplici eco della mente hindu. Cristo è fondamentalmente un hindu. Per questo gli ebrei non poterono capirlo e dovettero ucciderlo. Tutte le religioni più profonde — hinduismo, buddhismo, giainismo — sono nate in India. Mentre la scienza è essenzialmente di origine ateniese, nasce dalla mente greca.

La mentalità greca parte dal presupposto che nell'istante in cui si diventa consapevoli della vita, si prova meraviglia. E il compito della mente dell'uomo è distruggere questa meraviglia e trovare spiegazioni. Le Upanishad affermano che ogniqualvolta si trova una spiegazione, e la si penetra a fondo, prima o poi si giunge al fondamento dove risiede il mistero: la spiegazione ne è solo la superficie.

Nulla può essere spiegato: questa è l'attitudine delle Upanishad. Tutto resta privo di spiegazione e continua ad esserlo. Solo l'ego dell'uomo pensa di aver trovato la soluzione. Perché questo insistere sul mistero? Semplicemente perché solo se esiste il mistero, puoi essere ignorante. Ricordalo: solo *se* esiste il mistero, un mistero supremo nell'esistenza, puoi restare ignorante. Quel mistero permette questa ignoranza del cuore. Se fosse possibile spiegare tutto, diverresti colto e ti aggrapperesti al tuo sapere. E questo aggrapparti renderebbe il sapere assolutamente e irrimediabilmente importante.

Per secoli le università occidentali hanno insegnato il sapere. Ed ora anche in Oriente le università insegnano lo stesso sapere, perché sono semplici copie dell'Occidente. All'inizio, in realtà, le università orientali non insegnarono mai nessun sapere. Nalanda e Takshashila non si perdevano nell'insegnamento del sapere: insegnavano la meditazione. Insegnavano una profonda ignoranza ed il mistero profondo che la circonda. Al giorno d'oggi non esiste più un'Università orientale. Ovunque si trovino, vuoi in Oriente vuoi in Occidente, tutte le Università sono di stampo occidentale, e continuano a imbottire la mente di nozioni.

Per cui quando lo studente esce dall'università è un essere imbottito a forza, non ha un'anima: possiede solo sapere. E creerà dei problemi, sarà inevitabile perché l'Università gli ha fornito solo un ego e nient'altro. Non ha mai imparato un singolo frammento di umanità, di umiltà. Non ha toccato un solo punto di non-ego. Non ha mai guardato dalla finestra che si affaccia sulla vita in quanto mistero, e sul suo essere in quanto ignoranza. Quella finestra è ancora chiusa, e il suo essere è gravido di sapere. Questo sapere gli dà la sensazione di essere importante, di essere qualcuno perché sa. L'ego ne è rafforzato, per cui creerà ogni problema immaginabile.

L'ego crea politica, l'ego crea ambizione. L'ego crea gelosia, l'ego crea una lotta senza sosta, violenza, perché non può sentirsi soddisfatto se non raggiunge la cima. E tutti cercano di primeggiare. In ogni campo della vita si scatena una competizione spietata: nell'economia, nella politica, nell'educazione nessuno si interessa a se stesso, tutti sono impegnati in una competizione all'ultimo sangue. L'interesse di tutti è rivolto ad essere il primo. E nessuno pensa a cosa farà una volta arrivato. Cosa otterrai nell'essere il primo? Nulla! È un semplice buttar via la vita.

Le università orientali insegnavano una profonda ignoranza: e cioè che l'uomo non può penetrare il mistero, perché il mistero è assoluto. È *il fondamento* della natura e l'uomo ne è solo una parte. E quando questi due misteri si incontrano — il mistero all'interno dell'uomo e il mistero che avvolge l'esistenza — dall'incontro sorge l'estasi. La vita diviene splendore. Diventa una musica eterna. Diventa danza. E puoi danzare solo se il mistero è presente. Occorre un dio che danza: un dio che sia in grado di danzare. E ovunque l'esistenza sta danzando. Osserva! Non è una teoria. Osserva l'esistenza! Ovunque ti volti, sta danzando. Ogni sua particella, danza. Tu solo ti sei irrigidito. Non riesci a muoverti, non puoi danzare, perché sai. E il tuo sapere ti ha avvelenato.

Ora ci addentreremo nel sutra:

Se ritieni di conoscere il Brahman alla perfezione, veramente conosci appena la Sua forma...

Di fatto non Lo conosci affatto, neppure quel poco perché ancora pretendi di sapere. Ancora stai nutrendo l'ego. L'ego è ancora il centro intorno a cui ruoti. L'ego ancora afferma se stesso, con la pretesa di sapere.

Se ritieni di conoscere il Brahman alla perfezione, veramente conosci appena la Sua forma...

E se ne parli, è solo un pensare non è un'esperienza. Puoi pensare di sapere, ma non è un'esperienza. Se sperimenti, non saresti capace di dire: « Io so ».

È così vasto: come puoi conoscerLo? È senza fine, non ha inizio: come puoi conoscerLo? Questa pretesa sembra essere assurda, oscena. Conoscere il Brahman sembra essere una stupidità! Solo gli idioti possono rivendicare questa pretesa. E solo l'ignoranza ne può essere la causa. Solo perché di fatto *non sai* assolutamente nulla, puoi rivendicare questa pretesa.

Se ritieni di conoscere il Brahman alla perfezione, veramente conosci appena la Sua forma, poiché la forma del Brahman che vedi racchiusa negli esseri viventi e negli dèi è poco meno di niente.

Anche se sei giunto a percepire il Brahman nel mondo manifesto: negli alberi, nelle colline, nell'uomo, negli animali, negli uccelli... anche se sei giunto a percepire che questa vita è Brahman, anche questo ha ben poco valore. È solo una parte infinitesimale di ciò che non è manifesto.

Le Upanishad affermano che il Brahman ha due forme: una manifesta e una immanifesta. La forma manifesta è diventata il mondo, quella immanifesta resta sconosciuta. Da lei sono nati molti mondi, e in lei molti mondi si sono dissolti. Ricorda: questo non è il primo mondo.

Solo due secoli fa i cristiani affermavano che questo mondo era stato creato quattromila e quattro anni prima della nascita di Gesù Cristo. Poi nacque una disputa feroce con la ricerca scientifica, perché la scienza accertò che questa terra esiste da milioni di anni. Il conflitto era irrisolvibile. E oggi, più gli scienziati sanno, più la genesi si sposta indietro nel tempo. Ma le Upanishad affermano che questo è solo uno dei mondi possibili: prima di questo ne sono esistiti parecchi che poi sono scomparsi.

L'esistenza è un processo infinito. Per questo, di fatto non vi è inizio e non vi può essere fine. Come può esserci un principio? Un principio sottointende che nulla esisteva in precedenza. E come può questo mondo uscire dal nulla? Una cosa può nascere solo da qualcosa preesistente: niente può uscire dal nulla. È assurdo! Come potrebbe una cosa sorgere dal nulla? Se nasce, qualcosa di certo deve averla preceduta.

Le Upanishad affermano che questo non è il primo

mondo, questa non è la prima creazione. È solo un anello di una sequela di esistenze che si perde nel tempo, senza principio e senza fine. I mondi sono sorti per poi dissolversi, come un bambino che nasce, cresce, invecchia e muore... ma questo bambino è nato da genitori che a loro volta sono nati da altri genitori. E questo processo è senza fine, è impossibile trovarne l'inizio.

Nelle Upanishad non esiste il concetto di Adamo ed Eva, il primo uomo e la prima donna. In esse si dice che non sono mai esistiti una prima donna e un primo uomo. Il «primo» è pura assurdità! Siamo sempre nel mezzo. L'inizio non c'è mai stato né vi sarà mai una fine.

Proprio come un bambino, la terra ha avuto dei genitori. Può essere stata una collisione tra due stelle gigantesche. Quando due genitori sono entrati in collisione, è nata la terra. Ed ora gli scienziati affermano che deve essere successo qualcosa di simile: una collisione tra due stelle. Chi può dirlo? Forse le Upanishad hanno ragione. Quando due stelle, una maschile e una femminile entrarono in collisione, nacque la terra. E la terra è viva: mentre esistono terre morte. Oggi gli scienziati sospettano che la luna sia una terra morta, che nel passato forse è stata viva.

Questa terra è viva. Il verde degli alberi è parte della sua vita. La tua consapevolezza è parte della sua crescita. Continua ad evolversi. È giovane, invecchierà, morirà, ma altrove la vita esploderà... e gli scienziati affermano che esiste la possibilità matematica che vi siano perlomeno cinquantamila pianeti in vita, in tutto l'universo: cinquantamila mondi! E si tratta di una semplice possibilità matematica. Noi non siamo in contatto con altri pianeti su cui vi sia vita, ma quando una terra muore, ne nasce un'altra. Qui nasce la vita, là viene la morte; qui viene la morte, là sorge la vita: l'esistenza continua senza mai arrestarsi. È un processo inarrestabile... che continua in eterno.

Qualsiasi cosa conosciamo è sempre un elemento minimo, piccolissimo che si estende verso un principio senza inizio, e si prolunga verso una fine senza fine. Noi ci troviamo sempre nel mezzo. E si conosce solo una particella atomica dell'esistenza: questa intera esistenza, nella sua vastità, è pur sempre una parte. Il tutto è pur sempre una parte perché è l'elemento manifesto.

Guardatemi... vi sto comunicando qualcosa. Qualsiasi cosa vi comunico è solo l'elemento manifesto. Nel mio cuore resta qualcosa di incommensurabile che non è comunicabile: quella è la parte non manifesta. Il mio silenzio è la parte non manifesta, le mie parole quella manifesta. Nelle mie parole viene comunicata una parte del mio silenzio, ma le mie parole non comprendono tutto il mio essere. Le mie parole sono solo una parte, dietro di loro è nascosto un silenzio molto più profondo.

Un poeta intona un canto — un Rabindranath o uno Shelley o uno Yeats intonano un canto — quel canto è solo l'elemento manifesto dell'essere del poeta. Ma da quell'essere possono nascere migliaia e migliaia di canti.

Le Upanishad affermano che questo mondo, l'intero universo, non è altro che un canto divenuto visibile. Nel cuore del Divino un'infinità di canti aspettano di nascere. Ed Egli ha cantato molte canzoni che ora sono scomparse. Ora sta cantando questo, molti altri ne canterà in futuro. Noi possiamo essere a conoscenza di un solo canto, e anche questo non lo possiamo conoscere nella sua totalità, bensì in una sua parte, in un frammento, in una sola parola, in un unico gesto. E intorno resta l'infinito a noi sconosciuto.

Il sutra dice:

... poiché la forma del Brahman che vedi racchiusa negli esseri viventi e negli déi è poco meno di niente. Pertanto devi ricercare più a fondo ciò che è il Brahman.

In realtà questa ricerca non ha fine. Continua nell'eternità, e più si ricerca, maggiori sono gli abissi su cui ci affacciamo. Più si ricerca, maggiori sono le porte che si aprono davanti a noi. Il mistero *non* viene mai svelato: si approfondisce. Più conosci, e più ti si presenta qualcosa da conoscere. Più si allarga la tua prospettiva, più si allarga la tua consapevolezza, maggiori diventano ai tuoi occhi le possibilità di conoscere. E questo continua all'infinito: questo gioco non ha fine.

Per questo, quando senti di fermarti, stai attento! Non esiste nessun punto di arresto. Ogni volta che senti di essere arrivato, stai attento! Di nuovo sei caduto vittima dell'ego. Non esiste un punto da cui poter dire: «Sono arrivato». Si è sempre sul punto di raggiungerlo, ma non si arriva mai.

Questo è il senso dell'infinità del Brahman. Non si arriva mai al punto dove si può dire: «Ora il viaggio è concluso». Il viaggio prosegue senza sosta. Il viaggio è una vita infinita. *Tu* a un certo punto ti arresti, ma il viaggio non finisce mai. A un certo punto il tuo ego non esiste più — di fatto *quello* è il punto dove inizia il vero viaggio — per poi proseguire all'infinito. Non ha fine, non può avere una fine. Tu ti arresti da qualche parte. Quando scopri di essere un ostacolo per il tuo essere, abbandoni il tuo ego e prosegui il cammino. E questo cammino è eterno.

Io non credo di conoscerLo alla perfezione...

Il Maestro dice:

Io non credo di conoscerLo alla perfezione e neppure credo di non conoscerLo...

Questo è il mistero. Non posso dire di conoscerLo alla perfezione, perché resterà sempre tantissimo da conoscere e moltissimo sarà sempre inconoscibile. Questa conoscenza del Brahman è sempre un inizio, e non ha mai fine. Inizi una volta e poi prosegui all'infinito.

Per questo non posso dire *di conoscerLo alla perfezione...* sarebbe una falsa pretesa... *e neppure credo di non conoscerLo...* anche l'opposto sarebbe falso. Non posso dire *di non conoscerLo. Tuttavia Lo conosco.*

Questa è la differenza tra la mente greca e quella hindu. La mente greca non può concepire questa affermazione. Per Aristotele è impossibile concepirla! Aristotele direbbe: «La legge fondamentale della logica è questo: se sai, sai; se non sai, non sai. Non vi può essere nessuna posizione intermedia». Se sei vivo, sei vivo; se sei morto, sei morto. Non può esservi nessuna posizione intermedia, oppure sì? Puoi forse dire: «Non posso dire di essere vivo, né posso dire di essere morto»? Aristotele direbbe che sei impazzito: «Una delle due deve essere vera, mai entrambe». Per Aristotele entrambe non possono essere vere: «Due opposti non possono essere veri. Solo uno dei due lo sarà».

Questo veggente delle Upanishad dice: «Non posso dire di sapere».

Allora Aristotele direbbe: «Basta! È finita. Se non puoi dire di sapere, non discutiamone più».

Ma il veggente prosegue: «Non posso dire di non sapere».

E questa posizione Aristotele non può approvarla: il padre, il fondatore della logica occidentale, non può essere d'accordo. Dirà: «Sei impazzito».

Puoi dire di essere in questa stanza? No! E non puoi neppure dire di esserne fuori! Ma o sei nella stanza o non ci sei: entrambe le affermazioni non possono essere vere. Come puoi dire: «Non mi è possibile affermare di essere nella stanza, né posso negare di esserci»? Anche per noi Aristotele sembra aver ragione. Rispetto alla mente comune, per la logica normale, ha perfettamente ragione, è coerente.

Da questo punto di vista i veggenti hindu sono illogici. Continuano ad affermare contemporaneamente realtà opposte, ma in questo modo vogliono comunicare qualcosa. Non sono del tutto in errore. Hanno qualcosa da dire, ed è qualcosa di così misterioso che può essere trasmesso solo usando due opposti simultaneamente. Il mistero può essere trasmesso solo attraverso contraddizioni, attraverso incoerenze.

Io non credo di conoscerLo alla perfezione e neppure credo di non conoscerLo, tuttavia Lo conosco.

«In un certo senso Lo conosco, e in un altro non Lo conosco. Lo conosco perché ne sono parte, è impossibile non conoscerLo. E non Lo conosco perché ne sono solo una parte, e per una parte è impossibile conoscere il Tutto».

Entrambe le affermazioni sono vere, e se riesci a percepirle entrambe come vere, proprio in mezzo alle due contraddizioni sorgerà un nuovo significato. Sentirai ciò che il *rishi* cerca di esprimere, e sentirai come è difficile esprimerlo. La percezione è troppo intensa e le parole non riescono a convogliare quella intensità, per cui per trasmetterla si devono usare entrambi gli opposti.

Per esempio, le Upanishad dicono: «Il Divino è lontanissimo». E immediatamente aggiungono: «Il Divino è vicinissimo». Come può essere vicinissimo se è lontanissimo? Oppure se è vicinissimo, come può essere lontanissimo? Ma i veggenti hanno qualcosa da esprimere, il cui valore è importantissimo. Tramite questa assurdità cercano di comunicare qualcosa di molto difficile, e che è addirittura incomunicabile. È lontanissimo perché Lo avete dimenticato, quella dimenticanza crea la distanza. Ed è vicinissimo, perché qualsiasi cosa facciate, che Lo scordiate o Lo ricordiate, senza di Lui non potreste essere vivi. Egli è il battito stesso del vostro cuore. Egli inspira ed espira. Egli è *te*! Te Lo puoi dimenticare, tuttavia resti sempre Lui. Da qui, questa espressione contraddittoria: «Egli è vicino ed è lontano», e «Lo conosco e non Lo conosco».

Le Upanishad non sarebbero d'accordo con Socrate. Vi ho detto che disse: «Una volta sapevo. Ora dico di non sapere». Di nuovo sta seguendo la tendenza della mente greca. È ancora molto coerente. Dice: «Una volta avevo l'impressione di sapere. Ora sento che è sbagliato: ora non so». Le Upanishad direbbero che entrambe le affermazioni sono sbagliate. Esiste una terza possibilità: «In un certo senso so, e in un altro non so».

Prima Socrate reclamava un sapere assoluto, ora afferma un'assoluta ignoranza. In entrambi i casi fa affermazioni assolute, si aggrappa ancora all'assoluto. Non scende in contraddizione. Una volta diceva: «Io so», ora dice: «Io non so». I veggenti delle Upanishad affermano entrambe le cose contemporaneamente: «Io so e non so». Cercate di percepire l'elemento che si trova tra queste due affermazioni, tra le righe... proprio nello spazio vuoto, nell'intervallo.

Chi di noi sa che Egli è dissimile da ciò che è ignoto e da ciò che è noto, Lo conosce.

Ciò che è noto, è il tuo sapere. Ciò che è ignoto, è la tua ignoranza. Se dici: «Io conosco», Lo rendi conosciuto. Se dici: «Non conosco», Lo rendi sconosciuto. E conosce solo chi tra voi sa che Egli non è ciò che si conosce, né è ciò che non si conosce, ma l'inconoscibile. Egli è il mistero.

Solo colui che Lo conosce *in quanto* mistero, come il misterium, come il mistero supremo che *non può* essere risolto... *solo* lui Lo conosce.

Capitolo nono

LA MORTE: IL CULMINE DELLA VITA

Domanda:
Ti ho sentito parlare spesso dell'arrendersi, e mi sembra che arrendersi sia l'unico elemento importante sulla via della trasformazione. Ma come fare ad arrendersi? Che senso ha, qual è il metodo e come operare? E qual è il contributo della meditazione dinamica al conseguimento di uno stato di abbandono?

La prima cosa da capire rispetto all'arrendersi è questa: non puoi chiedere come fare perché questo comporta un metodo, introduce la tecnica. L'abbandonarsi è sufficiente a se stesso, non ha bisogno di tecnica. Chiedere come fare ad arrendersi, sarebbe come chiedere come fare ad amare. E se chiedi come fare ad amare una cosa è certa: l'amore non ti si addice, perché è impossibile chiedere come fare ad amare! E se anche qualcuno venisse addestrato ad amare, ogni tecnica sull'amore sarebbe falsa. L'istruzione falsificherebbe ogni cosa.

È accaduto:

Un giovane veniva spesso a chiedermi come fare ad amare, ed io gli rispondevo ogni volta: « Vai dalla tua ragazza e parlale in questo modo... ». Lui andava, e tornava a riferirmi cos'era successo. Ma ogni volta era un fallimento. Provò continuamente e con diverse ragazze, ed era sempre un fallimento perché qualcosa non andava mai per il verso giusto. Lui era pronto, io l'avevo preparato ad affrontare la situazione, ma la vita è sempre un imprevisto. La ragazza gli parlava in modo diverso, e lui non era mai pronto a rispondere, si trovava in difficoltà.

E tornava a dirmi: «Mi hai detto di rispondere così, ma lei non mi ha mai chiesto quello!».

Per cui gli dissi: «Se non vi preparo entrambi, sarà un'impresa impossibile! Ma così diventerebbe solo una commedia».

Non puoi imparare ad arrenderti. Se ti riesce, ti riesce e non c'è altro da dire. Se non ti riesce, lascia perdere e segui un metodo. Il metodo non richiede nessuna resa, vi si sostituisce. Poiché non riesci ad arrenderti, devi fare qualcosa. E nel fare, accadrà dopo un processo più lungo lo stesso fenomeno che può verificarsi immediatamente se riesci ad abbandonarti.

Arrendersi vuol dire che ti senti incapace di fare qualcosa per cui ti arrendi. È una totale impotenza. Dici: «Non so», dici: «Non sono in grado di far nulla, per cui mi arrendo. Ora conducimi ovunque vuoi». E ricorda: sarà una resa totale. Non puoi chiedermi dopo due o tre passi: «Dove mi stai portando?». Non puoi dire: «Mi stai guidando su un falso sentiero», perché ti sei arreso. Ora non esisti più.

L'abbandonarsi possiede una sua bellezza implicita, ma solo anime molto rare, anime molto forti, riescono ad arrendersi. Ricorda: di solito si crede che solo i deboli si abbandonino. È assolutamente falso! Per lasciarsi andare devi essere una persona fortissima, avere un carattere molto fermo, perché sarà una decisione radicale. E non puoi ricrederti. Non puoi ritornare sui tuoi passi. Non potrai dire: «Ora mi riprendo la mia resa». È una resa incondizionata. Non può avvenire a delle condizioni. Non puoi dire: «Ti seguirò solo se accade questo e quest'altro». Se io scendo nel più profondo degli inferni, mi seguirai perché ti sei arreso senza porre condizioni. Hai rinunciato alle tue decisioni personali, ed ora non sarai più tu a decidere.

L'abbandonarsi richiede anime molto forti, anime fortissime. Se il Maestro dice: «È giorno», e tu vedi che è notte fonda... ma ti sei arreso, ora non vedi più con i tuoi occhi, ma con gli occhi del Maestro. Lui dice: «È giorno», e tu dirai: «Sì, è giorno fatto». Non permetti al tuo ego di interferire, non permetti al tuo intelletto di intervenire. Metti tutto da parte; se riesci a farlo — e ricorda, non esiste un metodo — accade.

Arrendersi non è un'azione. Farlo sarebbe in contraddizione. Non puoi farlo. Fare qualcosa è in contraddizione con l'abbandonarsi, l'arrendersi. L'abbandonarsi accade: «Come accade?». Non puoi chiedermi come fare. Puoi chiedermi invece: «Come mai accade?». Accade quando hai provato e riprovato e tutte le volte hai fallito. Dopo aver tentato tutte le vie e nessuna ti ha portato a qualcosa. Dopo aver provato il tuo intelletto in tutti i modi possibili ed esserti sempre ritrovato in un vicolo cieco. Hai provato tutto quanto ti era possibile e non è successo nulla, per cui sei giunto alla conclusione che da solo non basti, sei impotente. Sei giunto alla conclusione che non puoi far nulla. E in questa impotenza, avviene la resa. Allora puoi arrenderti.

Per cui, come prima cosa: l'abbandono non implica un metodo. Non esiste una tecnica. È di per se stesso la tecnica, non ne sottointende altre: se ci riesci, ci riesci. Se non ci riesci, scordatelo, non è per te. Ma non preoccuparti, non sentirti sfiduciato, perché esistono delle tecniche: puoi provarle. E se provi le tecniche, ti si apriranno due possibilità: o hai successo — e in questo caso non ci sarà bisogno della resa — oppure fallirai, e questo ti aiuterà ad arrenderti.

Buddha provò per sei anni. Provò ogni metodo. Anche Mahavir, un suo contemporaneo, provò: nello stesso periodo, nella stessa epoca, nella stessa regione, il Bihar. Queste due anime eccelse, lavoravano nello stesso periodo per conseguire l'illuminazione. Mahavir lavorava con alcune tecniche per dodici anni, mentre Buddha lavorava con tecniche simili per sei. Alla fine Buddha concluse che nessuna tecnica poteva essere d'aiuto. Tutto era fallito. Si arrese. Si arrese all'Universo. Disse: «Ora non devo più andare da nessuna parte. Non ho più nulla da raggiungere. Ora abbandono la mia ricerca. Qualsiasi cosa accada... ora non sono più interessato al futuro. Non sono più favorevole né contrario alla vita».

Si trovava in uno stato di frustrazione così intenso che non si può neppure dire che fosse disperato, perché si può essere disperati solo quando una speranza ancora è nascosta nel tuo essere. Puoi sentirti disperato solo se in fondo continui ancora a sperare. Non era neppure senza speranza! La speranza era svanita, e così pure se n'era andata la disperazione. Era semplicemente *privo* di speranza. Non c'era più futuro. Era un *totale* fallito. Dopo sei anni era un totale fallimento, e in quella condizione avvenne la resa. Quella notte si rilassò sotto l'albero del Bodhi, privo di desideri — non desiderava neppure il Nirvana, il Samadhi, l'estasi, Dio — era del tutto privo di desiderio. Perché il desiderio dimostra che ancora non sei un fallito. Ancora desideri, ancora speri, ancora credi che qualcosa sia possibile. No, Buddha arrivò a concludere che *nulla* è possibile. Si rilassò sotto l'albero del Bodhi, perché ora non poteva più essere teso. Come puoi essere in tensione quando sei un totale fallito?

Un uomo di successo può essere teso. Un uomo che cerca il successo può essere teso. Un uomo che ha fallito ma ancora spera, può essere teso. Un uomo che ha fallito in modo così totale che ora non possiede più alcuna speranza — non si sente neppure frustrato, o disperato, ha semplicemente abbandonato l'intero gioco — non può essere teso. Né Buddha era ansioso. Come avrebbe potuto esserci ansia? Non c'era ego, perché l'ego esiste solo quando cerchi di aver successo.

All'improvviso al mattino, quando si svegliò dopo una notte priva di sogni, priva di desideri, senza alcuna aspettativa per il domani... quando aprì gli occhi, i suoi occhi erano del tutto vuoti: non vi era alcuna ombra di desiderio o di sogno. Vide spegnersi l'ultima stella — e con lo scomparire di quella stella, anche lui si dissolse. E quando all'orizzonte non vi fu più alcuna eco della stella, anche lui era scomparso.

Si dice che scoppiò a ridere. Rise dentro di sé perché aveva provato con tutte le sue forze senza che accadesse nulla, ed ora che non tentava nulla, era successo tutto! Era in estasi. Era in un'estasi così profonda che si dice abbia detto: «È accaduto il Nirvana, è accaduta l'illuminazione e di proporzioni tali come mai in passato è stata conosciuta!».

Da allora cercò di insegnare l'assenza di sforzo, ma nessuno lo ascoltava. Come si può credere che senza sforzo accade tutto? E di fatto non era successo senza che vi fosse stato lo sforzo. Lo sforzo c'era stato. Attraverso lo sforzo era giunto al fallimento, e dal fallimento era sorto questo stato supremo di consapevolezza.

Mahavir — l'altro ricercatore che viveva nella stessa regione — ebbe successo. Praticò alcuni metodi e si realizzò. Tramite delle tecniche riuscì a dissolvere il suo ego. Per questo i giainisti e i buddhisti sono autentici nemici. Non possono riconciliarsi, non possono scendere a compromessi, perché sono radicalmente contrapposti. Mahavir si realizzò tramite tecniche, per questo l'insegnamento di Mahavir è fondato sul metodo. Mentre Buddha si realizzò tramite il fallimento, per cui tutto il suo insegnamento si fonda sull'assenza di sforzo: «Non far nulla».

Queste sono le due dimensioni. Entrambe sono valide, ma ti suggerisco come prima cosa di provare la tecnica. Se hai successo, bene! Se fallisci, ti sarà possibile arrenderti. E anche in questo caso andrà bene. Io sono favorevole ad entrambe le vie. Per questo sembro contraddittorio.

Oggi un giovane mi ha avvicinato e mi ha detto: «Sei così contraddittorio che è impossibile seguirti. E ti contraddici al punto che mi confondi». Per cui gli ho consigliato di non ascoltarmi: «Chiudi gli occhi e non ascoltarmi. Medita e basta!». Che altro fare, se senti che qualsiasi cosa dico è contraddittoria... e arriverai inevitabilmente a sentire questa contraddizione! Il tuo intelletto percepirà che c'*è* contraddizione!

Finché non comprenderai che tutte le vie contraddittorie portano ad uno stesso punto, non riuscirai a percepire la coerenza interiore tra tutte le contraddizioni. Sono vie contraddittorie e al tempo stesso non lo sono. Lo sono perché le parole del Buddha sono coerenti, e così pure le parole di Mahavir, ma io affermo entrambe le cose allo stesso tempo! Di fatto non è mai successo. Sembra una contraddizione. Ma non è necessario pensarci. Seguine una delle due.

Se riesci ad arrenderti, arrenditi: non chiedere come fare. Se chiedi come si fa, ancora non sei pronto per arrenderti. Se mi chiedi un metodo, in questo caso segui un metodo! E potrai aver successo oppure fallire: entrambi i risultati sono ottimi. In entrambi i casi ti realizzerai.

Capitolo decimo

L'ETERNO GIOCO DELL'ESISTENZA

KENA-UPANISHAD

CAPITOLO II
(continuazione)

3

Lo conosce chi non Lo conosce, e non Lo conosce chi Lo conosce. Per l'uomo di vera conoscenza Egli è l'ignoto, mentre per l'ignorante è il noto.

4

Veramente, colui che Lo conosce per intuito e tramite ogni vibrazione di sapienza e consapevolezza — pratibodha vidita — *consegue l'immortalità. Mediante* l'Atman *egli consegue forza e vigore, e mediante la conoscenza si ottiene l'immortalità.*

5

Per colui che Lo riconosce in questo mondo, vi è vera vita. Per colui che qui non L'ha riconosciuto, il danno sarà inestimabile. I saggi, avendo scoperto l'Atman in ogni essere, morendo a questo mondo di esperienze sensorie, divengono immortali.

È impossibile sapere del Brahman, ma è possibile farne conoscenza. Tra sapere e conoscere la differenza è fondamentale, ed è così sottile che la si deve comprendere. Conoscere è sempre nel presente, il sapere appartiene al passato. Ogni volta che dici: «So», significa che l'esperienza è già passata, ed è entrata a far parte dei tuoi ricordi. Quando dici: «Vivo in un processo di conoscenza», l'esperienza è ancora in atto. Ancora vivi nell'esperienza. Non è un ricordo: il tuo essere ne è ancora coinvolto.

Rispetto al mondo fenomenico il processo del conoscere si arresta sempre e diventa sapere. Questo accumulo di sapere viene detto scienza. Tutto ciò che l'uomo ha conosciuto diventa scienza. La scienza è sapere. La religione non è mai diventata una scienza perché è un processo inarrestabile ed eterno di conoscenza. Non giungi mai al punto in cui puoi dire: «Ho appreso». Il Brahman non diviene mai passato: è sempre il presente. L'Assoluto non può essere ridotto a passato, non può essere ridotto a sapere. È sempre un fluire di conoscenza, simile ad un fiume.

Per questo non puoi dire di aver esperimentato Dio perché questo significherebbe che ora è una cosa del passato. E significherebbe anche che lo hai trasceso, lo hai già sperimentato e sei andato oltre. Non puoi oltrepassare Dio, per questo non puoi mai dire con certezza di averlo conosciuto, di averlo sperimentato. Non lo puoi rinchiudere tra i tuoi ricordi. Non puoi costringerlo ad essere parte del tuo passato. Puoi vivere in un processo di esperienza, ma non diventa mai un fatto sperimentato.

È sempre farne esperienza — un processo vitale, mai un freddo ricordo.

Un esempio: non puoi mai dire: «Ho respirato». Stai respirando. Il respiro non potrà mai diventare un evento del passato. Se accadesse, moriresti. Non esisterebbe più un essere che possa dire di aver respirato. Il respiro è sempre un processo in atto: stai *sempre* respirando, ed avviene sempre nel presente. Non puoi dire: «Ho vissuto», chi saresti in questo caso? Tu sei vita, ma non puoi dire: «Ho vissuto». La vita è un processo ininterrotto. Ed avviene sempre qui e ora, in questo preciso momento. E l'Assoluto indica la vita suprema, il respiro supremo, l'esperienza suprema, la comprensione suprema.

Il Brahman non può essere ridotto a mero sapere: è la prima cosa da capire. Per cui, chiunque dica: «Ho conosciuto, so», secondo le Upanishad è ignorante. È una persona insensibile al grande mistero della vita. E chiunque dica di sapere, di fatto non sa. Forse ha appreso tramite i testi sacri, forse ha appreso da altri, forse ha accumulato informazioni, ma non ha conosciuto nulla perché chi sa, sa che Dio non può mai essere ridotto ad un sapere. Rimane sempre un processo di conoscenza.

Dio non è un oggetto. Un oggetto può essere conosciuto. Dio è un processo in continua evoluzione. Un oggetto è qualcosa che si è fermata. Un processo è qualcosa che prosegue senza mai arrestarsi.

La mente comune pensa a Dio come a un oggetto. Dio non è un oggetto. È un flusso, un *continuum*. Procede nell'eternità senza mai fermarsi, non può fermarsi mai! La sua natura è l'essere inarrestabile, come lo puoi conoscere? Nel momento in cui dici: «L'ho conosciuto», tu ti sei fermato... mentre il processo continua. Tu ti sei arrestato nel tuo sapere tuttavia il processo prosegue: tu sei perso, il tuo contatto si è interrotto. Ora non sei più in contatto con quel processo esistenziale.

Dovrai seguire il flusso dell'esistenza. Non puoi fermarti. Col Divino è impossibile fermarsi. *Puoi* farlo, ma il Divino non si può fermare. E quando tu ti arresti mentre il fiume continua a scorrere, perdi il contatto col fiume, non hai più un contatto vitale.

Per questo coloro che dicono di aver conosciuto hanno perso il contatto con l'esistenza. Di fatto non sanno nulla. Hanno solo raccolto delle informazioni. Si sono fatti delle opinioni a livello intellettuale, ma non hanno vissuto, perché chi vive capirà che si tratta di un fiume che scorre inarrestabile nell'eternità. Devi fluire con questo fiume: un solo attimo d'arresto e ne perdi il contatto. Per questo non puoi mai dire di aver conosciuto, puoi dire solo: «Sto conoscendo».

La conoscenza è qualcosa di aperto: il sapere è chiuso, è giunto a un punto fermo. La conoscenza è un processo di crescita, in evoluzione. Il sapere è morto, si è già concluso, ora non respira più. In lui non scorre più sangue, il cuore ha smesso di battere. È morto. Il sapere è un cadavere, e se ti trascini dietro questo sapere, ti trascini dietro un cadavere, un peso morto. Per questo i *pundit*, gli studiosi, i sapienti, sono uomini morti. Perfino i peccatori hanno raggiunto il Divino, ma non si è mai sentito che un *pundit* L'abbia raggiunto. Un peccatore può arrivarci, ma uno studioso, un uomo che crede di sapere, no!

Agli occhi delle Upanishad il sapere è il vero peccato, perché è l'unico ostacolo. Ma è un ostacolo molto sottile e se ne deve capire il senso. La conoscenza è permessa, il sapere no. Fluisci col Divino, momento per momento, vivo, in sintonia, aperto. Non dire: «Ho appreso». Limitati a dire: «Sto sperimentando, sono consapevole, sto imparando. Ogni possibilità è aperta e non so cosa mi si rivelerà tra un istante, per cui non posso trarre conclusioni. Non posso dire che sia venuta la fine e tutto sia concluso». Non esiste l'ultimo capitolo, né l'ultima pagina. Questo testo sacro è senza fine, inarrestabile. Non lo si può chiudere, e ad ogni istante si rivela qualcosa di nuovo perché ad ogni istante il Divino, o Dio o Brahman è nuovo, giovane, appena nato. Solo noi invecchiamo, e invecchiamo a causa del nostro sapere.

Il corpo non è il solo ad invecchiare. Il corpo invecchierà sicuramente, ma la coscienza può restare giovane. Se invecchia significa che hai accumulato sapere. E il peso di questo sapere ti invecchia; altrimenti i tuoi occhi rimarranno innocenti, puri. Sarai aperto: quell'apertura è purezza. Sarai sempre alla ricerca, scruterai nell'esistenza. Indagherai e mediterai e contemplerai, e sarai sempre aperto al nuovo, perché ad ogni istante accade qualcosa di nuovo. Dio non invecchia mai. Se invecchiasse, un giorno dovrebbe morire, perché la vecchiaia conduce alla morte.

Il Brahman è sempre giovane, sempre verde. Non conosce la vecchiaia. Per questo non morirà mai. L'esistenza è sempre verde, viva, pulsante. Col sapere si invecchia. Nel momento in cui dici: «Ho appreso», arresti il processo di conoscenza. Pensi di aver già fatto sufficiente esperienza e arresti l'esperienza stessa. Da quel momento in poi non cresci più: divieni un seme morto.

Le Upanishad credono nel processo di conoscenza, non nel sapere. Cos'è questa conoscenza? Cos'è questo processo di conoscenza? Il sapere ti porta ad accumulare vecchiume. Nella conoscenza lo disperdi, continui a dissolverlo. Devi eliminare qualsiasi cosa conosciuta per poter essere aperto a conoscere il nuovo. Si deve morire al passato, solo così si può essere vivi nel presente.

Noi tutti viviamo nel passato: ciò che non è più, è già morto, se ne è già andato. Viviamo nel passato: per questo siamo così morti. La vita è sempre nel presente mentre la mente è sempre nel passato, ecco perché la mente non può mai conoscere la vita. Non vi è terreno di incontro, non esiste un terreno comune, in cui la mente possa incontrare la vita. Per questo le Upanishad sono contro la mente.

La mente è sempre ricordo: ciò che si è vissuto, ciò che è passato, e non è più. La mente è solo polvere di ricordi accumulata sopra il vostro essere. Buttatela via! Lavatela via per essere giovani, freschi, e per poter incontrare il presente, ciò che è sempre giovane: il Brahman eternamente giovane.

Nel processo di conoscenza si deve costantemente rinunciare al passato: questa è la rinuncia fondamentale. Muori al passato, per poter essere vivo nel presente. Non si può fare entrambe le cose: se vivi nel passato, sarai morto nel presente. Se vuoi essere vivo nel presente, muori al tuo passato. Continua a gettar via la polvere del passato, ad *ogni* istante; non permettere mai che si accumuli. Continua a rinunciarvi! Continua ad eliminare il passato, non è di alcuna utilità. L'hai già usato, ora è solo un guscio morto. Gli uccelli se ne sono volati via. Non continuare a collezionare gusci morti. Diverranno una prigione, ti intralceranno. Diverranno un peso che ti impedirà di muoverti.

Per me un sannyasin, colui che ha rinunciato, non ha rinunciato alla ricchezza, non ha rinunciato alla casa, non ha rinunciato alla famiglia, bensì al suo passato — perché *questo* è il possesso fondamentale. Questa è la tua famiglia: continui a vivere con i morti.

Ho sentito questo racconto:

Un mattino all'alba Gesù stava passando vicino ad un lago e vide un pescatore lanciare la sua rete. Si avvicinò e si rivolse al pescatore con queste parole: «Perché butti via la tua vita nel tentativo di pescare pesci? Seguimi e ti mostrerò come catturare nella tua rete il Regno di Dio».

Il pescatore si voltò. Negli occhi di Gesù vi era una luce diversa, l'uomo ne fu ipnotizzato. Buttò a terra la rete e seguì Gesù. Ma proprio mentre stavano uscendo dal villaggio, un uomo si avvicinò correndo e disse al pescatore: «Dove stai andando? Tuo padre è morto». Il padre era molto vecchio e malato, ci si aspettava che morisse ad ogni istante.

Per cui il pescatore disse a Gesù: «Gesù, permettimi di restare alcuni giorni, così potrò tornare e salutare il vecchio per l'ultima volta, e compiere tutto ciò che ci si aspetta da un figlio». E Gesù rispose: «Non occorre che tu vada. I morti seppelliranno il morto. Non occorre che tu vada! *I morti* seppelliranno il morto».

Per Gesù l'intero villaggio era morto. Per cui disse: «Essi seppelliranno il morto. Non te ne devi preoccupare».

Perché Gesù disse che i morti avrebbero seppellito il morto? Perché tutti coloro che vivono nel passato sono morti. Solo coloro che vivono nel presente sono vivi.

Per vita si intende il presente, il qui e ora. È un istante fugace. Lo si riesce a cogliere solo se si è totalmente leggeri, altrimenti sfuggirà. Se la tua mente è orientata verso il passato, ti sfuggirà l'istante fuggevole della vita. È così passeggero, è così fugace, che ti continuerà a sfuggire se resti legato al passato.

Ed accade continuamente. Anche quando non pensi al passato, lo pensi riflesso nel futuro. Ma non sei mai nel presente, questo è certo. O vivi nel passato, che non è più, oppure vivi nel futuro, che ancora deve venire. Entrambi non esistono, entrambi sono inesistenti: il primo è morto e il secondo non è ancora nato. E tutto ciò che pensi del futuro non è altro che un passato riflesso, una proiezione del passato, che altro potrebbe essere il tuo futuro? Puoi pensare al domani solo in funzione del passato, perché non conosci altro linguaggio.

Ieri hai amato qualcuno, ed ora pensi di amarlo anche domani. Non sarà altro che un passato ripetuto con qualche variante. E anche quelle modifiche provengono dal passato: nulla di nuovo può essere proiettato nel futuro, tutto è un derivato dal passato. Fai la spola tra il passato e il futuro, e in questa oscillazione costante ti sfugge l'istante fugace del presente, che è vita. E puoi entrare nel Brahman solo tramite la vita.

Le Upanishad dicono di non essere attaccati al sapere, alla memoria, al passato. Continua a morire ad ogni istante, sì da essere sempre giovane, fresco, innocente. Ogni volta di nuovo ti apri alla vita: intorno a te nessun passato ti imprigiona. Sei sempre in movimento e ti lasci continuamente alle spalle le morte spoglie del passato.

Il sutra dice:

Lo conosce chi non Lo conosce...

COLUI CHE NON LO HA RIDOTTO A MERO SAPERE. Lo conosce solo colui che ancora vive in un processo di conoscenza, che è ancora alla ricerca, che ancora sta investigando, che ancora non si è chiuso, che ancora guarda davanti a sé, ancora fluisce. E sarà così per l'eternità. Nessuno mai raggiunge la meta, nessuno può raggiungerla. Di fatto la vita non ha meta alcuna, è solo un gioco eterno senza principio e senza fine. È l'uomo che crea una meta. Come mai?

L'uomo crea una meta perché così si può sentire a proprio agio. La meta è raggiunta, ora ti puoi rilassare.

Ora puoi morire, non sei più necessario. La vita non ha meta alcuna. Crea un'infinità di mete, ma sono tutte temporanee, provvisorie. Ogni meta è di nuovo un trampolino per una meta successiva, e alla fine non esiste affatto una meta, altrimenti il Brahman avrebbe avuto mille occasioni di fermarsi, perché dovrebbe aver già raggiunto la meta finale.

L'esistenza esiste da un tempo senza principio. Avrebbe potuto arrestarsi ad ogni istante, e una volta raggiunta la meta tutto si sarebbe concluso per sempre. Ma non è successo, né accadrà mai. «La meta» è una creazione dell'uomo. La vita è priva di una destinazione. Per questo è eterna! Se ci fosse una meta, la vita non sarebbe eterna, perché una volta raggiunta la destinazione finale, si sarebbe conclusa.

Tutte le mete sono provvisorie. Quando riesci a capirlo hai conseguito il Brahman: un'energia priva di scopo che fluisce senza meta, che fluisce ovunque ma che non va da nessuna parte... che fluisce verso il nulla. Il movimento è bello di per sé, è felice di per sé. L'estasi non è in una meta. È qui e ora, proprio nel movimento, proprio nella pulsazione dell'essere vivo.

Quando guardi un Buddha seduto sotto l'albero del Bodhi, oppure guardi un Gesù crocefisso, o un Mahavir nudo sotto i cieli, di certo nella tua mente sorgerà una domanda: «Cosa fanno?». E questo perché non si può concepire che Buddha pensi a qualcosa. Non hanno nulla a cui pensare; né pensano alla famiglia. Non c'è famiglia! Né pensano al futuro, cosa potrebbero pensare del futuro? Cosa fa un Buddha sotto l'albero del Bodhi?

Non fa nulla. Si limita ad essere. Il semplice accadere della vita, l'espirare e l'inspirare, il semplice pulsare della vita, è beatitudine. Non fa null'altro. È semplicemente immerso nella beatitudine.

Ma ogni volta che pensi alla beatitudine, la consideri come fosse un oggetto che Buddha tiene nelle mani. Non è un oggetto. È solo un modo di essere: il giusto modo di esistere. Non vi è passato né futuro. Stando semplicemente sotto l'albero del Bodhi, in *questo* preciso istante, il Buddha è vivo. Il cuore batte, il respiro esce ed entra, il sangue circola, tutto è vivo e pulsante. Non sta andando da nessuna parte! Semplicemente esiste. In questo esistere è la beatitudine.

Perciò ricorda che sarai in beatitudine quando non avrai più desiderio. Perché? Perché il desiderio ti porta verso una meta. Il desiderio non ti permette di essere qui. Il desiderio ti dice: «Prosegui verso una meta... la meta sta nel futuro». Il desiderio crea il futuro e ti costringe a muoverti in quella direzione. Quando non desideri, quando non vi è desiderio, sei qui e ora. Ti trovi sotto l'albero del Bodhi, sei diventato un Buddha.

Un Buddha indica uno stato di consapevolezza, uno stato di consapevolezza che *non* è orientato verso il conseguimento di nessuna meta. Proprio a causa di questa comprensione Buddha disse: «Non esiste alcun Dio». Proprio perché aveva una compassione infinita per te disse: «Non vi è alcun Dio», perché se avesse detto: «Dio esiste», Lo avresti trasformato in un desiderio. Avresti voluto raggiungerLo. Avresti voluto arrivare a Lui, avresti voluto conoscerLo, avresti creato un desiderio.

Per cui Buddha dice: «Non vi è alcun Dio! Lascia cadere ogni desiderio spirituale». E non è vero che Dio non esiste, ma Buddha lo afferma solo per aiutarti ad abbandonare ogni desiderio e ogni futuro. Altrimenti continueresti a modificare il futuro: a volte il desiderio è mondano e a volte diventa spirituale, ma il desiderare rimane sempre.

Buddha dice che non vi è *Moksha*, non esiste uno stato di totale liberazione in un paradiso. Non esiste *Moksha*. Non che non esista, ma è solo per aiutarti ad abbandonare quel desiderio, altrimenti inizieresti a desiderare questa liberazione, e il desiderio è l'ostacolo! Per cui anche quando stai desiderando *Moksha*, la liberazione, sei ancora in prigione. Buddha dice che non esiste *Moksha* solo per aiutarti ad abbandonare ogni desiderio così che tu possa essere qui e ora.

La gente continua ad andare da Buddha a chiedere: «Cosa accadrà quando moriremo?»

E Buddha risponde: «Nulla. Morite e basta!».

Gli chiedono di creare un futuro anche dopo la morte.

Vivono insoddisfatti: il futuro che hanno non è sufficiente e vogliono un altro futuro che si estenda oltre la morte, così possono proiettare ancor di più le loro menti, e possono desiderare e far progetti anche dopo la morte. E la loro domanda è insistente, in tutti i villaggi in cui Buddha passa insistono: «Cosa accadrà ad un illuminato, cosa accadrà *a te* quando morirai?».

E Buddha risponde: «Nulla. Morirò. Mi estinguerò come si estingue la fiamma di una lampada».

Non sono soddisfatti, si sentono a disagio, insistono: «Ma dove andrà la fiamma? Si unirà al Brahman? Diverrà cosmica? Cosa accadrà all'anima di un illuminato?»

Buddha è severo. Risponde: «Nulla. È una semplice fiamma che si spegne: ti chiedi forse dove è andata? Nessuno se lo chiede, perché tutti sanno che si è semplicemente estinta».

La parola «Nirvana» significa estinzione della fiamma. Per questo Buddha non usa mai la parola *Moksha*, né il termine «paradiso», non parla mai del paradiso: non usa mai nessuna parola che possa creare un futuro. Parla semplicemente di Nirvana. Nirvana vuol dire che la fiamma si è spenta: «Non chiedere cosa le è successo».

Perché? La fiamma si arresta veramente? No, non si estingue mai, ma Buddha mente per compassione, perché la verità creerebbe in te un desiderio.

Se dicesse che vi sarà beatitudine — *satchitananda* — se dicesse che vi sarà beatitudine ed esistenza e consapevolezza, oppure se dicesse che vi sarà il Regno di Dio, verrebbe a crearsi un desiderio. E se è presente il desiderio, non potrà mai esservi un Regno di Dio. La cessazione del desiderio ti porterà qui e ora. Se non vi è alcuna possibilità di correre verso un futuro, vieni ributtato nel presente. E una volta che sei ributtato nel presente *sei* in paradiso. Sarai nel Divino, ti unirai al Brahman.

Le Upanishad dicono:

Lo conosce chi non Lo conosce...

Non creare nessun ricordo. Non operare per crearti un passato. Continua a lasciarlo cadere. Lo hai utilizzato, perché continuare a portartelo dietro? Non ridurlo a sapere acquisito.

Spesso mi sento dire: «Ieri la meditazione è stata fantastica». E a causa della meditazione di ieri, si diventa non meditativi. Ora quella persona continuerà a cercare ciò che è successo ieri per ripeterlo oggi. Aspetterà, non sarà più in meditazione, non vi parteciperà più totalmente. Una parte della sua mente si guarderà alle spalle: «Quando accadrà di nuovo?» E se non accade... e *non* accadrà, perché ieri non si guardava alle spalle, perciò è successo. La sua mente era totalmente nel presente. Ora non lo è più. Ora si guarda indietro, ha introdotto un nuovo elemento. La situazione è cambiata, quell'uomo non partecipa più con totalità: si aspetta un risultato. E non accadrà. Quindi mi verrà a chiedere: «Dove ho sbagliato? Ieri è successo, ma oggi no e io mi sento molto frustrato».

Il meccanismo è semplice. Ieri è potuto succedere perché rispetto alla situazione non avevi nessun passato. Ricorda: non esisteva alcun passato con cui fare confronto, non vi era nessuna aspettativa. Non potevi proiettare nessun futuro perché non ne sapevi nulla. Eri ignorante, ed è successo. Eri semplice, innocente, eri nel momento, agivi senza aspettarti un risultato, perché il risultato era ignoto.

Ora lo conosci. È successo, è diventato passato. Ora è parte del tuo sapere. E questo sapere sarà un ostacolo. Ora potrai fare di tutto, ma non accadrà. Quel sapere diventa l'ostacolo: il passato crea un ostacolo al presente. Per cui, se ieri ti è successo, scordatelo. Lascia cadere ciò che è passato.

E ricorda un'altra cosa: se non si verificherà di nuovo ti sentirai frustrato, ma saresti frustrato *anche* se accadesse perché non sarebbe altro che una ripetizione. Ne saresti annoiato. Se la tua meditazione non fosse altro che una ripetizione sempre identica, te ne stancheresti.

Lascia cadere il passato, perché se è presente non accadrà nulla. E se anche accadesse qualcosa, sarebbe solo una ripetizione del passato che ti annoierebbe. In entrambi i casi il passato sarebbe una interferenza rispetto al presente, altrimenti perché dovrebbe sembrarti una ripetizione? Solo perché la paragoni al passato. Se butti via il passato sarà sempre nuova, non sarà mai una ripetizione. La ripetitività indica che continui a fare paragoni col passato: lascialo perdere... e sarai aperto al presente, e qualsiasi cosa accade sarà nuova, e non ti sentirai mai annoiato.

A causa di questa assurdità tutti si sentono annoiati: e continuano a riprodurre sempre lo stesso passato. Ieri hai baciato la tua amata, ed oggi la baci un'altra volta confrontando le due situazioni. La bellezza del bacio è svanita perché è una semplice ripetizione. Prima o poi te ne stancherai. Prima o poi proverai il desiderio di fuggire dalla tua amata. Ti sembrerà un nemico perché ora si è trasformata in una situazione di ripetitività.

Scordati il passato. Ti sta uccidendo. Sta uccidendo il tuo amore, sta uccidendo la tua vita, sta uccidendo ogni possibilità: abbandona il passato. Non ridurlo a sapere acquisito. Sii sempre e comunque innocente. Procedi sempre in avanti, e non portarti dietro il passato.

Lo conosce chi non Lo conosce, e non Lo conosce chi Lo conosce.

Chi dice di sapere, dà una precisa indicazione che ha smesso di apprendere. Il sapere è completo, il libro è chiuso. Quell'uomo è morto. E un uomo morto non può essere in contatto con una forza viva.

Per l'uomo di vera conoscenza Egli è l'ignoto, mentre per l'ignorante è il noto.

Se ti aggiri sul pianeta vedrai ovunque chiese, templi, *gurudwara*, moschee dove tutti sono in adorazione. Tutta la terra sembra essere religiosa. Tutti sanno tutto su Dio, tuttavia la vita è totale infelicità, sofferenza senza paragoni. E tutti sanno tutto di Dio! Non solo: ne discutono pure.

Vi sono due tipi di persone ignoranti: coloro che dicono che Dio esiste e discutono in Suo favore, e coloro che dicono che non esiste e discutono contro di Lui. Ma entrambi credono di sapere: sia gli atei che i teisti credono di sapere. Su di una cosa sono entrambi d'accordo: loro sanno! Non solo, cercano anche di dimostrare che possiedono la vera conoscenza.

Le Upanishad affermano che solo gli ignoranti possono rivendicare di sapere, di aver conosciuto il Divino, di aver risolto il mistero, per cui ora non esiste più alcun mistero ma solo una teoria, una filosofia, dei testi sacri. Ora non esiste più alcun mistero: tutto è stato rivelato! È un'affermazione che possono fare solo gli ignoranti, loro possono uccidere il mistero affermando di aver conosciuto l'Assoluto. I saggi ribadiranno che il mistero rimane sempre un mistero. Anche se si giunge a vederlo, anche se lo si incontra, anche se si arriva fino a lui, il mistero non viene risolto, al contrario diventa ancora più profondo. Diventa ancor più misterioso... continua a diventare sempre più misterioso. Più sai, più diviene sconosciuto.

Questo è il mistero della conoscenza religiosa: più si conosce, più diventa sconosciuto, e si sente sempre di più quanto sia impossibile conoscerlo, quanto sia difficile conoscerlo. Più lo si conosce, più si diventa consapevoli della propria incapacità, della propria impotenza, della propria ignoranza, e Dio diventa sempre più sconosciuto man mano che ci si avvicina a Lui. E quando qualcuno entra *veramente* nel Divino, arriva a comprendere che Egli è inconoscibile, non solo sconosciuto. Si giunge a comprendere che non vi è alcuna possibilità di conoscerLo. Cosa significa? Significa che *non* è possibile trarre delle conclusioni definitive, sarà un elemento di apprendimento eterno. Non puoi chiudere e dire: «Ora posso mettere da parte questa ricerca religiosa, ora posso buttar via questa religiosità. Questa è storia finita». No, non può mai finire.

La gente viene da me e insiste nel chiedere: «Quando accadrà che questa ricerca finisca, quando raggiungeremo la meta, quando accadrà l'Assoluto?». Hanno una fretta incredibile! Non finirà mai, ricordalo! *Non* finirà mai. Questa ricerca è eterna. Continuerai a crescere. Continuerai a crescere in una consapevolezza sempre più profonda, in una beatitudine sempre più profonda. Tuttavia qualcosa rimarrà sempre occulta, e tu continuerai a scoprirla, senza per questo riuscire mai a rivelarla completamente: non può accadere. Questo è nella natura stessa della realtà suprema.

Ma gli insegnanti di religione hanno sempre detto:

«Non ti preoccupare, prima o poi arriverai alla meta». Io stesso continuo a dirlo. La gente mi viene a dire: «Da tempo sto meditando, quando accadrà?». Rispondo: «Aspetta! Accadrà presto». Ma sono tutte bugie. Se dico che non accadrà mai, rinuncerai per sempre, ti sentirai semplicemente senza speranza. Per questo continuo a dire che accadrà presto.

Sta già accadendo! Ma non accadrà in modo tale da poter rendere concluso il viaggio. E un giorno tu stesso diverrai consapevole della bellezza di questo processo inarrestabile, e capirai che falsa domanda ponevi: chiedevi come porre fine a tutto questo! La domanda in se stessa è brutta e assurda. E anche se non lo sai, quella domanda ti si ritorce contro: perché se il viaggio finisce, tu finisci con lui; se non esiste ricerca, nulla da rivelare, nulla da amare, nulla da conoscere, nulla da penetrare, come potresti esistere? E se ti ritrovassi in quella condizione, avresti come solo desiderio di suicidarti.

Da qualche parte Bertrand Russell ha scritto, scherzando: «Non posso credere al concetto hindu di liberazione, perché in Moksha, secondo l'idea hindu di liberazione, saresti libero da tutto. Non ci sarebbe nulla da fare, non accadrebbe nulla. Continueresti a sedere sotto l'albero del Bodhi senza che accada nulla perché tutto si è arrestato». E Russell commenta: «Sarebbe troppo. Diverrebbe insopportabile e la liberazione diventerebbe un nuovo tipo di schiavitù. Tutti se ne stancherebbero, e sarebbe preghiera comune: "Rimandaci sulla terra, o anche all'inferno. Perfino l'inferno andrebbe meglio perché ci sarebbe qualcosa da fare, ci sarebbero novità". Ma in Moksha non vi è nessuna novità, non accade nulla, niente di niente. Prova a pensarci: nessun evento, nessuna azione per l'eternità. Che tipo di Moksha sarebbe mai?».

Di fatto quando gli hindu o i giainisti parlano di questa Moksha, non vuol dire che esista veramente uno stato simile. Ne parlano solo per aiutarti, perché *tu* non sei in grado di concepire un processo eterno. Per questo dicono: «Non ti preoccupare. Prima o poi tutto finirà e poi non dovrai più fare nulla». Ma tu non sai che infelicità sarebbe, sarebbe uno stato più infelice di quello in cui ci si trova sulla terra!

Moksha non è un'entità statica. È un processo dinamico. E Moksha non è un luogo geografico. È un modo di guardare le cose, è una attitudine. Se riesci ad essere vivo momento per momento, non chiederai mai: «Quando finirà tutto questo?». La domanda stessa dimostra che non sei vivo e non godi la vita così come è. Se ti godessi la vita, non chiederesti mai: «Quando finirà?». Non chiederesti: «Quando ne verrò liberato?». Sei già libero! Nel divertimento stesso è presente la libertà. Non importa se finirà o meno: se finisce, bene; se non finisce, va bene ugualmente. In questo caso lo accetti totalmente.

Il sutra dice:

Per l'uomo di vera conoscenza Egli è l'ignoto...

Sembra contraddittorio!

Per l'uomo di vera conoscenza Egli è l'ignoto, mentre per l'ignorante è il noto.

Solo un ignorante può pretendere di sapere. E più la mente è stupida, più la pretesa sarà arrogante, più la pretesa sarà dogmatica.

E quella pretesa ontologica potrebbe anche impressionarti. In tutto il mondo vi sono fanatici religiosi che continuano ad avere pretese simili. E la loro arroganza impressiona la gente, perché la loro aggressività, il loro dogmatismo, la loro certezza assoluta bastano a sopraffarti. Pensi: «Quest'uomo deve essere arrivato, vista la sua sicurezza». Sei così insicuro di te stesso che chiunque, uno stupido qualsiasi, può affermare qualsiasi cosa con certezza e tu ne sei impressionato. Ma ricorda: quella certezza esiste solo per l'ignorante. Un uomo saggio non può essere dogmaticamente certo. Non può affermare nulla con certezza, non può affermare nulla in modo categorico.

Per esempio: se chiedi a Mahavir una cosa qualunque, ti sembrerà totalmente insicuro. Non lo è, ma è un saggio. Se gli chiedi: «Dio esiste?». Dirà: «Forse sì, forse no». Questa è una mente che non impone nulla. Se dicesse: «Sì, esiste», diverrebbe una pretesa. E lo stesso avverrebbe se dicesse: «No, non esiste». Dice: «Forse, è possibile». La sua parola è *syad*: forse, è possibile.

Non resterete impressionati da Mahavir. Per questo

un uomo così grande ha così pochi seguaci. I giainisti non sono più di trecentomila. Sono passati venticinque secoli: se Mahavir avesse convertito solo un Adamo e un'Eva, questi avrebbero generato un numero immenso di discendenti. Ma sono solo trecentomila, in venticinque secoli. E anche questi sono giainisti solo per nascita, perché essere un vero giainista vorrebbe dire vivere con l'attitudine del forse, della possibilità, del «può essere».

Perché Mahavir continua a rispondere «forse» a qualsiasi domanda gli fai? Anche se gli chiedi: «Esiste un'anima?» risponde: «Forse sì, forse no». Perché questa insistenza? Perché egli non rivendica mai il sapere, lascia che ogni cosa resti sconosciuta. Per questo insiste sul forse: così le cose restano sconosciute, incerte, vaghe, e tu puoi investigare. Quando tutto è definito e certo, la ricerca finisce. Se dicesse: «Sì, Dio esiste, l'anima esiste, la beatitudine esiste», la ricerca si arresterebbe.

In quel caso cosa puoi fare? Puoi seguirlo oppure no. Ma lui dice: «Forse». Lascia aperta ogni possibilità. Lo capisci? Il senso di *syad* è questo: tutto è possibile. Non ti impone nulla. Non dice un *sì* dogmatico, non dice *no*, perché la sua aggressività sarebbe un'imposizione su di te, e potrebbe esserti fatale. Il solo ascoltarlo... Mahavir è una persona che ti impressionerebbe tantissimo, ne resteresti magnetizzato. Il solo ascoltarlo, se dicesse: «Dio esiste», potrebbe diventare per te sapere acquisito e continueresti a credere che Lui esiste, e questo sarebbe distruttivo. Creare sapere significa essere distruttivi.

Solo le persone molto sensibili possono capire Mahavir. Chi è insensibile e ignorante e stupido, penserà: «Quest'uomo è ignorante. Il nostro pundit di villaggio è migliore. Perlomeno afferma che Dio esiste: "Sì, lo posso provare. Vi posso dare prove dalla letteratura, dai Veda, dalle Upanishad. Posso discutere sull'esistenza di Dio e convincervi". Invece quest'uomo dice: "Forse". Cosa intende dire? Sa o non sa?». La gente si rivoltava a Mahavir dicendo: «Se hai capito, perché non dici di sì? Oppure se hai capito che non esiste nessun Dio, perché non dici di no? Sii chiaro!».

Perché chiedi chiarezza? La chiedi per poter seguire

ciecamente. Chiedi chiarezza perché così non resta nulla a te da ricercare. Sei pigro, per questo chiedi chiarezza. E Mahavir non te la darà. Di fatto quando incontri una persona come Mahavir, ti creerà una confusione ancor più grande, perché è da quella confusione che nasce la ricerca; mentre la sicurezza produce solo ignoranza. Questo sutra dice: Per il saggio, per colui che sa, è l'ignoto *mentre per l'ignorante è il noto.*

Non essere troppo sicuro. Resta nell'incertezza. Incertezza significa fluidità. Insicurezza indica che ogni alternativa è possibile. Non sei un'entità fissa. Il futuro non sarà una semplice ripetizione del passato. In ogni momento può accadere qualcosa di nuovo. Resta nell'incertezza. Non insistere per avere coerenza. Anche se esiste una contraddizione apparente, non cercare di scegliere in fretta. Aspetta, rifletti, e anche nella contraddizione cerca di trovare qualcosa che unisca i due estremi. Quel terzo elemento sarà più vicino alla verità di qualsiasi polarità.

L'importante è restare in una condizione di ricettività in maniera tale che possa accaderti l'ignoto. Sii sensibile, fluido, impressionabile, come se stessi aspettando un ospite in arrivo. La porta è aperta... basta il minimo soffio di vento che fruscia tra i rami o che solleva foglie morte perché tu corra a vedere. Forse l'ospite è giunto! Sei all'erta.

Ancora l'ospite non è arrivato, sei semplicemente in attesa. In questa attesa attenta si giunge a conoscere l'essenza più intima della realtà. Di fatto l'ospite non giunge mai. È sempre sul punto di arrivare. È sempre in arrivo, sempre, in ogni momento. È sempre più vicino, più vicino, più vicino, è sempre più in intimità, sempre più prossimo, ma di fatto non arriva mai. Tu resti in costante attesa. Questa attesa è meravigliosa, è beatitudine: se riesci ad aspettare. Ma in questo caso ti occorre una mente *molto* sensitiva. Una mente mediocre, stupida, non sarebbe di nessun aiuto. Una mente stupida direbbe: «Ora rientra, altrimenti chiuderò la porta per riposarmi. Ho aspettato troppo».

Esiste una poesia di Rabindranath Tagore, una tra le

più belle mai scritte. La poesia si intitola: *Il signore della notte.*

In un tempio molto grande, vi erano cento preti addetti agli uffici della divinità. Una notte il Sommo Sacerdote sognò che il Signore, la divinità, gli appariva e gli diceva: «Stanotte verrò». Il Sommo Sacerdote si svegliò molto agitato e si chiese se il sogno fosse solo un sogno o una visione: «Stavo solo sognando, era la mia mente? Oppure ho avuto una vera visione? Il dio del tempio sta realmente arrivando? Oppure è tutto frutto della mia immaginazione?»

Aveva paura di raccontarlo agli altri perché avrebbero pensato: «Sei impazzito! Il dio del tempio non è mai venuto. Abbiamo sempre adorato l'immagine in pietra del Dio, da quando il tempio fu costruito. Lui non è mai venuto. Stavi sognando. Sei caduto vittima della tua stessa immaginazione». Ma poi ebbe paura perché se non ne avesse parlato e se all'improvviso fosse venuta la divinità, e se gli altri non fossero stati pronti a riceverlo cosa sarebbe successo? Per cui pensò fosse meglio correre il rischio di essere giudicato stupido ma di parlare.

Per cui il mattino successivo riunì tutti i sacerdoti e disse: «La divinità mi è apparsa in sogno e mi ha detto che verrà questa notte: "Aspettami e sii pronto a ricevermi"».

Tutti si misero a ridere e qualcuno disse: «È solo un sogno, non credere in un sogno: non esser sciocco! Se la notizia si diffonde la gente riderà, nel caso la divinità non venisse affatto».

Tutti decisero di non diffondere la notizia ma di tenersi comunque pronti. Per questo ripulirono tutto il tempio, prepararono ogni cosa. Ma sapevano che si trattava solo di un sogno e lavoravano senza convinzione. Lo facevano solo nel caso che... prepararono tutto, ma senza amore, senza un cuore in attesa. Sapevano che si trattava di un sogno, e il sogno non li aveva aperti. Erano tutti sapienti, e tutti sapevano che non era mai successo. Conoscevano i Testi Sacri, erano tutti grandi studiosi, e si dicevano tra loro: «Non è mai successo e non accadrà mai».

Gli studiosi pensano sempre che il futuro non sia altro

che il passato ripetuto in continuazione, che non possa mai essere nuovo. Tuttavia, per evitare ogni rischio si prepararono: pulirono, decorarono, cucinarono cibi prelibati per il dio che arrivava. Ma sapevano che era solo per loro. Il cibo era solo per loro: il Dio non sarebbe mai giunto. Per cui i loro cuori non erano pronti: solo il tempio lo era. E quando i cuori non sono pronti, a cosa può servire un tempio? Tuttavia essi rimasero in attesa. Venne la notte e scese l'oscurità. La strada era deserta, non c'era in giro nessuno. Tutti erano andati a dormire.

Alla fine i sacerdoti dissero: «Basta. Per un semplice sogno abbiamo aspettato abbastanza. Siamo stupidi. Ora mangiamoci il cibo che abbiamo preparato. Inutilmente abbiamo digiunato per tutto il giorno». E mangiarono e banchettarono, e alla fine caddero addormentati. Stanchi dopo un'intera giornata di pulizie e preparativi, crollarono nel sonno.

A mezzanotte, nel sonno udirono un carro avvicinarsi al tempio. Il rumore aumentò. Uno dei sacerdoti se ne accorse, e disse: «Sembra sia giunto il nostro signore, il nostro dio. Sento il rumore delle ruote del carro». Ma qualcuno borbottò: «Non esser sciocco e non disturbare il nostro riposo. Troppo a lungo abbiamo aspettato. Ora basta, adesso non disturbarci». E tornarono a dormire. Ma poi si sentirono dei passi. Qualcuno stava salendo i gradini del tempio, e il tempio aveva una lunga gradinata.

Di nuovo qualcuno nel dormiveglia disse: «Sembra sia giunto il nostro signore. Qualcuno sta salendo verso il portone, e i suoi passi fanno un rumore diverso: non possono essere quelli di un uomo».

Ma il Sommo Sacerdote stesso lo redarguì: «Non esser sciocco! Vuoi disturbarci per tutta la notte? Abbiamo lavorato un'intera giornata. Se doveva venire, prima di sera sarebbe stato qui. Ora basta! Non si è mai sentito che possa giungere a mezzanotte».

Poi si sente bussare alla porta, e un altro sacerdote sente quei tocchi, ma un prete risponde furibondo: «Basta! Non è altro che la brezza che batte contro il portone!». E tutti si addormentano.

Il mattino dopo tutti piangono e si disperano e urlano, perché il carro era arrivato veramente. Le tracce sono visibili sulla strada, e la divinità è salita fino al portone perché sui gradini, nella polvere sono visibili le sue orme. Ma ora non si può più far nulla, quel momento, quella occasione è stata perduta.

È esattamente così. In realtà egli è sempre in arrivo. Il Suo carro è sempre vicino alla porta. Egli bussa in continuazione, ma tu sei chiuso in te stesso. Sii aperto: questo è il messaggio delle Upanishad. Non aggrapparti al sapere. Non aggrapparti al passato, ai ricordi, alla tradizione. Sii aperto ed aspetta l'accadere dell'ignoto. E ogni volta che accade, non cercare di ridurlo a un fatto conosciuto. Qualsiasi cosa accada, buttala via e preparati di nuovo. Di nuovo accadrà qualcosa di nuovo. Il Brahman resta sempre sconosciuto.

Veramente, colui che Lo conosce per intuito e tramite ogni vibrazione di sapienza e consapevolezza — pratibodha vidita — *consegue l'immortalità.*

Nessun sapere è assoluto. Ogni forma di conoscenza è solo una pulsazione, una semplice vibrazione, null'altro. Non trasformare mai una vibrazione nell'Assoluto. In profonda meditazione arriverai a sentire un immenso silenzio: questa è solo una pulsazione. Non pensare che sia il Brahman. Il Brahman è sempre di più. Qualsiasi cosa accada, è sempre di più. Non identificare ciò che ti accade col Brahman, altrimenti ti fermerai.

In meditazione, spesso ti sentirai avvolto da una profonda estasi, ne verrai travolto. Non dire mai che quello è il Brahman, perché nel momento in cui lo dici, ti sei chiuso. È solo una pulsazione del *bodh*, una semplice pulsazione di conoscenza, una pulsazione della consapevolezza, solo un'onda. Non fare di un'onda un oceano. Ricorda: quando trasformi un'onda in oceano, diventa una forma di sapere, e tu ti sei chiuso. Lascia che ogni onda sia una semplice onda, ed aspetta sempre l'oceano.

E ricorda: l'oceano non giunge mai, arrivano sempre e solo le onde. L'oceano giunge attraverso le onde, ma ad arrivare sono sempre e solo le onde. L'oceano non viene mai. Quindi non fissarti e non dire che questa onda è l'oceano. Nel momento in cui lo affermi, ti sei chiuso.

Molte persone hanno raggiunto estasi profonde e poi si sono fermate perché hanno detto: «Questo è il Brahman. Abbiamo conseguito l'Assoluto». Ricorda: non lo si raggiunge mai. È solo avvicinabile, ma non lo si raggiunge mai; ci si può avvicinare, ma non lo si tocca mai.

Resta sempre il viaggio ed è bello che continui. Per questo le Upanishad dicono che qualunque conoscenza tu raggiunga è una semplice pulsazione di sapienza e di consapevolezza. E se riesci a sentire questa pulsazione, conseguirai l'immortalità. Come mai? Sei mortale e sei soggetto alla morte perché ti aggrappi alla morte, ad un passato che è morto. Se smetti di dipendere dal passato per te la morte non esisterà mai più, non puoi morire. Il corpo scomparirà, ma quella non è morte. Diventa una morte perché sei stato troppo ossessionato dal corpo, perché in passato hai vissuto nel corpo.

Se una persona ha vissuto nel suo corpo cento anni, in quei cento anni di esperienza fisica è rimasta ossessionata dal corpo. Ora pensa di essere quel corpo. Questi cento anni di routine, di abitudini, hanno creato una nozione falsa, ed ora egli crede di essere il corpo: per questo sente arrivare la morte.

I bambini sono meno intimoriti dalla morte di un vecchio. Come mai? Perché per loro il corpo è ancora qualcosa di nuovo. Ancora non è diventato un sapere acquisito, esperienza. Sono innocenti. I bambini possono giocare senza paura con i serpenti. Possono giocare col veleno, possono affrontare qualsiasi pericolo. Non hanno paura. Come mai? Perché solo da poco conoscono questa loro dimora. Non vi si aggrappano troppo. Ancora non è diventata un passato. Ma prima o poi, quando vi avranno vissuto per molti anni, vi si aggrapperanno. Allora proveranno paura. Ed avranno paura della morte, perché con la morte il corpo scomparirà, ed ormai credono di essere il corpo.

Una persona che vive momento per momento, che continua a morire al proprio passato, non è mai attaccata a nulla. L'attaccamento è una conseguenza dell'accumulo di ricordi. Se riesci in ogni momento a distaccarti dal passato, sarai sempre giovane, innocente, appena nato. La vita pulsa in te e quella pulsazione ti rende immortale. Tu *sei* immortale, ne sei solo inconsapevole.

Veramente, colui che Lo conosce per intuito e tramite ogni vibrazione di sapienza e consapevolezza — pratibodha vidita — *consegue l'immortalità. Mediante l'Atman egli consegue forza e vigore, e mediante la conoscenza si ottiene l'immortalità.*

Più conosci la vita, la vita interiore, l'Atman, più scopri che sei immortale... non vi sarà una morte: tu sei immortale!

Per colui che Lo riconosce in questo mondo, vi è la vera vita.

Perciò non ricercare una vita nell'aldilà, non desiderare che succeda qualcosa dopo la morte. Se non può accadere qui, non potrà accadere mai. Se può accadere, può accadere qui e ora. *Questa* terra, *questa* vita è il presente. Non condannarlo per un'altra vita. Non esiste un'altra vita. La vita è sempre *qui*, la vita accade sempre in questo momento. Non rimandarla mai, perché se la rimandi ti puoi lasciar sfuggire questa opportunità.

Per colui che Lo riconosce in questo mondo, vi è vera vita. Per colui che qui non L'ha riconosciuto, il danno sarà inestimabile. I saggi, avendo scoperto l'Atman in ogni essere, morendo a questo mondo di esperienze sensorie, divengono immortali.

Continua a morire al passato, e non avrai mai un mondo intorno a te a cui attaccarti e da cui essere ossessionato. Morendo al passato, muori a questo mondo. Ricorda: questo mondo è prodotto dalle tue esperienze, *è dato* dalle tue esperienze. Morendo all'esperienza, rimarrai così giovane da non avere affatto un mondo intorno a te. Il mondo reale non è il problema: il problema è il mondo che esiste intorno alla tua mente.

Ho sentito raccontare questo fatto.

Una casa si era incendiata. Il padrone della casa piangeva disperato perché tutta la sua vita era andata in fumo. All'improvviso si avvicinò un uomo che gli disse «Perché piangi? Non sai che tuo figlio ieri ha trovato un'occasione e ha venduto la casa?».

Le lacrime scomparvero. L'uomo sorrise. Disse: «È vero?». E la casa stava ancora bruciando, ma ora la sua casa interiore non era più in fiamme. Questa casa non era il vero problema, il problema era l'attaccamento interiore.

Ma poi arrivò il figlio che disse: «Sì, stavo per concludere l'affare, ma ancora non era concluso!»

E di nuovo l'uomo si mise a piangere. Si disperava inconsolabile. E la casa era completamente inconsapevole di ciò che stava accadendo a quest'uomo. Il mondo interiore cambia nel giro di pochi minuti: se la casa non fosse stata sua, non ci sarebbero stati problemi. Il problema non era la casa, ma il fatto che «la casa è mia». Quel «mio» crea il mondo interiore.

Se continui a buttar via il passato, nulla ti appartiene. Nulla resta di tua proprietà: rimani sempre privo di possessi. Questo è il sannyas. Di certo avrai una casa, avrai degli abiti, vivrai in questo mondo, ma nulla diverrà una tua proprietà. Il mondo della mente interiore si dissolverà.

A quel punto il mondo reale è meraviglioso. Ogni bruttura è una proiezione della tua mente, è prodotta dal tuo passato che ora è morto. Per questo la vita diventa orrenda. Ma con un presente vivente, la vita è pura bellezza, è semplice estasi.

Capitolo undicesimo

VERITÀ O INGANNO?

Prima domanda:
Hai detto che per vivere momento per momento si devono gettar via tutti i ricordi e ci si deve disfare per intero del passato. Questo significa che per trascendere la mente dobbiamo distruggere e annullare tutti i ricordi? Ma per funzionare in questo mondo si ha bisogno di una mente ferrea e di un intenso ed efficiente bagaglio di ricordi.

Morire al passato non significa che non riuscirai a ricordarlo. Non significa che tutti i tuoi ricordi saranno distrutti e annullati. Significa soltanto che ora tu non vivi più in quei ricordi, e non vi sei più identificato. Ne sei libero. I ricordi rimarranno, ma ora saranno solo elementi del tuo cervello, non parteciperanno alla tua consapevolezza.

Il cervello è un meccanismo, simile ad un registratore, e continua a registrare ogni cosa. Il cervello è una struttura fisica: continuerà a registrare, e i ricordi non potranno essere distrutti, a meno che non si distrugga il cervello. Ma questo non è il vero problema. Il problema è che la tua consapevolezza continua ad identificarsi col cervello, che a sua volta è costantemente in subbuglio a causa di questa interferenza per cui i ricordi inondano continuamente la tua vita.

Quando viene detto «muori al passato», si intende: non identificarti col cervello. Lo puoi usare, in questo caso il cervello è un semplice strumento. Quando ne hai bisogno lo usi, e ne avrai sicuramente bisogno! Se devi tornare a casa, ti devi ricordare dove abiti, in che quartiere stai, come ti chiami. Puoi usare questi ricordi. Ma usali, non esserne succube. Il problema è tutto qui.

Mentre sei qui, non occorre che continui a pensare alla casa in cui vivi, ma tu continui a pensarci. Non è necessario che continui a pensare a tua moglie, ma tu continui a parlare con lei, anche se non è presente. Quando torni a casa, di certo devi riconoscerla, ma ora non te ne devi preoccupare. Non dovrebbe ritornarti in mente, il cervello non dovrebbe continuare a pensare inutilmente. Non dovrebbe far affiorare il passato, non dovrebbe inondare il presente di ricordi.

I ricordi restano. Non vengono distrutti. La meditazione non distrugge la mente. Semplicemente, la si trascende. Viene usata come magazzino, non occorre che tu ci abiti. Se lo fai sei pazzo. Non hai bisogno di abitare in un magazzino. Quando hai bisogno di qualcosa, vai a prelevare ciò che ti serve. Ma il magazzino non è un salotto.

Tuttavia voi l'avete ridotto a questo: il magazzino dei ricordi è diventato la vostra casa, il salotto in cui vivete. L'indicazione è di non viverci: sii nel presente e usa il passato ogni volta che ne hai bisogno, ma non permettere che ti soffochi continuamente. Questo continuo straripare del passato nel presente ottenebra e intontisce la tua consapevolezza. E tu non riesci più a vedere con occhio limpido, non riesci a sentire con cuore innocente. In questo caso non c'è più chiarezza, tutto diventa confuso.

Al contrario, quando non sei identificato con la mente, avrai una memoria chiarissima. Ora non hai buona memoria perché non sei padrone di te stesso. La tua mente è solo un meccanismo impazzito. Quando hai bisogno di ricordare qualcosa, non ti viene in mente; e quando non ne hai bisogno, continua a venire a galla: tu non sei il padrone. E se ti identifichi con lo schiavo, non puoi essere il padrone. Se resti troppo attaccato allo schiavo, questi inizierà a dominarti.

Quindi, se muori al passato, non avrai una mente meno efficiente, anzi diventerai molto più efficiente. Un padrone è sempre più efficiente, con la differenza che ricorda quando *vuole* ricordare; quando non vuole ricordare, non ricorda. Quando dice alla mente: «Mettiti all'opera», la mente si mette in funzione. Quando dice: «Fermati», la mente si arresta. Anch'io devo utilizzare i miei ricordi. Vi devo parlare: devo usare parole, devo utilizzare un linguaggio. Ma uso le parole solo mentre vi parlo. Nel momento in cui smetto di parlare, la mente si arresta. E vi è un vuoto totale, una vacuità assoluta, non esiste nessuna nube.

Si può fare un paragone con le gambe: quando vuoi camminare, le usi. Ma se continui a muoverle mentre sei seduto o sei fermo, la gente penserà che sei impazzito. Tu puoi ribattere: «Cosa ci posso fare? Le gambe continuano a muoversi. Non posso farci nulla». E se qualcuno ti comanda: «Smettila!», potresti rispondere: «Se le fermo, cosa potrò fare quando vorrò camminare? Sarò meno abile di ora. Se smetto, perderò la capacità di camminare, per questo devo continuamente tenerle in funzione». Ma ricorda: se usi le gambe continuamente, quando ne avrai bisogno per camminare ti sentirai stanco. Sarai già stanco.

Mentre sei seduto non occorre che tu usi le gambe. Quando non parli, non occorre usare parole. Non continuare a parlare all'interno della mente. Quando non devi usare il passato, non occorre che ti lasci investire dai ricordi. Morire al passato significa diventare padrone della propria mente. In quel caso sarai molto più efficiente. Ma quell'efficienza avrà una qualità assolutamente diversa, completamente diversa: non implicherà nessuno sforzo.

Ora, ogni volta che vuoi ricordare qualcosa ti devi sforzare perché sei molto stanco. Il tuo cervello è affaticato dal continuo lavoro. Non ha mai un momento di rilassamento, non si ferma mai. Anche mentre dormi il corpo riposa, ma la mente continua a lavorare. Mentre sogni, lavora, lavora ininterrottamente. È un miracolo che tu non sia impazzito. O forse lo sei già ma non ne sei consapevole. Oppure, visto che tutti sono pazzi come te, non hai un elemento di paragone per cui non puoi sapere cosa ti sta accadendo.

Non temere. La tua efficienza aumenterà. E sarà di

qualità completamente diversa perché non implicherà nessuno sforzo. Quando ne hai bisogno puoi usare sempre la mente. È solo uno strumento. Non è altro che una parte del tuo corpo, come le mani e le gambe. Ricorda: la memoria è un elemento fisico. Per cui se viene distrutto il tuo cervello potrai vivere *e* essere consapevole, ma perderai la memoria. Se una sezione del tuo cervello viene distrutta, una parte della memoria verrà persa.

Un mio amico medico cadde da un treno in corsa, batté la testa e qualcosa nel cervello rimase leso. Per tre anni perse completamente la memoria. Non riusciva neppure a riconoscere suo padre e sua madre. Era vivo e vegeto, era cosciente, ma non poteva leggere, non poteva scrivere, perché aveva perso completamente la memoria. Dovette ricominciare dall'ABC. Solo dopo tre anni riuscì a utilizzare di nuovo il cervello, ma assomigliava ad un bambino di tre anni. Tutta la sua cultura medica, tutte le lauree prese, tutto era andato perduto perché alcuni tessuti, alcuni centri nervosi nel cervello erano stati distrutti, e con loro si erano persa la memoria.

Oggi in Cina utilizzano il lavaggio del cervello. Stimolano elettricamente alcune parti del cervello, ed il semplice shock elettrico distrugge la memoria. Per cui, se sei un uomo religioso, trattano la tua mente con un elettroshock e tutte le tue memorie — il ricordo che sei un uomo religioso, che vai in chiesa, che hai letto i Vangeli, oppure che appartieni ad una setta spirituale — vengono tutti annientati. Quindi puoi essere convertito al comunismo molto facilmente, perché a quel punto non sai più chi sei.

E queste tecniche sono ora a disposizione del mondo intero. Oggi tutti i governi ne conoscono il segreto. E la cosa più pericolosa che accadrà nel mondo intero non sarà più una violenza fisica, ma una violenza psicologica. Non occorre uccidere un uomo: basta distruggere una memoria particolare nel suo cervello. Gli viene lavato il cervello, per cui dovrà ricominciare dall'ABC e non potrà più lottare contro di te.

Se lo vuoi convertire al comunismo o all'anticomunismo, prima distruggi i suoi ricordi ed egli diventerà impotente come un bambino. Poi puoi ricominciare da capo ad addestrarlo. Si creeranno una nuova memoria, un nuovo apprendimento, un condizionamento nuovo.

La bomba atomica non è più pericolosa di queste informazioni perché in questo modo l'anima stessa dell'uomo può esser ridotta in schiavitù. Se Gesù nascesse oggi in Russia o in Cina, non verrebbe crocefisso. Come prima cosa cercherebbero di distruggere la sua memoria. Con Gesù non avrebbero successo, ma con voi sì. Non possono aver successo con Gesù perché lui non è più identificato coi suoi ricordi, se questi vengono annientati nulla viene realmente perso, perché Egli vive nella sua consapevolezza e non nella memoria.

Di fatto tu non hai nessuna consapevolezza distinta dalla memoria, per cui se la memoria viene distrutta, anche la tua consapevolezza viene annientata. Non sai *come* funzionare senza ricordi. Per questo la meditazione è *un obbligo* per le generazioni future, perché è l'unica protezione dalle dittature politiche — nient'altro può essere una valida difesa. I ribelli non verranno più messi in prigione o inviati in Siberia, sono cose d'altri tempi! Verranno utilizzati degli elettrodi posti intorno alla testa che daranno scariche elettriche a particolari centri cerebrali e tu diventerai come un bambino. Ti verranno lavati via tutti i ricordi proprio come si cancella un nastro magnetico. Lo stimolo elettrico cancella tutto ciò che è stato registrato nella memoria. Poi è possibile tornare a registrare. L'operazione può essere fatta anche sul cervello perché si tratta di un semplice meccanismo.

E quando ti dico di morire al passato, voglio invitarti a non essere così identificato col cervello da credere che non puoi vivere senza di lui. Sapendo, realizzando che anche senza il cervello puoi vivere, sapendo che sei la consapevolezza e non i ricordi — i ricordi sono solo strumenti a tua disposizione — sarai libero dalla tua stessa mente. E una volta libero dalla mente, nessuno potrà più ridurti in schiavitù. Altrimenti tutti cercano di strumentalizzarti e di ridurti in schiavitù. Le religioni, le cosiddette religioni lo hanno fatto: continuano a manipolare la mente. Fin dall'infanzia ti hanno insegnato che sei un hindu, o un cristiano, o un cattolico, o un protestante. Hanno insistito nell'insegnarti cos'è giusto fin dall'infanzia, quando tu non sapevi nulla, non eri attento, non eri consapevole, non potevi capire ciò che era giusto e ciò che era sbagliato. Hanno iniziato ad insegnarti, a condizionarti quando ancora non eri in grado di pensare. Hanno fatto di te un cristiano, o un hindu o un giainista o un mussulmano: queste sono tutte schiavitù.

Ora non occorre più dominare i bambini, perfino un vecchio può essere ridotto ad infante col semplice lavaggio del cervello. Poi dovrà imparare di nuovo dall'ABC. E quando devi imparare l'ABC non puoi metterti a discutere. Quando impari l'ABC non puoi dubitare. Per questo tutte le religioni vogliono tenere in pugno i bambini, e tutte le religioni vogliono imporre una educazione religiosa: solo nell'infanzia è possibile.

Di fatto, se non riesci ad impadronirti della mente di un bambino prima dei sette anni, non potrai mai più dominarlo. Solo prima dei sette anni può essere ridotto in schiavitù. Poi non sarà mai più consapevole di essere uno schiavo, perchè la schiavitù scenderà ad una profondità maggiore di quella toccata dalla sua consapevolezza. Non ti è possibile pensare di essere uno schiavo per il semplice fatto di essere un cristiano o un hindu, o forse tu ci riesci?

La società ti ha ingannato. Quando non eri totalmente all'erta, hanno condizionato la tua mente. Ora quando pensi, il condizionamento è sceso ad un livello più profondo del pensiero stesso, e qualsiasi cosa pensi, il condizionamento le dà la propria colorazione. Anche se diventi anti-cristiano dopo che ti è stato insegnato ad essere un cristiano, la tua opposizione porterà con sé i colori del cristianesimo. Perfino il tuo anticristianesimo sarà colorato dalle tinte del condizionamento che ti è stato impartito. In maniera opposta verrai ossessionato dalla stessa cosa.

Friedrich Nietzsche si opponeva al cristianesimo, in particolare era contro il Cristo, ma era stato educato come cristiano. Lottò per tutta la sua vita, per tutta la vita scrisse contro Cristo. Ma era così ossessionato da Cristo che quando impazzì, nell'ultimo periodo della sua vita, iniziò a firmarsi: «Friedrich Nietzsche, l'antiCristo». Quel condizionamento era sceso in profondità! Puoi diventare *anti*, ma non puoi esserne indifferente.

Muori al passato, e sii vivo al presente, al momento che stai vivendo: questo non distruggerà la tua mente. Di fatto darà riposo alla tua mente irrequieta. La tua efficienza aumenterà, e non ci sarà più alcuno sforzo. Non avrai *bisogno* di ricordare. Ricorderai e basta, perché questa è la funzione della mente. Lo sforzo non sarà più necessario.

Per quindici anni ho viaggiato in questo paese e ho conosciuto migliaia e migliaia di persone. Tornavo nella stessa città anche dopo dieci anni, e mi ricordavo i nomi, ricordavo i volti. Io stesso ne ero sorpreso: come mai? E non dovevo fare nessuno sforzo. Il fatto è che mi interesso alle persone: se sei veramente interessato a qualcosa, te la ricordi. Non occorre fare alcuno sforzo.

Ricordare è una funzione automatica della memoria. Se sei veramente interessato ad una persona, ne ricorderai il viso anche dopo diverse incarnazioni. Anche dopo diverse incarnazioni io mi ricordo parecchi volti. *Non li puoi* dimenticare perché è impossibile dimenticare: nella tua mente il meccanismo della memoria continua a registrare qualsiasi cosa. L'importante è che tu abbia un interesse.

Quando tu sei interessato, il meccanismo è messo a fuoco sulla persona. Registra ogni cosa come l'obiettivo della macchina fotografica. Se ti interessa un volto, la macchina fotografica inizia a riprendere, resta impressionata. Se mi interessa quello che mi dite, la mia mente è messa a fuoco e registra, continua a registrare senza bisogno di fare sforzi. Se non sei interessato non registrerà affatto perché non è messa a fuoco.

Quindi, se scordi qualcosa, accade perchè non ti interessa. Se la scordi, accade perché la tua mente è confusa. Se scordi qualcosa e non riesci più a ricordarla e perdi in efficienza, vuol dire che mentre guardavi quel volto, in te fluttuavano un'infinità di ricordi. Il tuo specchio non è limpido, le tue lenti sono già sovraccariche di impressioni.

Qualcuno ti dice: «Mi chiamo Ram» e tu fai un cenno con la testa, come se lo avessi sentito. Ma la mente è carica di un'infinità di cose e tu non hai sentito affatto. Più tardi ti chiedi: «Come mai ho scordato quel nome?». Di fatto non lo hai mai sentito. Non eri affatto interessato a quella persona, non così interessato da ridurre la tua mente al silenzio.

Ogni volta che sei interessato, la mente diventa silente, il tuo intero essere si apre. I ricordi continuano ad essere registrati, e ogni volta che ti occorre qualche informazione, affiora. Ma non ti è così facile perché la tua mente è così piena che quando ti serve qualcosa... tutto si imbroglia! Niente è definito; le cose si interpolano e si frammischiano tra loro; non c'è nessuna chiarezza. Manca chiarezza e vi è molta confusione. E a causa di questa confusione non sei affatto efficiente. Se diventi attento al momento presente, senza lasciare che il passato ti appesantisca, sarai più efficiente, e non farai alcuna fatica.

Seconda domanda:
Ieri sera hai detto che a volte menti per consolare le nostre frustrazioni. Ma allora quando dobbiamo crederti e come possiamo riconoscere se ci parli della verità o se ci inganni?

Non credermi mai! Non credermi affatto! Stai attento! Qualsiasi cosa dica può essere una bugia, può essere un trucco per consolarti, per aiutarti a fare un passo in avanti. Non credere in me! Ed è difficile per te decidere quando dico la verità e quando mento. Per questo dico: non credere affatto in me, come potresti decidere? Non sai cosa sia la verità; per cui, come potresti decidere?

Se conoscessi già la verità, non avrei alcun motivo, né scopo, ad usare bugie. Ma poiché non sai, e non sei in grado di capire il linguaggio della verità, ti sembrerebbe del tutto assurdo: riesci a capire solo il linguaggio della menzogna.

Ma esistono due tipi di bugie: quelle che ti portano ad altre bugie e quelle che ti conducono oltre le bugie. Un esempio: siamo seduti qui. Se tu non avessi mai visto il paesaggio esterno, non sapresti che vi sono fiori e alberi e la luna nel cielo, e se io ti dicessi: «Vieni fuori! La luna è sorta, ed è notte di luna piena, vieni fuori!», non mi crederesti. Chiederesti: «Cos'è la notte? E cos'è una luna piena?».

E in questa stanza non c'è nulla con cui io possa fare paragoni. Ed ho conosciuto la luna, ho conosciuto i fiori e gli spazi dei cieli, e voglio condividere con te la mia beatitudine. E voglio che anche tu esca all'aperto. Per questo creo uno stratagemma, uso una bugia: dico che la casa è in fiamme! Questo riesci a capirlo. Hai paura, inizi a tremare. E sono tanto convincente che scappi dalla stanza, sicuro che stia bruciando.

Ovviamente quando sarai all'aperto mi capirai. Non dirai: «Mi hai mentito!». Ma ti sentirai riconoscente, riderai. Dirai: «Non ci sono fiamme, ma adesso posso capirti». Solo il fuoco poteva spingerti ad uscire, null'altro, perché quello è un linguaggio che riesci a comprendere. Puoi capire la sofferenza, ma non sei in grado di capire l'estasi.

Per questo i Buddha insistono nel dire che la vita è sofferenza. Non è vero! Ma loro continuano a dire che è *dukkha*, infelicità, sofferenza, angoscia. Stanno dicendo che la casa della vita è in fiamme, fuggine via! E riescono a convincerti perché possiedono la freschezza propria di una persona che è uscita dalla casa. Hanno la fragranza propria delle persone che sono uscite sotto il cielo aperto e portano con sé quel profumo. Ti convinci perché vedi la loro verità. Ed hanno conseguito qualcosa: quello crea la convinzione. E quando dicono che la casa — la vita — è in fiamme, tu cerchi di uscirne fuori.

Quando ne sei uscito, vedi che è una notte di luna piena e la vita non è affatto dolore. La vita sembrava essere dolore perché eri imprigionato in una gabbia.

La vita è immensa, per questo non puoi sapere quando dico il vero e quando mento. E se chiedi a me di dirti quando mento e quando dico la verità, il gioco perderebbe il suo valore. Ed anche se io ti dicessi che questa è una bugia e quella è verità, come potresti crederlo? Come potresti sapere se sto di nuovo mentendo oppure no?

Per te sarà più facile, se riesci a credere in me, credere in me *totalmente*. Oppure se non ci riesci, non credere affatto in me. Questo sarà facile: pensa che tutto ciò che dico è verità, oppure che sono tutte menzogne. Queste sono le uniche due possibilità. Entrambi i modi ti saranno d'aiuto. Ti garantisco che entrambe le scelte ti potranno aiutare: non ti troverai confuso.

Se credi in me totalmente e dici: «Qualsiasi cosa dica quest'uomo, è vera», ti sarà d'aiuto. Non che qualunque cosa io dica sia vera, ma alla fine scoprirai che era l'unica cosa che avrebbe potuto aiutarti. Ma lo verrai a sapere solo in seguito.

E se non credi affatto in me, sarà anche questo utilissimo. E neanche questo è facile. La via più semplice è credere ad alcune cose e non credere ad altre. Se hai totale fiducia in me o non ne hai affatto, in entrambi i casi diventerai totale. In un caso ti arrendi a me e dici: «Che tu menta o dica il vero, è affar tuo: io ti credo». Diventi totale, non sei dissociato. Oppure dici: «Che tu menta o dica il vero, non ti credo: sei un bugiardo». Anche in questo caso sei totale. E la totalità è d'aiuto.

Ma la via più semplice è credere in alcune cose e non credere in altre. Perché è più semplice? Perché crederai qualsiasi cosa vorrai credere vera, e definirai menzogna qualsiasi cosa non vuoi credere vera. E questo non sarebbe di grande utilità, di fatto non aiuta *per nulla*. Quindi, non scegliere.

Il mio suggerimento è: non credere affatto in me. Ma se *tu* pensi che l'altra soluzione sia migliore, allora credi in me totalmente.

Capitolo dodicesimo

IL GRANDE CERCHIO DEL BRAHMAN

KENA-UPANISHAD

CAPITOLO III

1

Si narra che il Brahman conseguì una vittoria per gli Dèi. Nonostante il merito della vittoria fosse del Brahman, gli Dèi si esaltarono e pensarono: « Questa vittoria appartiene solo a noi, questa gloria è solamente nostra! ».

2

Brahman si accorse del loro pensiero e della loro vanità. Comparve davanti a loro, ma essi non compresero chi fosse quel yakchha *quel venerabile spirito.*

3

Essi si rivolsero ad Agni: « Jatavedas, *puoi scoprire chi sia questo fantasma? » « Certo », rispose Agni.*

4

Agni gli si parò davanti. E lo yakchha *gli chiese chi fosse. Agni rispose: « Io sono Agni conosciuto anche come* Jatavedas *— il conoscitore delle creature ».*

5

« Tu che hai questa fama, qual è la tua forza? » Chiese lo yakchha. *« Io posso bruciare tutto quello che vi è su questa terra », rispose Agni.*

6

Lo yakchha *gli pose davanti una pagliuzza e gli disse: « Bruciala ». Agni gli piombò addosso con tutto il suo impeto, tuttavia non riuscì a bruciarla per cui si ritirò e tornò dagli Dèi dicendo: « Non sono riuscito a sapere chi è quel fantasma ».*

7

Allora dissero a Vayu — il vento: « O Vayu puoi scoprire chi sia questo fantasma? » « Certo » rispose Vayu.

8

Vayu gli si parò davanti. Lo yakchha *gli chiese chi fosse. Vayu rispose: « Io sono Vayu. Conosciuto anche come* Matarisva *— il destriero dell'atmosfera ».*

9

« Tu che hai questa fama, qual è la tua forza? » Chiese lo yakchha. *« Posso soffiar via tutto ciò che si trova sulla terra » rispose Vayu.*

10

Lo yakchha *gli pose davanti un filo d'erba e gli disse: « Soffialo via ». Vayu gli si slanciò contro con tutto il suo impeto, tuttavia non riuscì a sollevarlo per cui si ritirò e tornò dagli Dèi dicendo: « Non sono riuscito a sapere chi fosse quel fantasma ».*

11

Allora gli Dèi si rivolsero ad Indra: « O Maghavan, *puoi scoprire chi sia questo fantasma? » « Certo » e gli corse incontro ma lo* yakchha *scomparve alla sua vista.*

12

Allora in quel medesimo luogo Indra scorse una donna bellissima, la splendente Uma, figlia di Himavat, la montagna ammantata di neve. Indra la interrogò: « Chi potrebbe essere questo yakchha? *».*

Non esiste ego in un silenzio profondo. Esiste solo quando tu sei agitato. È parte della malattia. Quando sei in silenzio profondo, esisti ma non c'è la sensazione dell'io. Nel silenzio non può esistere. Quando sei totalmente calmo e quieto, l'io non esiste. Ma più sei agitato, maggiore sarà la sensazione dell'ego.

L'ego è uno stato della mente disturbato, ammalato. L'ego non è indice di salute, ma di malattia. Ne diventi consapevole solo quando non vivi in armonia totale. Quando sei in armonia, vivi, ma non esiste l'io, non hai alcuna sensazione dell'io, esiste solo «l'esistere», l'essere è presente ma privo di un centro.

Questo è uno dei fenomeni più importanti da comprendere. Ad esempio: diventi consapevole del tuo corpo solo quando si ammala. Se sei veramente sano non hai affatto un corpo. Un corpo sano è privo di corpo, non si ha la sensazione che esista. La tua testa esiste solo quando hai un'emicrania. Se non hai mal di testa, non senti neppure di averla. Riesci a sentire la tua testa? Se ce la fai, significa che c'è pesantezza. Qualcosa è malato, vi è un disturbo. Diventi consapevole del tuo stomaco solo quando hai dei disturbi.

Questa è la definizione di salute: se non senti il corpo, sei sano, se lo senti sei malato, perché si riesce a percepire solo il dolore. Ogni volta che hai un dolore, ne diventi consapevole. Il dolore è necessario per sentire il corpo, ed è necessario il dolore per sentire te stesso: *quel* dolore produce l'io, quella sofferenza, quell'angoscia, quell'ansia produce l'io.

Se sei egoista, ricorda che questa è una prova che la tua armonia interiore è andata perduta. Se non riconquisti la tua armonia interiore, direttamente non puoi far nulla rispetto all'ego. E se ti metti a fare qualcosa direttamente, non accadrà nulla. Al contrario potresti entrare in maggior agitazione. Tutte le religioni ti invitano a non essere egoista. Questo significa: sii in armonia. Il loro insistere sulla necessità di dissolvere l'ego è un invito insistente ad eliminare la tua agitazione: diventa un ritmo armonico, diventa un silenzio interiore. Tutte le religioni ti invitano con insistenza ad essere sano.

Il termine sanscrito che traduce «salute» è splendido: la parola è *swastha*, e significa essere in se stessi. Quando sei in te stesso non c'è ego. Anche il termine inglese *health* (salute) è bello, ma da un altro punto di vista. Deriva dalla stessa radice di *whole* (integro): quando sei integro, sei sano. Quando sei dissociato, frammentario, diviso, sei malato. Quando hai la sensazione di essere uno, indiviso, integro, sei sano. La parola *holy* (santo) deriva anch'essa da *whole* (integro). Quando sei veramente integro, sei sacro, sei puro, sei innocente.

Quando sei frammentario, dissociato, diviso, quando non sei un'unità, esiste l'ego. Quando in te vi sono delle parti in conflitto ed esiste una disarmonia interiore, tumulto, angoscia, esiste l'ego. Maggiore è l'ansia, maggiore sarà l'ego. Se cerchi di soddisfare il tuo ego sarai sempre più disturbato... e l'ultimo stadio dell'ego è la follia. Se cerchi veramente di soddisfare l'ego, diventerai matto.

In Oriente la follia non è un problema come lo è invece in Occidente, perché la mentalità occidentale dipende per intero dall'ambizione di soddisfare l'ego. Gli psicologi sostengono che al giorno d'oggi tre persone su quattro sono malate di mente. È troppo, ed è incredibile! E se è vero, il quarto è anche lui sul limite, perché è parte dell'insieme, e vive con gli altri tre. Non può essere realmente sano: è in bilico, vive in equilibrio precario, può impazzire ad ogni istante.

Molti psichiatri contemporanei sono dell'opinione che l'intera umanità sia in preda alla pazzia, e la differenza è puramente quantitativa. Se non sei pazzo, significa che sei solo normalmente impazzito, non lo sei in modo anormale. Lo capisci? Sei pazzo entro certi limiti, nei limiti della pazzia. Puoi ancora funzionare: è tutto! Ma puoi oltrepassare quei limiti ad ogni minuto. Un'occasione qualsiasi, una situazione qualsiasi — la morte di tua moglie, una perdita di denaro, un fallimento, l'incendio della tua casa — ti può portare in un istante oltre quei limiti. La distanza non è molta, puoi impazzire facilmente. Eri già pazzo, aspettavi solo il punto di esplosione, e può venire ad ogni istante.

Perché questo è tanto frequente in Occidente? Perché tutti vanno dallo psicanalista? Di fatto chi non va dallo psicanalista, oggi viene considerato povero. I ricchi, coloro che possono permetterselo, ne hanno un bisogno disperato. È un prodotto costoso, è un lusso perché la psicanalisi richiede anni: due, tre, perfino cinque anni, ed è una cura costosissima. Solo i ricchi possono permettersela. Ma la professione è in fase di sviluppo, e tutti gli psichiatri sono molto ricchi. Ed ogni giorno si arricchiscono ancor di più.

Se cerchi di soddisfare l'ego la mente si agiterà sempre più, perché l'esistenza di un ego più grande comporterà maggior inquietudine, una malattia più grave, maggior disagio, una dissociazione maggiore, maggior schizofrenia. Quando i frammenti del tuo essere si trovano in profondo conflitto, creano tensione. L'ego può esistere in quella tensione perché ha bisogno di lotta: un campo di battaglia. Il tuo essere deve diventare un campo di battaglia.

Questo può accadere in due modi. O lotti con gli altri o lotti contro te stesso. Puoi lottare con gli altri in un mondo competitivo: tu sei ambizioso, ed anche gli altri lo sono. Tu vuoi essere soddisfatto nel tuo ego, e gli altri vogliono la stessa cosa. Entri in lotta con loro. Queste sono le vie del mondo verso la realizzazione dell'ego: la via politica e quella economica.

Ma esistono anche le vie della religione. Smetti di lottare con gli altri, dividi te stesso in due parti e inizi a lottare contro te stesso. Lotti contro il sesso, lotti contro la rabbia, lotti contro il corpo, lotti contro *questo* mondo — questo mondo di «peccato» — diventi dissociato. Ti dividi in corpo/mente, corpo/anima. Non solo: dividi anche il tuo corpo in parte inferiore e parte superiore. Grazie a questa divisione, puoi lottare con te stesso.

Ricorda: esistono ego mondani, secolari ed esistono ego spirituali. Un uomo che ottiene ricchezze, prestigio, potere, ha un ego; ma non credere che una persona che lotta nello spirito non l'abbia. Può avere un ego ancor più sottile, più profondo, più raffinato, ma ne ha uno. I vostri cosiddetti santi sono tutti egoici. Hanno realizzato il loro ego attraverso privazioni, attraverso il *tap*, grazie a uno sforzo estremo. Hanno conseguito vittorie su se stessi. All'esterno non hanno nemici: hanno creato il loro nemico all'interno del proprio essere. Ed ora lottano contro di lui, e se lo vincono provano emozioni di intenso egoismo. Si sentono potenti.

Ecco quindi la seconda cosa da capire: ogni volta che ti senti potente, sii consapevole di aver ottenuto una cristallizzazione dell'ego. Ed ogni volta che *tu* sei potente, non puoi incontrare il divino, non puoi incontrare la verità, perché il potere esiste solo nel conflitto, nella lotta. Il potere è prodotto dalla guerra, dalla violenza, dall'aggressività. Il potere è contro l'amore, il potere è contro il silenzio, ed è contro l'essere totale.

Se ti senti potente non puoi incontrare il Brahman, l'Assoluto. Puoi incontrare la totalità solo quando ti senti totalmente privo di potere, impotente, una nullità, nessuno. Se ti senti potente in qualsiasi modo si manifesti questo potere, crei un ostacolo. Quando sei potente, diventi cieco al divino. E il potere crea in te un'agitazione così forte, produce uno scompiglio interiore così forte, che non puoi avere quel silenzio capace di trasformarsi in un incontro, in una comunione con la totalità. Per questo tutte le religioni sottolineano la necessità di dissolvere l'ego: solo in questo caso puoi entrare nel divino.

Gesù dice: «Solo coloro che sono simili a bambini entreranno nel mio Regno di Dio». Perché: «Simili a bambini»? I bambini sono indifesi, non hanno potere. I bambini sono ancora parte della totalità cosmica. Ancora non sono diventati egoici. Ancora non hanno un centro di ego cristallizzato. Ancora non si sono distaccati, per questo sono così belli. È difficile trovare un bambino brutto ed è difficile trovare un vecchio che sia bello.

Come mai? Se tutti i bambini nascono belli, perché i vecchi continuano ad abbruttire? Da qualche parte c'è qualcosa che non va. *Ogni* bambino è bello! La bellezza sta nella totalità. Il bambino è totale, integro. Non ha divisioni, non è diviso in frammenti. Non è schizofrenico, non lotta contro nulla. Si limita a vivere, a respirare, senza lottare: il mondo non è ancora una lotta. E non lotta neppure contro se stesso, ancora non è religioso. È semplicemente un essere naturale simile agli animali, agli uccelli, agli alberi, alle rocce. È parte della totalità cosmica.

Ne verrà fuori. Noi lo porteremo fuori. Non ci è possibile lasciarlo in quello stato. Ed anche se ve lo lasciassimo, *lui* ne verrà fuori perché ha il potenziale per essere dissociato, ha il potenziale per diventare un ego. E questo fa parte dell'educazione suprema: il bambino *deve* diventare un ego, perché solo se ha un ego lo può perdere.

Il bambino è pre-egoico. La sua innocenza è naturale, ma un'innocenza naturale può essere disturbata in qualsiasi momento. Quando userà la mente, diverrà astuto. Quando sarà più consapevole della sua individualità diventerà egoista.

Questo è il senso del racconto biblico di Adamo ed Eva: erano innocenti e vivevano nel Paradiso Terrestre e Dio proibì loro di mangiare il frutto dell'albero della conoscenza. Perché proibì loro questo frutto? Perché nell'istante in cui sai, ti scindi in due. Il sapere dissocia.

Il bambino è innocenza perché è ignorante. Non sa dove finisce lui e dove inizi tu. Gli esperti in psicologia infantile dicono che all'inizio il bambino non è neppure in grado di percepire dove finisce lui e dove inizia la madre. Si sente un'unità! Per nove mesi nel grembo esiste in quanto unità con la madre. Respira tramite la madre, vive attraverso di lei. Perfino dopo la nascita, quando è uscito dal ventre della madre, in fondo alla sua mente egli continua ad esistere come un'unica entità con la madre. Non ha ego, e ancora non può sentire di essere separato. Col tempo se ne accorgerà. Col tempo diventerà consapevole del *tuo* esistere.

Ricorda, prima sorge la consapevolezza «dell'altro», e poi sorge in lui la consapevolezza dell'io. Quando inizia a percepire che tu sei separato, di riflesso diventa cosciente che lui stesso è separato, che lui non è te. La madre si allontana e lui rimane. Ora acquista consapevolezza della distanza ed inizia a percepire l'io. Ma quell'io non è molto solido. All'inizio i bambini parlano di se stessi sempre in terza persona. Se il nome del bambino è Rama, dirà: «Rama ha sete». Parlerà in terza persona. Non dirà: «Io ho sete». Quell'io ancora non ha solidità, ancora non è affermativo. Ancora il bambino avrà la sensazione che Rama ha sete, quasi si trattasse di un «altro».

I bambini parlano sempre in terza persona. Dicono: «Rama ha sonno. Se non fai così, Rama si sentirà bene. Se non fai così Rama starà male». Parlano a se stessi, come se si rivolgessero a qualcun altro. L'io non è ancora stabile, acquisterà solidità sempre maggiore man mano che egli diverrà consapevole degli altri. Prima esiste l'altro, poi inizi ad esistere tu. È un riflesso: l'io è un tu rovesciato.

Ad Adamo ed Eva era stato proibito di mangiare il frutto dell'albero della conoscenza, ma essi dovettero mangiarlo: fa parte della crescita. Erano innocenti, e nel momento in cui mangiarono quel frutto divennero consapevoli e attenti. Improvvisamente iniziarono a nascondere il loro corpo. Ora Eva era consapevole della presenza di Adamo e Adamo era consapevole della presenza di Eva. A causa dell'ego si cominciò ad usare i vestiti. Adamo ed Eva divennero consapevoli di se stessi in quanto unità separate. Prima erano semplicemente l'uno parte dell'altra, non avevano mai saputo di essere divisi. Poi divennero separati: e questo accade ad ogni Adamo e a tutte le Eve. Non accadde solo una volta: ogni volta che un bambino viene al mondo, esce dal Paradiso Terrestre.

Nel ventre della madre vive in un Paradiso Terrestre, unito all'esistenza, senza responsabilità, senza problemi, senza ego. Esiste, ma senza un centro. Poi viene al mondo, e di fatto questo racconto biblico di Adamo ed Eva è la storia di ogni nascita: il bambino viene scacciato dalla madre. Adamo ed Eva vennero scacciati dal Paradiso Terrestre, e così dev'essere per ogni bambino. Poi l'ego inizia a crescere, e continua a crescere, e con lui il dolore aumenta sempre di più.

Per questo ogni vecchio pensa sempre all'infanzia in termini di paradiso. Lo era! In questo senso era un paradiso perché ancora tu non eri egoico. Ancora non avevi gustato il frutto della conoscenza, ancora non avevi conosciuto te stesso in quanto entità separata. I problemi sorgono con la separazione: in te sorge l'ansia. Con la separazione, sopraggiunge la morte.

Nel racconto biblico è detto che prima di allora non esisteva la morte. La morte apparve dopo che Adamo ed Eva mangiarono il frutto; prima erano immortali. Ogni bambino è immortale. Egli non è consapevole della morte, perché essa può acquistare senso solo rispetto all'io, per l'ego. Quando in te esiste il concetto di separazione, immediatamente ti chiedi se sarai qui per sempre o se morirai. Gli alberi sono immortali. Non perché non muoiano, muoiono, ma non sono consapevoli della morte. Gli animali sono immortali. Non che la morte non esista, moriranno, ma non ne sono consapevoli. Non hanno ego, come potrebbero sentire che moriranno? Io devo esistere prima di poter sentire che morirò! La morte è parte dell'ego.

Ora lascia che ti dica che la morte nasce dalla malattia, dal tuo malessere, e la morte è l'ultima cosa, il punto culminante in cui l'ego finisce. L'ego crea intorno a te la morte e la paura. Ed è un paradosso: più hai paura della morte, più cerchi di essere potente, perché pensi che un potere maggiore ti permetterà di far qualcosa rispetto alla morte. Perlomeno riuscirai a posporla, la puoi allontanare un po'.

Ma più aumenta il tuo potere, più aumenta l'importanza della morte. Più diventi potente, più hai paura della morte, perché col potere aumenta anche l'ego. Se sei ricco, se hai potere politico, avrai una paura maggiore di morire. Se sei povero, non hai potere, non avrai tanta paura della morte.

Gli occidentali, quando vengono in Oriente non riescono a capire come mai la gente in Oriente è così indifferente alla morte. Gli orientali sono così privi di potere, non hanno un ego solido e stabile, quindi non possono avere una gran paura. La paura è proporzionale... la paura aumenta in proporzione a quanto la morte ti porterà via. Se non possiedi nulla, cosa potrà mai sottrarti? Un povero non ha molta paura di morire. Di fatto la morte non può portargli via nulla. Attraverso la morte può conquistare qualcosa, ma non ha nulla da perdere.

Più ti arricchisci, più hai paura, perché tutte le tue ricchezze ti verranno sottratte. E qualsiasi cosa possiedi ti verrà tolta. Più sei potente, più ti senti impotente di fronte alla morte, perché ti renderà di nuovo impotente. Tutta la gloria e tutto il tuo potere se ne andranno, e tu morirai come un mendicante qualsiasi.

La morte è profondamente comunista: uguaglia tutti. Chi è più in basso, ovviamente, non ne ha paura. Chi sta più in alto ne è terrorizzato perché verrà spinto in basso. La morte ti porterà via il tuo essere presidente, il tuo essere primo ministro, e toglierà al mendicante la sua povertà. Di fronte alla morte il presidente ed il mendicante diventeranno uguali. Ovviamente il presidente avrà più paura. In cuor suo ha una paura più grande di quella che può avere il mendico.

L'Occidente ha una paura folle della morte, è diventata un'ossessione. È inevitabile perché oggi l'Occidente è molto potente e tutti hanno qualcosa da perdere. E quando gli occidentali vedono l'indifferenza dell'Oriente, non riescono a capire perché la gente è così insensibile alla morte. La ragione è semplice: gli orientali non hanno molto da perdere. Vivono al livello più basso. Per loro la morte non può trasformarsi in una caduta, sono già a terra! Già vivono nella tomba.

Voglio dirvi questo: il potere ti rende egoico, l'ego crea la frenesia di un potere più grande, e questo diventa un circolo vizioso. E col potere sorge in te la paura di morire, e se hai paura della morte non puoi entrare nel divino, perché il divino è una forma di morte. Di fatto, entrare nel divino, entrare nel Tutto, significa perdere se stesso in quanto individuo, e ritornare di nuovo bambino.

Ma questa infanzia, questa seconda infanzia, è qualitativamente diversa dalla prima. La prima infanzia è di tipo animale, la seconda è divina. La prima infanzia era destinata ad essere disturbata, la seconda non può esserlo. E con «seconda infanzia» intendo uno stato in cui tu perdi te stesso in modo cosciente — attraverso la comprensione, attraverso la meditazione, attraverso l'abbandono — e di nuovo ti fondi nella totalità. Il cerchio è completo: di nuovo sei ritornato bambino. Gli hindu hanno chiamato una persona che vive nella seconda infanzia *dwij*: due volte nato. Questa è una nuova nascita. Il vecchio è morto. L'uomo è di nuovo un bambino.

Un santo, se è veramente tale, deve ritornare bambino. E Gesù dice che solo un bambino potrà entrare in Dio, può entrare nel Regno di Dio. Se non torni ad essere simile ad Adamo ed Eva, se non butti via il frutto della conoscenza che hai mangiato, se non lo espelli totalmente dal tuo organismo, non puoi entrare nel Giardino. Se riesci a capire tutto questo, ti sarà facile seguire questa parabola.

Questa è una parabola, una delle più belle: la parabola è semplice, ma ha implicazioni complesse. Prima la leggerò, poi ne discuteremo.

Si narra che il Brahman conseguì una vittoria per gli Dèi. Nonostante il merito della vittoria fosse del Brahman, gli Dèi si esaltarono e pensarono: «Questa vittoria appartiene solo a noi, questa gloria è solamente nostra!».

La verità è sempre questa: qualsiasi cosa realizzi, è realizzata dal tuo spirito interiore, non dal tuo ego. Ma l'ego strumentalizza sempre quella vittoria dicendo: «L'ho fatto io». Di fatto l'ego non fa mai nulla. L'ego è uno sfruttatore, lo sfruttatore per eccellenza. Perfino la nascita riesce a sfruttare, dici: «Questo è il mio compleanno», come se tu fossi responsabile della tua nascita. Parli del «*Mio* compleanno», dici «Io sono nato oggi», come se l'io avesse fatto qualcosa. La nascita è accaduta. È qualcosa che succede, non che si fa. Ma il tuo ego riesce a manipolare anche quello.

Dici: «Io respiro». È falso! Il respiro avviene, non sei tu a respirare. Il respiro continua senza di te. Puoi solo interferire, ma non puoi respirare. Respirare è un atto naturale. Il Brahman respira attraverso di te. Se fosse come diciamo, se fosse l'io a respirare, non moriresti più: cosa potrebbe fare la morte, se tu continui a respirare?

Ma non puoi farlo. Se espiri e non inspiri più, cosa puoi fare? Nulla! Di fatto, se espiri e non riesci più ad inspirare, tu non esisti più e non puoi più fare niente. Non esisti più, non fai più parte dell'esistenza. Respirare non è una tua azione. È qualcosa che ti *accade*: una forza più grande... puoi chiamarla vita. Le Upanishad la chiamano Brahman, Bergson la chiama *élan vital*, tu puoi chiamarla come credi.

La vita respira attraverso di te, ma l'ego strumentalizza ogni cosa e insiste nel dire: «Io respiro». Ti innamori e dici: «Io amo». Di fatto, non è mai un tuo agire. O è forse vero che puoi amare? Se ti dico: «Ama questa donna», mi risponderai: «Come posso se non mi sono ancora innamorato?». Cosa potresti fare? Puoi recitare, puoi imitare l'amore ma non ne sarai coinvolto se la forza dell'esistenza non ti avrà spinto in quella direzione. Se la forza vitale non fa nascere in te l'amore, non puoi amare.

Di fatto l'intera esistenza è un evento. Nascita, morte, amore, tutto ciò che ha valore, accade. E se guardi in profondità, anche le cose banali accadono. Dici: «Io ho fatto questa casa», ma perfino gli uccelli fanno il nido. Di fatto è la forza vitale a fare, non tu. Non pensare di essere tanto intelligente, e tanto bravo, solo per aver fatto questa casa. Perfino gli uccelli fanno nidi splendidi senza istruzione, senza conoscenze, senza essere andati all'università. È un istinto. La vita si crea la propria dimora.

Continui ad accumulare ricchezze e pensi di essere *tu* a farlo. No! È la forza della vita che accumula. Perfino gli animali lo fanno. Anche loro cercano di possedere, anche loro si preparano per la stagione delle piogge.

Se scruti in profondità, scoprirai che dentro di te si verifica un fenomeno molto sottile. Tutto viene fatto dalla forza vitale, ma tutto viene monopolizzato dall'ego. Ed è l'ego che afferma: «L'ho fatto io», per poi sentirsi euforico.

Ecco la parabola:

Si narra che il Brahman conseguì una vittoria per gli Dei.

Nella mitologia hindu tutte le forze della natura sono divinità. Il fuoco è un dio — una forza naturale; l'aria è una divinità — una forza naturale. Tutte le forze naturali sono concepite come *devata*, cioè divinità.

Il Brahman conseguì una vittoria per gli Dei. Nonostante il merito della vittoria fosse del Brahman, gli Dei si esaltarono e pensarono: questa vittoria appartiene solo a noi, questa gloria è solamente nostra!».

E questa è una parabola che si ripete di continuo, è la storia di quanto accade a *te*.

L'aria, il fuoco, tutte le forze naturali, agiscono anch'esse a causa di una fonte originale più profonda prodotta dal Brahman. Altrimenti non potrebbero operare. Nulla può esistere o essere attivo se l'*élan vital*, il Brahman, non è attivo in lui e crea il substratum, la fonte originaria. Ma tu non ne sei consapevole.

In superficie continui ad agire, e continui a pensare di esserne tu l'artefice: «Io ne sono la causa, Io ne sono l'artefice». No, non sei tu la fonte del tuo agire. Lo si può paragonare al Gange che scorre verso il mare. Il Gange può pensare di essere lui a scorrere. Ma è veramente lui che scorre, oppure è solo una parte di un ciclo più grande? Ora scorre verso il mare, poi i raggi del sole faranno evaporare di nuovo l'acqua che si trasformerà in nubi. E l'aria porterà quelle nuvole sull'Himalaya, e su Gangotri, — la sorgente del Gange — si scioglieranno in pioggia. E di nuovo si formerà il fiume che inizierà a scorrere, continuerà a scorrere. Infine sfocerà nel mare, perché è naturale per l'acqua muovere verso il basso.

Non è il Gange a fluire verso il mare. È una semplice legge naturale, fa parte del divino, per cui l'acqua fluisce verso il basso. Per questo dall'Himalaya l'acqua scorre verso il basso: non è il Gange a muoversi, il Gange non può avere un ego, non gli può essere permesso di avere un ego. È parte di un grande ciclo: di nuovo l'acqua sfocerà nel mare, di nuovo si formeranno le nuvole, di nuovo faranno cadere acqua su Gangotri, e il fiume continuerà a scorrere. È un ciclo grandissimo... nuvole, Gangotri, Gange, il mare... nuvole, Gangotri, Gange, il mare. È un ciclo grandioso.

E anche tu sei parte di un grande ciclo. E questo grande cerchio di energia si chiama Brahman. Ma la parte continua a pensare: «Sono io ad agire». Per questo i *deva* si esaltarono e pensarono:

«*Questa vittoria appartiene solo a noi, questa gloria è solamente nostra!*».

Inoltre occorre chiarire un altro punto: ogni volta che sei sconfitto, non dici mai: «Questa sconfitta è solo mia». Ogni volta che vieni disonorato, non dici mai: «È tutta colpa mia». È strano! Se la gloria è solo tua, perché non il disonore? E se la vittoria appartiene solo a *te*, perché non la sconfitta? Ogni volta che sei sconfitto dici: «Le circostanze, la situazione, le condizioni, il destino, gli dèi, sono contro di me».

Perché butti la responsabilità di ogni sconfitta su qualcos'altro? Perché l'ego non può essere appagato da una sconfitta. Lo puoi appagare solo con la vittoria, per questo la sconfitta dev'essere ributtata sul Brahman. Se fossero stati sconfitti, gli Dèi avrebbero detto: «Il Brahman è contro di noi, il destino ci è contro, il fato è contro di noi. Per questo siamo stati sconfitti». Se sei vittorioso, allora dici che è merito tuo.

Guarda come l'ego ti inganna: o nessuna delle due cose dipende da te, oppure dipendono entrambe. Decidi, e l'ego morirà. Se dici: «Entrambe le cose non dipendono da me: una forza più grande è in atto ed io sono solo una particella, un elemento atomico, una semplice cellula, non ho alcun potere. Le cose mi accadono — non sono io ad agire, per cui sia la vittoria che la sconfitta appartengono all'Assoluto», in questo caso il tuo ego si dissolverà. Oppure puoi dire: «Entrambe le cose dipendono da me, sia la vittoria che la sconfitta, sia la gloria che il disonore. *Entrambe* dipendono da me» e anche in questo caso l'ego scomparirà, perché le due cose sono in contraddizione. Si negano a vicenda. La vittoria ti darà un po' più di ego, e la sconfitta te ne sottrarrà un po', e ti ritroverai semplicemente privo di ego.

Queste sono le due possibilità. Gli hindu hanno scelto la prima. Essi dicono che sia la vittoria che la morte, tutto appartiene al divino, all'ordine cosmico. I giainisti e i buddhisti hanno scelto la seconda. Dicono: «Non vi è nessun Dio. Tutto dipende da me: vittoria e sconfitta, perdita e guadagno, nascita e morte, tutto dipende da me». In questo caso questi due elementi contraddittori si negano tra loro, e l'ego si dissolve. In entrambi i casi il risultato è lo stesso. L'ego può continuare ad esistere solo se continui ad attribuirgli tutte le tue vittorie, e a scaricare sul mondo, o sul destino, o sul Brahman, tutte le sconfitte. In questo modo l'ego continua ad esistere, solo così può continuare ad esistere.

La parabola dice:

Brahman si accorse del loro pensiero e della loro vanità.

Venne a conoscenza dei loro ego, del fatto che si erano esaltati e dicevano che la vittoria era merito loro. Era una loro conquista, e solo loro ne erano gli artefici!

Comparve davanti a loro, ma essi non compresero chi fosse quel yakchha — quel venerabile spirito.

Questa è la seconda parte della parabola: ogni volta che la sorgente cosmica, la fonte originale sente che ti sei esaltato, che ti senti egoista, appare di fronte a te, ma tu non puoi riconoscerLa. L'ego non ti permetterà di riconoscerLa: ti chiuderà gli occhi. E il Brahman appare anche a te, non solo a quei *deva*. Questa è una storia umana, una parabola squisitamente psicologica. Ogni volta che ti esalti, intorno a te accadono avvenimenti che potrebbero riportarti a terra se tu fossi capace di riconoscerli. Ma tu non li riconosci mai, non puoi! In quel momento i tuoi occhi non sono a fuoco sulla realtà, ora stai vivendo nella finzione.

Dunque i *deva* non riuscirono a riconoscere chi fosse questo venerabile spirito. Il Brahman stava di fronte a loro, l'energia suprema era davanti a loro, ma loro erano chiusi. Erano imprigionati nelle loro menti, nel loro ego, erano chiusi ermeticamente. Non erano in grado di vedere, né di capire. Ogni volta che sei in uno stato d'animo egoico, non puoi vedere nulla: sei cieco. Ogni volta che ti senti vincitore, non sei in grado di vedere, non puoi capire. Esci di senno. Perfino il buon senso scompare! Nel successo, nella vittoria, impazzisci.

Essi si rivolsero ad Agni — gli Dèi si rivolsero ad Agni — e gli dissero: «*puoi scoprire chi sia questo fantasma* — chi ci è apparso nascosto sotto queste fattezze? *Chi è questo Yakchha*».

«*Certo*» *rispose Agni* «Lo scoprirò.»

Agni gli si parò davanti... davanti allo spirito che era apparso. Lo *yakchha* è la forma assunta da Brahman per apparire loro... *E lo yakchha gli chiese chi fosse. Agni rispose*... Agni significa fuoco... *Agni rispose:* «*Io sono Agni conosciuto anche come Jatavedas — il conoscitore delle creature*».

«*Tu che hai questa fama, qual è la tua forza?*» *chiese lo yakchha.*

«*Qual è la tua forza, tu che hai questa fama?*»

Il fuoco ha sempre avuto grande importanza. E nell'antichità era diventato la divinità suprema perché l'uomo viveva nell'oscurità, in grotte, in foreste. Era pericoloso. C'erano animali selvaggi, nel buio potevano attaccare e la notte era piena di terrore. E Agni, il Fuoco, aiutò l'uomo ad uscire dall'oscurità; anche la notte divenne meno pericolosa. Per questo Agni un tempo divenne la divinità suprema. Il fuoco era adorato in tutto il mondo: divenne il simbolo di Dio.

Per questo gli dèi chiesero al fuoco di muoversi per primo e di scoprire: «Chi è questo spirito che ci è apparso?». Ed ora quello spirito chiede:

«*Qual è la tua forza?*» L'accento è posto sul tu: «*Tu che hai questa fama, qual è la tua forza?*»

«*Io posso bruciare tutto quello che vi è su questa terra*» *rispose Agni.*

L'accento è posto sull'«io posso bruciare tutto».

Lo yakchha gli pose davanti una pagliuzza e gli disse: «*Bruciala*». Il Brahaman gli pose davanti una pagliuzza e gli disse: «Bruciala». *Agni gli piombò addosso con tutto il suo impeto...* con tutta la sua forza, con totalità, con tutto ciò che aveva. *Tuttavia non riuscì a bruciarla.*

Perché non è Agni che brucia: è la forza cosmica che brucia *attraverso Agni.* Senza la forza cosmica Agni non può bruciare, il Fuoco non può bruciare. E quando Brahman era di fronte a lui, Agni divenne impotente, perché la fonte non si trovava alle sue spalle. Ora esisteva solo l'ego: la fonte era scomparsa. Solo colui che aveva manipolato, era rimasto: colui che non fa mai nulla ma continua a pensare: «Posso fare questo, posso fare quello».

Agni non riuscì a bruciarla per cui si ritirò e tornò dagli Dèi dicendo: «Non sono riuscito a sapere chi è quel fantasma».

Non disse di aver fallito, non disse di non essere riuscito a bruciare la pagliuzza. Disse semplicemente: «Non sono riuscito a sapere chi è quel fantasma».

Così funziona l'ego: anche se il divino è lì davanti a te, continui a dire: «Non sono riuscito a sapere chi è quel fantasma». Anche se la vita ti dimostra l'impotenza del tuo ego, non te ne rendi conto. La vita continua a mostrarti l'impotenza del tuo ego, non è forse vero? Ad ogni istante la vita continua a dirti: «Non avere pretese. Non sei tu ad agire». Ma tu non ci fai mai caso.

Allora dissero a Vayu — la forza dell'aria, la divinità dell'aria: *«O Vayu, puoi scoprire chi sia questo fantasma?» «Certo» rispose Vayu.*

Vayu gli si parò davanti. Lo yakchha gli chiese chi fosse. Vayu rispose: «Io sono Vayu. Conosciuto anche come Matarisva — il destriero dell'atmosfera».

«Tu che hai questa fama, qual è la tua forza?» Chiese lo yakchha. «Posso soffiar via tutto ciò che si trova sulla terra» rispose Vayu.

Lo yakchha gli pose davanti un filo d'erba e gli disse: «Soffialo via». Vayu gli si slanciò contro con tutto il suo impeto, tuttavia non riuscì a sollevarlo.

«Con tutto il suo impeto»: il tuo ego può agire con impeto e con forza, senza ottenere nessun risultato. Il tuo

ego può operare con impeto e sforzo totali: non produrrà nessun risultato. Ricordalo, ti sarà utile.

La gente viene continuamente a dirmi: «Sto facendo uno sforzo immenso per meditare, ma non succede niente». Non succederà nulla perché è l'io a fare lo sforzo. Non permetti al Divino di accadere dentro di te. *Tu* stai cercando di fare qualcosa.

E tu sei impotente. Qualsiasi forza hai viene dalla sorgente originaria, viene dal cosmo, dal Brahman. Non appartiene a te. Tu sei solo un veicolo. Per cui quando l'io inizia a fare sforzi, non accade nulla.

Nei monasteri Zen insegnano ai ricercatori un unico segreto: agisci senza introdurre l'io nell'azione. Se riesci a fare qualcosa senza introdurre l'io, tutto accadrà all'improvviso.

Herrigel, un filosofo tedesco, viveva in un monastero Zen in Giappone, dove imparava il tiro con l'arco. Il Maestro gli disse: «Lascia che sia la forza vitale a mirare e lascia che sia la forza vitale a scoccare la freccia. Tu non fare nulla». Era difficile, praticamente impossibile, soprattutto per una mente tedesca, fondamentalmente orientata verso l'intelletto. Per questo l'esperienza tedesca è stata così rovinosa: troppo intelletto, troppo ego, troppo sforzo. Per cui l'ego giunse al punto di dire al popolo tedesco: «Ora potete vincere il mondo intero». E Hitler non era altro che l'espressione di tutte quelle menti egoiche.

Herrigel non riusciva a capire: «Se *io* non scocco la freccia, come potrà essere scoccata? Se *io* non compio lo sforzo non vi potrà essere nessuna tensione». Ed anche noi avremmo reagito allo stesso modo. Il tedesco rimase tre anni col Maestro. Imparò l'arte in ogni dettaglio, con precisione estrema. La sua mira era perfetta al cento per cento, la freccia colpiva sempre il bersaglio al centro. Ma il Maestro continuava a scuotere la testa, dicendo: «Questo non è nulla!».

Risultati perfetti al cento per cento e il Maestro diceva: «Questo non è nulla, non hai imparato niente. Sei ancora *tu* a scoccare la freccia. E a noi non interessa il bersaglio, sei tu che ci stai a cuore. La meta non è importante, tu lo sei. *Tu* sei il bersaglio! Quel bersaglio non è la vera meta. Quando la freccia viene scoccata *senza* di te, quando la forza vitale si è impadronita di te, solo allora...» perché l'importante non è il tiro con l'arco, ma la meditazione.

«Anche se manchi completamente il bersaglio» diceva il Maestro, «non importa. Ma non devi lasciarti sfuggire la sorgente originaria».

Herrigel era disperato. E più si disperava più si sforzava. E più lui faceva sforzi, più il Maestro gli diceva: «Mi deludi».

E venne il giorno in cui Herrigel pensò: «È impossibile, non accadrà mai. Tre anni sono lunghi, e mi sono sforzato ogni giorno». Si sentiva frustrato. Andò dal Maestro e gli disse: «Lasciami andare. Penso non sia una cosa adatta a me. Mi sembra inconcepibile. E ho fatto il possibile... nulla è successo».

Il Maestro gli disse: «L'errore sta nel tuo fare il possibile, non lasci agire la forza vitale. *Tu* sei l'ostacolo!».

Herrigel decise di andarsene. Il giorno della sua partenza, andò a salutare il Maestro, che stava addestrando un altro discepolo. Herrigel si sedette lì vicino. Per la prima volta era indifferente, perché ora stava andando via, e aveva smesso di sforzarsi, non aveva più nessun interesse. Per cui si sedette in silenzio e guardò il Maestro senza desiderio, senza ambizione, senza brama di successo. Osservò il Maestro, e per la prima volta, dopo tre anni, si accorse che non era il Maestro a scoccare la freccia, bensì la forza vitale. La freccia era scoccata da qualcosa che non sorgeva dall'ego, ma da una energia più profonda.

Si alzò come ipnotizzato. Si avvicinò al Maestro. Prese l'arco dalle sue mani e scoccò una freccia... e il Maestro gli disse: «Perfetto! Ce l'hai fatta». E Herrigel scrive: «Ora so la differenza tra quando è la forza vitale a scoccare la freccia e quando sei tu a farlo».

«Tu che hai questa fama, qual è la tua forza?» chiese lo yakchha.

E Vayu cercò di mostrare la sua potenza.

Vayu gli si slanciò contro con tutto il suo impeto, tut-

tavia non riuscì a sollevarlo per cui si ritirò e tornò dagli Dèi dicendo: « Non sono riuscito a sapere chi fosse quel fantasma ».

Ed era evidente! Non era necessario scoprirlo. La situazione era chiarissima. Vayu cercò di soffiar via un filo d'erba e non ci riuscì. E il fuoco cercò di bruciare un filo d'erba. Avrebbe potuto bruciare tutta la terra, e non riuscì a bruciare un singolo filo d'erba. Era lampante: lo *yakchha* era la fonte originaria dell'energia.

Ma essi non riuscirono a riconoscere che l'energia era stata loro tolta, ed ora erano semplici contenitori, vuoti. Il Fuoco non riuscì a bruciare il filo d'erba, e Vayu non riuscì a sollevarlo. Era così evidente che la fonte si era staccata da loro, tuttavia non se ne resero conto. L'energia originaria si era allontanata, ma non furono in grado di riconoscerlo.

L'ego è veramente cieco, al punto che non riesce mai a riconoscere la propria impotenza. Anche quando la fonte si è allontanata, continua a pensare secondo il vecchio schema. Anche quando tutto è perduto e il fallimento è globale continua a pensare secondo il vecchio schema.

Allora gli Dèi si rivolsero a Indra.

Nella mitologia hindu Indra è il capo di tutti gli Dèi. Ed essi chiesero a Indra:

« O Indra, puoi scoprire chi sia questo fantasma? » « Certo » e gli corse incontro, ma lo yakchha scomparve alla sua vista.

Quando Indra si avvicinò allo *yakchha*, questi scomparve alla sua vista.

Il termine « Indra » è molto significativo. Viene dalla stessa radice di *indriya*. Indriya indica i sensi e « Indra » indica il capo di tutti i sensi: la testa. Qual è il capo dei sensi? La mente. Tutti i sensi — le orecchie, gli occhi, le mani — sono subordinati alla mente. La mente è Indra rispetto al corpo, per questo è la divinità suprema.

Gli occhi appartengono al Fuoco e tutti gli altri sensi sono proprietà di una divinità. La mente appartiene a Indra. E Indra significa il capo delle *indriya* — di tutti i sensi. Dunque, quando tutti i sensi fallirono, si rivolsero alla testa, al cervello, alla mente. Ma cosa accadde?

Questa parabola è splendida, è meravigliosa: quando i sensi affrontarono la divinità, l'Assoluto, il Brahman, egli era presente; ma quando lo affrontò la mente, scomparve.

Con la mente non Lo puoi vedere, non Lo puoi avvicinare con la mente. Quando la mente cerca di scoprire chi è la fonte suprema, questa diventa invisibile. La mente non la può vedere. Rispetto all'intelletto l'Assoluto diventa invisibile. Per questo la scienza non scopre mai nessun elemento divino. La scienza non può scoprirlo perché la scienza è Indra: la mente, l'intelletto, la ragione.

Lo spirito scomparve alla vista di Indra. Se usi la mente, non trovi nulla, lo Spirito scompare! Ecco un altro punto da capire: puoi percepire Dio attraverso il corpo, puoi percepirLo con l'odorato, con il tatto, ma non Lo puoi cogliere con l'intelletto, usando la ragione. Lo si può avvicinare perfino tramite i sensi; se diventi un po' più sensibile Lo puoi toccare. Ma attraverso l'intelletto è impossibile avvicinarLo. L'intelletto non è affatto la porta giusta per comunicare con Lui.

Se hai un corpo sensitivo, puoi vivere in Dio, puoi respirarLo. Ma per quanto tu possa avere un'intelligenza acuta, non Lo puoi toccare, non ti puoi avvicinare a Lui. Se lasci che l'intelletto si intrometta, Lui non è più presente, scompare e basta.

Allora in quel medesimo luogo Indra scorse una donna bellissima, la splendente Uma, figlia di Himavat, la montagna ammantata di neve. Indra la interrogò: « Chi potrebbe essere questo yakchha? ».

Se si lascia che la mente intervenga, se ci si intromette con la mente, l'Assoluto scompare. E cosa accade? Questa parabola offre molte tracce, mille intuizioni. Quando l'Assoluto scompare, resta solo il sesso come fonte di ogni cosa. Per cui hai l'impressione che il sesso sia la sorgente di tutta l'energia. Quando non riesci a sentire il Divino come sorgente, hai la sensazione che il sesso sia la fonte di ogni energia.

La scienza ha dimostrato che Dio non esiste, poi è venuto Sigmund Freud e ha detto che esiste solo la donna.

Oppure, puoi dire che esiste solo l'uomo, se sei una donna. La scienza ha ripulito il terreno: Dio è diventato invisibile. Quando Dio non esiste, il sesso fa la parte di Dio. Per cui si ha la sensazione che tutto esista a causa del sesso. Freud dice così. Se Freud fosse stato a conoscenza di questa parabola, avrebbe capito. Questa parabola è una critica, una critica radicale di tutta la teoria freudiana: quando Dio non esiste, il sesso diventa Dio.

Una donna bellissima apparve a Indra, e Indra le chiese: «Uma, chi è colui che è scomparso?».

Oggi gli psicologi chiedono alla sessualità: «Qual è l'origine della vita?». Stanno approfondendo lo studio dell'energia sessuale nel tentativo di apprendere qualcosa sulla fonte da cui si origina la vita, e la porta è il sesso, la sessualità.

Con l'intelletto non puoi andare oltre il sesso. Ovviamente, il sesso fa parte di quell'immensa energia. Ma con la sola mente conosci solo la parte, non la fonte originaria. E la mente si fissa sulla sessualità. Oggi tutta la mentalità occidentale è fissata sul sesso, ed è un labirinto; non se ne può uscire. Ovunque ti volti, ti ci ritrovi sempre dentro.

Oggi si riduce tutto al sesso. Freud dice: «Se una madre ama suo figlio è sessualità; se un padre ama suo figlio è sessualità. Se un padre ama la figlia è eterosessuale; se il padre ama di più il figlio è omosessuale».

Pochi giorni fa leggevo un libro scritto da uno psicanalista, in cui si dice: «È possibile che Gesù fosse omosessuale, perché viaggiava sempre con i suoi dodici apostoli, tutti uomini». Viaggiare sempre con dei maschi è indice di omosessualità! In un altro testo scritto da uno psicanalista, ho letto che i monaci buddhisti devono essere stati omosessuali perché hanno sempre vissuto in compagnia di soli uomini.

Se l'approccio è tramite la mente, tutto viene ridotto al denominatore sessuale.

Di fronte a Indra, di fronte alla mente, l'Assoluto scompare.

Allora in quel medesimo luogo Indra scorse una don-

na bellissima, la splendente Uma, figlia di Himavat, la montagna ammantata di neve. Indra la interrogò: « Chi potrebbe essere questo yakchha? ».

Ed è quello che chiediamo, e lo chiediamo al sesso: cos'è questa vita?

Capitolo tredicesimo

L'UOMO PUÒ ESSERE TRASCESO

Domanda:

La psicoanalisi si è sviluppata in Occidente attraverso Freud, Adler, Jung e Wilhelm Reich, con lo scopo di risolvere tutti i problemi derivati dall'ego, quali le frustrazioni, i conflitti, la schizofrenia e la pazzia. Per favore, spiega i contributi, i limiti e le manchevolezze del sistema psicoanalitico — se confrontato con le tecniche di meditazione — nel risolvere i problemi dell'uomo che hanno come radice comune l'ego.

La prima cosa che si deve capire è che qualsiasi problema le cui radici sono nell'ego non può essere risolto se non si trascende l'ego. Puoi rimandare il problema, puoi modificarlo inserendolo in uno schema di normalità, puoi diluirlo, ma non lo puoi risolvere. Con la psicoanalisi puoi fare in modo che un uomo funzioni meglio all'interno della società, ma la psicoanalisi non risolve mai nessun problema. E quando un problema viene rinviato, spostato, crea un altro problema. Cambia semplicemente di posto, ma persiste. Prima o poi si verificherà una nuova esplosione, e una nuova esplosione di un vecchio problema rende più difficile posporlo e demandarlo nel futuro.

La psicoanalisi può solo procurare un sollievo momentaneo perché non è in grado di concepire qualcosa che trascenda l'ego. Un problema può essere risolto solo quando si può andarne aldilà. Se non puoi superarlo, *tu* sei il problema. E chi dovrà risolverlo? Come potrai risolverlo? In quel caso *tu sei il problema* — non è qualcosa di separato da te.

Lo yoga, il tantra e tutte le tecniche di meditazione

hanno fondamenta diverse. Affermano: esistono i problemi, intorno a te vi sono problemi di ogni tipo, ma tu non sei mai il problema. Li puoi trascendere. Puoi stare a guardarli come un osservatore che da una collina guarda giù nella valle. Il fatto stesso di essere testimone può risolvere il problema. Di fatto il semplice essere testimone di un problema lo risolve a metà, perché quando sei in grado di osservare un problema, di esserne un osservatore imparziale, quando non ne sei coinvolto, riesci a metterti al suo fianco e a guardarlo: la chiarezza stessa che deriva da questo essere testimone, ti dà la chiave segreta, l'indizio essenziale. La maggior parte dei problemi esiste solo perché non esiste la chiarezza per comprenderli. Non hai bisogno di soluzioni: hai bisogno di chiarezza.

Un problema compreso correttamente, è risolto, perché i problemi sono prodotti da una mente incapace di comprendere. Per questo la cosa fondamentale non è risolvere il problema, ma creare una maggior consapevolezza. E se c'è più consapevolezza, più chiarezza, se il problema può essere affrontato in modo imparziale, e osservato come se non appartenesse a te, ma a qualcun altro, se riesci a creare una distanza tra il problema e il tuo essere, allora il problema può essere risolto.

La meditazione crea una distanza, ti offre una prospettiva da cui guardare. Vai aldilà del problema, e cambia il livello di consapevolezza.

Con la psicoanalisi resti sempre allo stesso livello. Il livello non cambia mai. Di nuovo ti riadatti alla dimensione in cui vivevi. La tua attenzione, la tua consapevolezza, la tua capacità di essere un testimone non cambia. Quando entri in meditazione vai sempre più in alto. Puoi guardare i tuoi problemi dall'alto, ora si trovano in una valle mentre tu sei su di una collina. Da questa altezza, con questa prospettiva, tutti i problemi sembrano diversi. E più aumenta la distanza, più tu acquisti la capacità di osservarli come se non ti appartenessero.

Ricorda una cosa: se un problema non è tuo, riesci sempre a dare ottimi suggerimenti su come risolverlo. Se il problema è di un altro, se qualcun altro è in difficoltà, tu fai sempre la parte del saggio; puoi dare ottimi consigli. Ma se il problema è tuo, non sai assolutamente cosa fare. Cos'è successo? Il problema è sempre lo stesso, ma ora tu ci sei coinvolto. Quando era il problema di un altro, avevi una distanza da cui guardarlo con imparzialità. Tutti siamo capaci di dare buoni consigli, ma quando noi siamo in difficoltà tutta questa saggezza scompare, perché è scomparsa la distanza.

Qualcuno è morto e l'intera famiglia è addolorata: puoi dare loro buoni consigli. Puoi dire che l'anima è immortale; puoi dire che nulla muore mai, che la vita è eterna. Ma se muore qualcuno che ami, che nella tua vita aveva importanza, che ti era vicino, amico, allora ti batti il petto, piangi e ti disperi. Non sei in grado di darti gli stessi buoni consigli, dire che la vita è immortale e nessuno muore mai. Ora sembrano assurdità senza senso.

Quindi ricorda che nel dare consigli agli altri rischi di sembrare sciocco. Quando dici a qualcuno che piange la morte dell'amata, che la vita è immortale, quella persona penserà che sei stupido. Gli stai dicendo cose senza senso. Quell'uomo sa cosa vuol dire perdere l'amata, e nessuna filosofia lo potrà mai consolare. E sa perché gli dici queste cose: il problema non è tuo, per questo puoi permetterti di essere saggio, mentre lui non può.

Attraverso la meditazione trascendi il tuo essere abituale. In te sorge una nuova prospettiva da cui puoi vedere le cose in modo nuovo. Si crea il distacco. I problemi esistono, ma sono molto lontani — quasi accadessero a qualcun altro. Ora puoi darti da solo dei buoni consigli, ma non sono più necessari. La distanza in sé ti darà saggezza.

Quindi, la tecnica di meditazione essenzialmente opera per creare una distanza tra te e i problemi. Per ora, così come sei, sei intrappolato nei problemi al punto che non sei in grado di pensare, non sei in grado di contemplare, non puoi vedere aldilà, non ne puoi essere testimone.

Per prima cosa: la psicanalisi è utile solo per riadattare, non è una trasformazione. Inoltre nella psicanalisi diventi dipendente. Hai bisogno di un esperto che farà tutto. Ci vorranno tre, quattro, perfino cinque anni se il problema è molto profondo, e tu non farai che essere sempre più dipendente: *non* crescerai. Al contrario sarai sempre più affetto da sindrome di dipendenza. Avrai bisogno dello psicanalista ogni giorno o due volte la settimana o anche tre. Quando ti viene a mancare ti senti perso. Se interrompi l'analisi, ti senti perso. Diventa un'assuefazione, un'intossicazione come da alcolici.

Inizi a dipendere da qualcuno che è un esperto. Tu puoi parlargli dei tuoi problemi, e lui li risolverà. Ne discuterà e porterà alla luce le radici inconsce. Ma sarà *lui* a farlo. La soluzione verrà trovata da qualcun altro.

Ricorda, un problema risolto da qualcun altro non aumenterà la tua maturità. Un problema risolto da un altro, aumenterà la maturità dell'altro, non la tua. Ed è possibile che tu divenga ancor più immaturo, perciò ogni volta che ti troverai di fronte un problema, avrai bisogno del consiglio di un esperto, di un professionista. E non credo che gli psicanalisti acquistino maturità attraverso i vostri problemi, perché si mettono a loro volta in analisi da altri psicanalisti. Hanno i propri problemi. Risolvono i vostri problemi, ma non sono in grado di risolvere i loro: di nuovo è una questione di distanza.

Lo stesso Wilhelm Reich tentò più di una volta di farsi psicoanalizzare da Sigmund Freud. Freud si rifiutò sempre, e per tutta la vita quel rifiuto ferì Reich. E i freudiani, i freudiani ortodossi, non accettano Reich come esperto perché lui stesso non fu mai psicanalizzato.

Ogni psicanalista va da un altro per risolvere i suoi problemi. Lo stesso accade nella professione medica. Se un dottore è malato, non è in grado di farsi da sé una diagnosi. La mancanza di distanza è tale, che ne ha paura e preferisce andare da qualcun altro. Se sei un chirurgo, non puoi operarti da solo, non è vero? Non esiste distanza. È difficile operare sul proprio corpo, ma è anche difficile operare la propria moglie, nel caso fosse seriamente malata: la mano tremerebbe, sarebbe impossibile operare. L'intimità è tale che avresti paura, non riusciresti ad essere un buon chirurgo, dovrai chiedere consigli:

dovrai chiamare un altro chirurgo, e affidare a lui l'operazione.

Cosa succede? Sei sempre stato bravo, hai operato migliaia di volte, cosa ti succede ora? Non riesci ad operare tuo figlio o tua moglie perché la distanza è così piccola, quasi non esiste, e senza distanza non sei in grado di restare imparziale. Allo stesso modo uno psicanalista può aiutare gli altri, ma quando lui stesso è in difficoltà dovrà chiedere consiglio, dovrà farsi psicoanalizzare da qualcun altro. E la cosa strana è che anche una persona come Wilhelm Reich alla fine impazzisce.

Ci è impossibile concepire un Buddha che impazzisce, e forse tu ci riesci? Se un Buddha può impazzire, non ci sarebbe veramente nessuna via d'uscita dalla nostra infelicità. No, è inconcepibile che un Buddha impazzisca.

Guardate la vita di Sigmund Freud, il padre e il fondatore della psicanalisi. Per tutta la vita parlò con profonda ponderatezza dei problemi della psiche. Ma rispetto a se stesso non risolse mai un solo problema. Neppure uno! Anche lui aveva paura come chiunque altro. Era pauroso ed era nervoso. La rabbia era un problema per lui come lo è per chiunque. Andava in collera al punto da essere preso da convulsioni. E quell'uomo conosceva la mente umana nei dettagli, ma per quello che riguardava lui sembra che tutta quella conoscenza fosse inutile. Anche Jung quando era preso dall'angoscia, perdeva conoscenza, era colto da attacchi improvvisi.

Qual è il problema? La distanza. Quegli uomini pensavano ai problemi, ma non crescevano in consapevolezza. Il loro era un pensare intellettuale, logico, preciso che portava a delle conclusioni. A volte quelle conclusioni potevano essere esatte, ma questo non è importante. Nessuno di loro crebbe in consapevolezza, in nessun modo essi diventarono superumani. E se non trascendi l'essere umano, i problemi non possono essere risolti, si può solo modificarli un poco.

Negli ultimi giorni della sua vita Freud disse: «L'uomo è incurabile, il massimo che si può sperare è che viva come un essere riadattato. Non si può sperare altro. Questo è il massimo! L'uomo non può essere felice,» continua Freud «al massimo possiamo fare in modo che non sia troppo infelice. Questo è tutto. Ma non sarà mai felice: è incurabile». Che soluzione può dare un atteggiamento simile? E quella è la conclusione tratta dopo quarant'anni di esperienza con esseri umani: l'uomo non può essere aiutato, l'uomo è per natura, è naturalmente infelice, e vivrà sempre nell'infelicità.

Ma lo yoga afferma che l'uomo può essere trasceso. Non è l'uomo che è incurabile, è la sua scarsissima consapevolezza che crea il problema. Cresci in consapevolezza, aumenta la tua consapevolezza e i problemi diminuiranno. Esiste una proporzione: poca consapevolezza, tanti problemi; molta consapevolezza, pochi problemi. Con una consapevolezza *totale* i problemi scompaiono semplicemente, simili a gocce di rugiada che evaporano all'apparire del sole. Con una consapevolezza totale non esiste alcun problema, perché con una totale consapevolezza non possono sorgere problemi. Al massimo la psicanalisi può essere una cura, ma i problemi continueranno ad esserci, la psicanalisi non li previene.

Lo yoga, la meditazione scendono alle radici. Ti cambieranno al punto che sarà impossibile la nascita di problemi. La psicanalisi si occupa dei problemi, la meditazione si rapporta a *te* direttamente. Non ha alcun interesse nei problemi. Per questo i più grandi psicologi orientali, Buddha, Mahavir e Krishna, non parlano mai di problemi. E a causa di questo silenzio la psicologia occidentale crede che la psicanalisi sia un fenomeno moderno, nuovo. Non lo è!

Solo in questo secolo, all'inizio del novecento, Freud è riuscito a dimostrare scientificamente che esiste l'inconscio. Buddha ne parlò venticinque secoli prima. Ma Buddha non ha mai affrontato un problema perché dice che i problemi sono infiniti. Se affronti i problemi uno per uno, non riuscirai mai a risolverli. Affronta l'uomo stesso! Scordati dei problemi. Affronta l'essere e aiutalo a crescere. La crescita dell'essere e l'espansione della consapevolezza porteranno ad una caduta progressiva dei problemi. Non è necessario preoccuparsene.

Per esempio, una persona è schizofrenica, dissociata,

divisa. La psicanalisi affronterà questa dissociazione, come operare su questa frattura, come riadattare quest'uomo in modo che sia in grado di funzionare, sì che possa vivere in modo pacifico nella società. La psicanalisi affronterà il problema, la schizofrenia. Se quest'uomo si rivolge a un Buddha, il Buddha non parlerà affatto del suo stato schizofrenico. Dirà: «Medita, così l'essere interiore diverrà una unità e la frattura alla periferia scomparirà». La frattura esiste, ma non è la causa bensì l'effetto. La dualità esistente nella profondità dell'essere, ha causato questa frattura alla periferia.

Puoi continuare a cementare questa spaccatura, ma la frattura interiore rimarrà, e comparirà da qualche altra parte. E tu la cementerai di nuovo, ma riapparirà da un'altra parte ancora. Per cui se curi un problema psicologico, immediatamente ne sorgerà un altro. Curi anche quello e ne sorgerà un terzo.

Dal punto di vista professionale è un affare, perché gli psicanalisti vivono su questo. Ma non è un aiuto. L'Occidente dovrà andare oltre la psicanalisi. E se l'Occidente non arriverà ai metodi che aiutano la crescita della consapevolezza, la crescita interiore dell'essere, l'espansione della consapevolezza, la psicanalisi non potrà essere di grande aiuto.

E già sta accadendo: la psicanalisi è superata. Le menti più acute dell'Occidente pensano ora a come espandere la consapevolezza e non più a come risolvere i problemi; ci si chiede come rendere l'uomo più sveglio e più consapevole. Ci siamo già arrivati: il seme sta germogliando, si deve solo ricordare questo nuovo punto di vista.

A me non interessano i vostri problemi. Sono milioni e milioni, ed è perfettamente inutile continuare a risolverli perché voi ne siete gli artefici, e voi non venite mai messi in causa. Io risolvo un problema e tu ne crei dieci. Non verrai mai sconfitto, perché l'artefice resta sempre protetto. Ed io continuo a trovar soluzioni... sarebbe una semplice perdita di energia.

Io spingerò da parte i tuoi problemi. Semplicemente penetrerò in *te*. Si deve cambiare l'artefice stesso. Ed una volta cambiato lui, alla periferia i problemi cadono da soli, perché ora nessuno più li sostiene, nessuno più mette energia per crearli, nessuno ne gode più. Forse questa parola ti sembrerà strana, ma ricorda che tu godi dei tuoi problemi, perciò li crei. E ne godi per mille motivi.

Tutta l'umanità è malata perché esistono cause fondamentali, ragioni essenziali che continuiamo a non prendere in considerazione. Ogni volta che un bambino è malato, riceve l'attenzione di tutti, se è sano nessuno si cura di lui. Ogni volta che un bambino è malato, i genitori gli mostrano amore, o almeno fingono di amarlo. Ma non appena sta bene, nessuno si preoccupa di lui. Nessuno pensa di dargli un bacio o di abbracciarlo. Il bambino impara presto il trucco. E l'amore è un bisogno fondamentale, l'attenzione è un nutrimento fondamentale. Per il bambino l'attenzione è persino più importante del latte. Se nessuno gli presta attenzione in lui muore qualcosa.

Avrete sentito parlare di nuovi esperimenti fatti in un laboratorio inglese, a Delabar, dove si fanno ricerche sulle piante. Perfino le piante crescono più rapidamente se si presta loro attenzione: basta guardarle con amore. Nell'esperimento si usano due piante. A una si dà attenzione, amore, sorrisi, la si avvicina con dolcezza, e all'altra non si presta nessuna attenzione. Le si dà ogni altra cosa necessaria: acqua, sole, fertilizzanti. Nell'esperimento ad entrambe le piante viene dato tutto in ugual misura, ma la prima viene seguita con attenzione, e la seconda con assoluta indifferenza, ogni volta che le si passa vicino, non la si degna di uno sguardo. E si vede che la prima cresce più rapidamente ed avrà fiori più grandi. L'altra crescerà a stento, e darà fiori più piccoli.

L'attenzione è energia. Quando qualcuno ti guarda con amore ti sta nutrendo, con cibo estremamente sottile. Per questo ogni bambino ha bisogno di attenzione, e voi gli date attenzione solo quando è malato, quando ha dei problemi. Per cui se il bambino ha bisogno di attenzione creerà dei problemi, diverrà un artefice di problemi.

L'amore è un bisogno fondamentale. Il tuo corpo cresce grazie al cibo, la tua anima cresce con l'amore. Ma ottieni amore solo quando sei malato, quando hai dei problemi; altrimenti nessuno ti dà amore. Il bambino impara questa strategia, per cui inizia a creare dei problemi. Ogni volta che è malato o ha un problema, tutti gli prestano attenzione.

Non hai mai fatto caso? In casa tua i bambini stanno giocando in silenzio, tranquilli. Se all'improvviso arrivano ospiti, iniziano a disturbare, perché la tua attenzione si sposta sugli ospiti ed ora i bambini fanno di tutto per richiamarla. Hanno bisogno della tua attenzione, dell'attenzione degli ospiti, dell'attenzione di tutti, e faranno di tutto per averla, daranno noia. È un atto inconsapevole! Col tempo diventa uno schema di comportamento. E da adulti, continueranno a comportarsi così...

Per le donne è vero al novanta per cento che le loro malattie, i loro problemi mentali, sono essenzialmente bisogni d'amore. Quando ami una donna, non ha problemi. Tutte le volte che sorge un problema in campo amoroso, la donna avrà malanni a non finire. Sta lottando per avere la tua attenzione. E gli psicanalisti sfruttano questo bisogno di attenzione, perché uno psicanalista è uno che presta attenzione per professione. Vai da lui: è un professionista, per un'ora ti guarda con attenzione. Qualsiasi cosa, qualsiasi assurdità tu dica, ti ascolta come se ascoltasse i Veda. E ti persuade a parlare di più, a dire qualsiasi cosa, importante o superficiale che sia: metti a nudo la tua mente! E ti senti splendidamente.

Lo sapevi? Il novantanove per cento dei pazienti si innamora del suo psicanalista. Ed è un problema restare all'interno di un rapporto cliente-esperto, perché prima o poi si trasforma in un rapporto d'amore. Come mai? Perché una donna si innamora del proprio psicanalista? Oppure: come mai un uomo si innamora della sua psicanalista? La ragione è semplice: per la prima volta è stata prestata loro moltissima attenzione. Il loro bisogno d'amore è stato appagato.

Se il tuo essere essenziale non è cambiato, la soluzione dei tuoi problemi non darà alcun frutto. Hai una potenzialità infinita per creare nuovi problemi. Innanzitutto la meditazione è uno sforzo per renderti indipendente. In secondo luogo serve a cambiare il tipo e la qualità della tua consapevolezza. Con una qualità nuova di consapevolezza i vecchi problemi non possono esistere: semplicemente scompaiono. Per esempio da bambino avevi un tipo di problemi che nella pubertà sono scomparsi. Dove se ne sono andati? Non li hai mai risolti, sono semplicemente scomparsi. Non riesci neppure a ricordarti che tipo di problemi avevi nella tua infanzia. Ma crescendo, quei problemi sono scomparsi.

Nella pubertà hai avuto un tipo diverso di problemi. E crescendo non li hai più ritrovati. Non perché sei riuscito a risolverli — nessuno è in grado di risolvere i problemi — semplicemente perché si cresce oltre i problemi stessi. Da vecchio riderai dei problemi che avevi, ed erano tanto incalzanti e distruttivi che diverse volte hai pensato alla possibilità di suicidarti per farla finita. Quando sarai cresciuto non potrai che riderne: dove se ne sono andati? Li hai mai risolti? No, sei semplicemente cresciuto! Quei problemi facevano semplicemente parte di una particolare fase della crescita.

La situazione non cambia nella consapevolezza: se cresci in profondità nella consapevolezza, i problemi continueranno a scomparire. E verrà il momento in cui sarai così consapevole che nessun problema sorgerà più. La meditazione non è analisi. La meditazione è crescita. Non si rapporta ai problemi: si rapporta esclusivamente con l'essere.

Capitolo quattordicesimo

CONOSCENZA DEL TUTTO ATTRAVERSO L'UNO

KENA-UPANISHAD

CAPITOLO IV

1

«Quello yakchha *era il Brahman» disse Uma. «Ed è stato con la vittoria del Brahman che voi avete ottenuto questa gloria.» Da queste parole di Uma Indra seppe che si trattava del Brahman.*

2

Per tale motivo questi Dei, Agni, Vayu e Indra, sono al di sopra di tutti gli altri Dei, perché essi hanno toccato più da vicino quel venerabile spirito; perché essi furono i primi a conoscerLo in quanto Brahman.

3

E pertanto Indra è superiore a tutti gli altri Dei perché egli ha toccato più da vicino questo venerabile spirito. Perché egli venne a sapere per primo che era il Brahman.

4

Questo è l'insegnamento rispetto al Brahman: «È come il balenìo di un lampo, è come un battito di ciglia.» Così ci si riferisce alla adhi-daivatam, *il Suo aspetto in quanto manifestazione cosmica.*

5

Ora la Sua descrizione riguardo alla adhy-atman — *il Suo aspetto in quanto manifesto nell'uomo. La mente corre a tutta velocità verso il Brahman come se si muovesse. E anche per mezzo suo l'immaginazione ci rammenta questo Brahman all'improvviso e Lo si immagina come se fosse sempre vicino.*

La mente è astratta. Non è in grado di toccare, non può vedere, né sentire. Può solo pensare. Il pensiero è astratto, i pensieri si muovono unicamente in uno spazio vuoto, sono privi di consistenza. Non possono essere ascoltati, non si possono toccare, non si possono sentire. Per questo la mente è la facoltà umana più astratta, e quando questa facoltà astratta cerca di cogliere il vero, può solo pensarlo. Non lo può realizzare, non lo può percepire. Lo può solo contemplare.

Sarà sempre un approccio indiretto. I sensi sono diretti, la mente no.

Indra rappresenta la mente, Agni gli occhi, Vayu, l'aria, rappresenta le orecchie. Ricordalo: le orecchie sono la parte del corpo umano che è in relazione con l'esistenza cosmica dell'aria; gli occhi con l'esistenza cosmica del fuoco o del sole.

Vayu avvicinò il Brahman, come pure Agni: entrambi riuscirono a vederLo e a sentirLo. Riuscirono a stabilire un contatto tangibile con la realtà suprema, ma non riuscirono a riconoscerLa. Il Brahman era lì presente, ma i sensi non furono in grado di riconoscerLo. Per riconoscerLo è necessaria la presenza della mente: solo la mente è in grado di riconoscerLo. Ma a quel punto sorge un problema: la mente non può avvicinarsi a lui in modo diretto. La mente Lo avvicina in maniera indiretta. La mente non è in grado di penetrare la realtà direttamente perché è un senso astratto, può solo pensare. È in grado di comprendere attraverso il pensiero, ma in questo caso la realtà scompare. Diventa un pensiero richiuso su se stesso. Indra riuscì a riconoscere il Brahman, ma non direttamente, perché quando Indra gli si parò davanti, Egli scomparve.

Quindi la prima cosa da comprendere è che la mente è un processo indiretto. I sensi sono diretti. Ti posso toccare con le mani, ma non posso toccarti con la mente. Posso vederti con gli occhi, ma non posso vederti con la mente. La mente è chiusa dentro di me e non esiste nessun collegamento diretto con te. Se la mente vuol entrare in contatto con te, ha bisogno di un elemento di collegamento. Se la mente vuole vederti, potrà farlo usando gli occhi; per toccarti dovrà utilizzare le mani. Sarà sempre necessario un agente, un elemento di mediazione, un medium: la mente ha bisogno di un intermediario.

Qualsiasi conoscenza raggiunta dalla mente non potrà mai essere immediata. Questa è una delle scoperte fatte dal pensiero orientale: la mente non può mai fornirti una conoscenza immediata su nulla. Sarà sempre presente un intermediario e il sapere verrà per suo tramite. Non è possibile una penetrazione diretta della realtà da parte della mente. I sensi sono diretti, ma non sono in grado di riconoscere la realtà. La mente *può* riconoscerla, ma è un processo indiretto. Per cui è possibile conoscere il reale solo se la mente e i sensi sono in profonda armonia tra di loro.

Agni ebbe un approccio individuale, e così pure Vayu e Indra. Tutti fallirono. Brahman si trovava di fronte ad Agni, ma questi non aveva mente per pensare, per riconoscerLo, per ricordarLo, non riuscì a capire chi fosse. Indra avrebbe potuto riconoscerLo, ma non poteva riconoscerLo direttamente, e il Brahman scomparve di fronte alla mente.

Per questo la prima cosa è: se si usa la mente per conoscere la realtà, questa scomparirà. Ecco perché per la scienza non esiste alcun Brahman. La scienza è Indra — una mente al lavoro — per cui continua a negare. La scienza sostiene che non esiste alcuno spirito dentro di te, né esiste l'Atman, né il Brahman, né l'anima cosmica nell'Universo. Questo è un approccio mentale, astratto.

Tuttavia in questa parabola si verifica un fenomeno molto profondo: il Brahman scompare e appare una donna, una donna splendida, Uma.

Ogni volta che la mente cerca di penetrare il mistero della vita, il Brahman scompare ed appare il sesso. Per la mente il sesso è l'elemento più vicino al Brahman, la possibilità più vicina alla conoscenza della forza vitale. Perché? Il sesso è l'elemento più vicino alla mente per molti motivi. Innanzitutto il Brahman è la forza vitale del cosmo e il sesso è la tua forza vitale personale. Il Brahman è al di fuori del tuo essere, il sesso è dentro di te. Per percepire il Brahman saranno necessari i sensi. Per comprendere il sesso puoi chiudere gli occhi e percepirlo: è una tua realtà interiore. Puoi anche dire che il Brahman è entrato in te sotto forma di sesso: dentro di te è diventato energia sessuale. È la controparte nell'individuo della forza cosmica della vita.

Attraverso la mente puoi comprendere il Brahman solo in quanto sesso. Per questo ogni volta che il pensiero astratto tocca un culmine il Brahman scompare e il sesso diventa l'unica realtà. In passato è successo diverse volte, e accade ancora nel mondo contemporaneo. È successo in India, e proprio per quello è nato il Tantra, il cui senso è: dimentica completamente il Brahman, limitati a scendere in profondità nell'energia sessuale fino a toccarne l'essenza, e raggiungerai il Brahman.

Il Tantra nacque perché l'India aveva raggiunto un apogeo intellettuale simile a quello toccato oggi dai paesi dell'Occidente. L'India ha conosciuto quello stesso apogeo: la raffinatezza del pensiero astratto, l'essenza del pensiero scientifico, il sommo della concettualizzazione e della filosofia. L'India toccò una dimensione mentale così sofisticata per cui il Brahman scomparve e la forza vitale divenne forza sessuale: il Brahman si manifestò in quanto forza sessuale. Per cui il Tantra insegna che non esiste alcun Dio che possa essere avvicinato direttamente. Se non affronti il mistero del sesso, se non scendi nelle sue profondità, non puoi conoscere il Brahman.

Inoltre è simbolico il fatto che il sesso si manifesti ad Indra sotto le spoglie di Uma. Uma è la moglie di Shiva, e Shiva è il tantrica per eccellenza. Uma ne è la controparte. In quella profonda esperienza della forza vitale Shiva è l'elemento maschile e Uma è quello femminile. Per Shiva Uma è la fonte della forza vitale, la porta che si apre sui fenomeni cosmici. Per Uma Shiva è la porta che si apre sui fenomeni cosmici. E quando Uma e Shiva si fondono in un profondo orgasmo, si perdono e vibra solamente quell'energia cosmica.

Avrete visto lo *Shivalinga*, non è mai solo. È accompagnato dalla *yoni* di Uma. Lo *Shivalinga* è posto nella *yoni* di Uma. Lo *Shivalinga* rappresenta il fallo, e al di sotto sta la vagina, la *yoni*. Lo *Shivalinga* è il simbolo dell'incontro e dell'orgasmo sessuale. In questo incontro l'individuo scompare e si manifesta l'entità cosmica.

Uma si manifestò di fronte a Indra: il sesso si manifestò alla mente. È così che io decodifico questa parabola. E Indra chiese a Uma: «Chi era quello spirito?». Quando la mente tocca il suo apice, può solo chiedere all'energia sessuale: «Chi è questa forza cosmica?».

Nell'uomo la testa, la mente è una polarità e il sesso, l'altra. Tu esisti tra due polarità. Nella testa risiede la forza del pensiero, la ragione, la mente. E al polo esattamente opposto sta il sesso. Lungo la spina dorsale queste sono le due polarità; la scienza afferma che il cervello non è altro che un'estensione della spina dorsale. Ad una estremità vi è l'energia sessuale, all'altra la ragione. Queste sono le due polarità della tua spina dorsale, e la spina dorsale è la tua vita. Esisti grazie alla spina dorsale. Quando la ragione raggiunge il culmine sei diventato unipolare, ti sposti ad un estremo che è assoluta astrazione. Viceversa il sesso è l'elemento *più* tangibile, non è affatto astratto.

Attraverso gli occhi ti è possibile vedere, attraverso le orecchie puoi sentire, puoi toccare con le mani, ma attraverso il centro sessuale puoi scendere a profondità maggiori. Gli occhi non possono scendere a quella profondità, le mani non riescono a toccare con la stessa intensità, le orecchie non possono udire con la stessa sensibilità. Tramite il sesso ti addentri nel mistero dell'altro fino a toccarne il fondamento ultimo. Il sesso è una forza che penetra fino alle più estreme profondità dell'essere. La mente non riesce a penetrare direttamente un oggetto, il sesso penetra *solo* direttamente. Il sesso non è affatto astratto, mentre la mente non è affatto concreta. Per questo nel tuo essere il sesso è la terra e la mente è il cielo. Il sesso rappresenta le radici del tuo essere, la mente i fiori.

Ogni volta che la mente vuol conoscere cos'è la forza vitale, cos'è il Brahman, non ha che una sola possibilità: ritornare alle radici, perché quelle radici affondano nel cosmo, quelle radici scendono in profondità nella energia vitale del cosmo. Attraverso il sesso la mente può risalire fino alla sorgente prima. Se continui a pensare, ti muovi in cerchi concentrici nella mente, senza poter venirne fuori. Puoi creare filosofie, grandi sistemi di pensiero, ma saranno tutti concetti, parole, schemi verbali; non possono essere realtà. La mente riesce a conoscere solo se ritorna alle radici, scende alla sorgente originaria. E tramite quella sorgente è possibile conoscere il Brahman.

Oggi, attraverso la ricerca speculativa dell'Occidente, il mondo ha raggiunto di nuovo un punto in cui la mente ha la supremazia. Per questo in Occidente c'è tanto interesse per il sesso, si fanno ricerche e se ne discute. Dio è stato messo da parte. In Occidente oggi il problema fondamentale non è Dio, ma il sesso. E solo se questo mistero verrà penetrato, in qualche modo Dio potrà di nuovo diventare un problema vivo. Per questo i pensatori occidentali riflettono continuamente sul mistero del sesso: cos'è il sesso?

Uma apparve a Indra che le chiese: «Cos'è questa forza? Chi era quello spirito? Chi era quella presenza che è scomparsa davanti a me?». È questo che la mente chiede alla forza sessuale: «Cos'è la vita? Cosa è Dio? Cos'è il Brahman?». Chiedere al centro sessuale è una pratica tantrica. Tantra vuol dire lo yoga del sesso. E si può profetizzare che per le generazioni a venire solo il Tantra potrà avere una utilità, perché solo il Tantra conosce il segreto di come chiedere a Uma, come chiedere al centro sessuale, all'energia sessuale, cosa sia la fonte suprema dell'energia.

E Uma rispose.

«Quello yakchha era il Brahman» disse Uma.

Uma rispose che quella presenza era il Brahman. Il sesso può rispondere in due modi: per un uomo la risposta è una donna, per la donna la risposta è l'uomo. Se saprai porre la domanda nel modo giusto, il sesso può trasformarsi per te nella risposta più profonda che sia possibile trovare. Ma vi sono dei pericoli.

Se non sai chiedere nel modo giusto, il sesso sarà per te infelicità. In quel caso, il sesso si trasformerà in una caduta abissale. Se riesci a porre la domanda nel modo giusto, il sesso può diventare per te il segreto più profondo che sia possibile conoscere. Ma se poni la domanda nel modo sbagliato, diverrà una caduta abissale. È inevitabile perché il sesso implica una vetta, e se cammini verso la vetta nel modo sbagliato, cadrai.

I cristiani considerano il sesso solo come una caduta, e il Tantra pensa al sesso come la giusta risposta. Il cristianesimo ed il tantrismo sono l'uno l'opposto dell'altro. Non è solo il cristianesimo ad essere in opposizione al sesso; lo sono anche il giainismo e molte altre religioni. E si oppongono per un motivo preciso: vi sono cinquanta possibilità su cento di precipitare. È pericoloso, per cui si cerca di percorrere un'altra strada, dove non esiste questa possibilità di cadere. E si tratta matematicamente del cinquanta per cento. Di fatto le possibilità di caduta sono il novantanove per cento perché il sesso è di per sé un'attrazione tale, è una forza così inconscia che è difficile restare all'erta, in meditazione, mentre lo si esperimenta. Cadrai nell'incoscienza, e se nell'orgasmo diventi inconsapevole, non arriverai mai da nessuna parte.

Vi sono novantanove possibilità su cento che il sesso sia per te una caduta, la possibilità che tu ti evolva è una sola. Ma il Tantra sostiene che la probabilità di cadere può essere ridotta grazie all'uso di tecniche giuste, e un uomo o una donna possono essere addestrati. In questo caso fare all'amore diventa un'arte, l'arte più eccelsa. E se conosci quest'arte, il tuo approccio sarà estremamente consapevole e delicato. Allora non sarà più un sollievo momentaneo, un semplice rilassamento, diverrà un atto di adorazione sacro.

Per cui il Tantra insegna alle persone prima di tutto a non essere sessuali. Il Tantra insegna come prima cosa ad arrivare ad un punto in cui il sesso non sia più follia. Il Tantra ti insegna ad essere totalmente privo di attaccamento, privo di desiderio, distaccato. Di fronte al ricercatore tantrico — lo *sadhak* — verrà fatta sedere una donna nuda, splendida, e questi deve contemplare lei, la sua bellezza, ma in quanto forza divina. E deve continuare a guardare dentro di sé per verificare che non sorga lussuria. Se nasce lussuria si ha fallito.

È una cosa estremamente difficile! Per mesi e mesi il ricercatore fa pratica per andare oltre la lussuria. E solo quando avrà di fronte una donna splendida, simile ad un bellissimo fiore, e il tantrica non ha la mente ottenebrata da alcuna bramosìa, solo allora il Maestro gli permetterà di avvicinarsi a lei, sì che possa entrare in lei senza lussuria. In questo caso diventa una meditazione e l'orgasmo diventa cosmico. Allora gli individui non esistono più, perché essi esistono solo col desiderio, la bramosìa e la passione. Allora accade l'amore e questo amore è preghiera. E grazie all'altro, entrambi saranno entrati nel sommo che tutto comprende.

Il sesso ti può dare la risposta, e se sei troppo ossessionato dall'intelletto solo il sesso ti può dare la risposta. Ogni epoca in cui predomina l'intelletto si dovrà porre l'interrogativo supremo attraverso il sesso. Se ti sei arroccato troppo nella mente, dovrai ricadere nell'altro estremo. Solo così i due opposti dentro di te si incontreranno davvero e tu diverrai una unità.

Uma disse: « Quello yakchha era il Brahman ».

Attraverso una profonda esperienza sessuale, una esperienza sessuale meditativa, capirai che questa energia sessuale non è altro che energia divina. E il sesso diverrà samadhi.

Uma disse: « Ed è stato con la vittoria del Brahman che voi avete ottenuto questa gloria ». Da queste parole di Uma Indra seppe che si trattava del Brahman.

La mente non è in grado di comprendere direttamente. Il sesso diventa l'intermediario: Uma diventa il medium. E grazie a questo tramite Indra riuscì a comprendere chi fosse quello spirito, chi fosse quella presenza. La mente ha bisogno di un intermediario perché è astratta, mentre la realtà non lo è. Solo grazie ad un intermediario, un commutatore d'energia, la mente è in grado di entrare in contatto con la realtà.

La filosofia greca si perse solo per questo motivo: i greci dipendevano totalmente dalla mente e dalla ragione, da pensare che null'altro fosse necessario: credevano che insistendo sulla via del pensiero si potesse giungere alla verità. Ancora non è stata raggiunta e la filosofia greca continua nel suo viaggio, ha cambiato paese, ha cambiato dimora, ha viaggiato attraverso l'intera storia del pensiero occidentale.

Il fiume nato ad Atene è passato da Berlino, da Parigi, da Londra, da New York. Continua instancabile a fluire... ma non fa altro che aggiungere sempre nuove parole. Propone un Hegel e un Kant, un Berkeley e uno Hume, un Russell e uno Wittgenstein, ma non sono altro che parole, sempre e solo parole. Non può dar vita a un Buddha, non può dar vita a un Cristo: non può produrre esperienza. Ed ora l'Occidente si sta interessando al Tantra. Quello potrà segnare il giro di boa: la testa che ritorna alle radici.

Attraverso Uma Indra riuscì a capire che quello *yakchha* era il Brahman, che quella presenza che si era dissolta e non era più visibile — al suo posto era apparsa Uma, una donna splendida, simbolo del sesso — era il Brahman. Il sesso può fornirti la risposta su cosa sia la vita perché è l'elemento più vitale del tuo essere. La mente è l'elemento più morto, il sesso quello più vivo. Per questo la mente è sempre contro il sesso, e vuole continuamente reprimerlo. Mente e sesso sono nemici. La mente è la forza morta, il sesso quella viva e continuano a lottare tra loro. E ogni volta che ti addentri nel sesso, la mente si sente frustrata e dice: «È sbagliato. Non lasciarti andare di nuovo».

La mente diventa maestra di moralità, fa la parte del bigotto, diventa il prete. La mente continua a condannare. La mente continua a condannare tutto ciò che è vivo e ad adorare tutto ciò che è morto. E il sesso è l'elemento *più* vivo nel tuo essere perché da quello si genera la vita: attraverso di lui sei venuto al mondo e per suo tramite puoi dare la vita. Ovunque vi sia vita, vitalità, la fonte originaria è il sesso. Non solo nell'uomo: anche questi alberi sono sessuali. I fiori non sono altro che i semi giùnti a maturazione. E anche gli animali sono sessuali.

Ed ora gli scienziati hanno l'impressione che il sesso penetri anche nella materia, perché anche lì esistono la polarità femminile e quella maschile. Perfino nell'atomo esistono una forza positiva e una negativa. E quelle due forze creano tutto ciò che esiste. La continua lotta tra quelle due forze e il loro continuo incontrarsi — la lotta e l'incontro, l'attrazione e la repulsione — crea energia.

L'intera esistenza è una creazione tra due forze opposte. Per cui ogni volta che ti avvicini di più alla vita, sei più vicino al sesso. Oppure: ogni volta che sei più vicino al sesso, ti avvicini di più alla vita. Sei giovane quando l'energia sessuale è giovane; sei vecchio quando l'energia sessuale invecchia.

Ora la scienza, i biologi, affermano che sostituendo le ghiandole sessuali è possibile interrompere il processo di senilità perché se le ghiandole sessuali sono giovani, tutto il corpo sarà giovane. Se le ghiandole sessuali sono vecchie, non puoi far nulla per ringiovanire il corpo.

Si è provato in mille modi. In tutto il mondo le ricerche mediche hanno tentato di prolungare la vita dell'uomo, di farlo tornare giovane, e alla fine si è giunti ad una conclusione: le ghiandole sessuali invecchiano per prime, poi invecchia il resto del corpo. Prima ringiovaniscono le ghiandole sessuali, quindi segue il resto del corpo. Per cui, di fatto, il problema non è il corpo intero, ma solo il centro sessuale. Se quel centro è giovane tu sei più vicino alla vita, se è vecchio ti avvicini di più alla morte.

Prima o poi riusciremo a sostituire le ghiandole sessuali. E quando saremo in grado di farlo, l'uomo sarà in grado di vivere un'eterna giovinezza. Il corpo lo seguirà. Il corpo non è altro che una espressione. Forse non ci hai mai pensato, ma il centro sessuale è il centro di tutto il corpo. Il corpo intero non è altro che un cerchio intorno al sesso. E i biologi affermano che il corpo intero esiste solo perché il centro sessuale possa sopravvivere. Il corpo è solo un ambiente in cui gli ormoni sessuali possono vivere e sopravvivere. Non è vero che le ghiandole ormonali esistono in funzione del corpo, è il corpo che esiste in funzione delle ghiandole ormonali.

Quando l'energia sessuale ha compiuto il suo ciclo riproduttivo, il corpo inizia ad invecchiare. Una volta che l'energia sessuale si è esaurita, il corpo deve essere messo da parte. Ora questa dimora non ha più alcuna utilità, l'energia troverà un altro corpo in cui vivere, più giovane, più vitale dimodoché la forza vitale possa proseguire il suo corso.

Guardate un frutto. Al centro vi sono i semi: il frutto esiste solo per proteggere i semi, per dar loro vita, energia e nutrimento. Viceversa i semi non esistono in funzione del frutto, e l'esistenza di quest'ultimo serve solo come protezione alla sopravvivenza dei semi. Una volta che i semi sono giunti a maturazione, il frutto perde di utilità, è maturo, cade dall'albero; i semi non hanno più bisogno di protezione. Quando i semi sono pronti a germogliare in una nuova vita, il frutto matura e cade dall'albero: come mai? Perché ora i semi vogliono entrare nel terreno, sono pronti e vogliono scendere nella terra, nel ventre.

Quando ti senti sessuale credi di poterti controllare col pensiero, ma non è possibile perché ora i semi sono pronti ad entrare in una donna, e quei semi lottano per giungere all'incontro. Qualsiasi cosa fai, qualsiasi cosa pensi di fare, sarà inutile perché in fondo è la mente che esiste per i semi, e non i semi per la mente. Lotteranno con tutte le loro forze e tu rimarrai sconfitto. Quei semi usciranno dal tuo corpo, perché questo non era altro che la loro dimora, era solo un frutto. Ora i semi sono pronti, vogliono uscire dal corpo, e ce la faranno. Se non fai all'amore con una donna, affioreranno nei tuoi sogni: in ogni caso ora vogliono uscire. Sono pronti, sono pronti a vivere in un altro corpo, pronti per dare alla vita una ulteriore spinta in avanti.

Se non comprendi questo centro sessuale, e se non operi in profondità al suo interno, non riuscirai mai a conseguire il *brahmacharya*, non potrai mai raggiungere il celibato. I cosiddetti *brahmacharin* lo sono solo per modo di dire. Forse non fanno all'amore con una donna — non è una cosa difficile — ma i semi continuano a fuoriuscire, non possono essere contenuti. Nessuno di loro ne parla perché non sono onesti: una persona onesta lo direbbe.

Il Mahatma Gandhi — uno degli uomini più onesti — ha confessato che perfino all'età di settant'anni aveva sogni con polluzioni notturne. Ha detto: «Per ciò che riguarda la mia mente cosciente ho controllato la sessualità, ma quando mi addormento non posso farci nulla. Nei sogni sorgono immagini sessuali e ho polluzioni involontarie». Gandhi era onesto.

L'energia sessuale può essere trasformata solo quando il sesso diventa la porta che si apre sul cosmo. E quando conosci il segreto di questa trasformazione del sesso in energia cosmica, hai in mano la chiave, e solo quella chiave ti può rendere un *brahmacharin.* Perché? Perché ora puoi dare vita ad una esistenza più elevata. Ora l'energia sessuale può dar vita ad una qualità di vita più alta, ma *deve* dar vita a qualcosa: se non sussiste questo moto verso l'alto, fluirà in un mondo più basso, ma il movimento è inevitabile! L'energia ha bisogno di movimento.

Il Tantra ha scoperto alcuni segreti che permettono di creare attraverso il sesso una forma di vita più elevata. Non solo corpi, ma un'energia più elevata. E quando sai come creare quell'energia, il sesso come tale scompare. Inizia ad operare in una dimensione più alta.

Il Tantra, tramite tecniche confermate da tutti coloro che le hanno sperimentate, afferma che è possibile un incontro quando una donna e un uomo sono in un profondo orgasmo. In genere l'orgasmo è una forma di rilassamento: l'uomo eiacula e l'orgasmo termina. Viceversa l'orgasmo tantrico è privo di eiaculazione. Si ha un semplice incontro delle due energie, non sul piano fisico: le energie si incontrano su un piano psichico. E quando scendono a profondità maggiori l'incontro avviene su un piano spirituale, e quell'incontro diventa la porta, e l'energia inizia a fluire, diventa creativa: dà vita al tuo essere su di un piano diverso. Con ogni movimento più elevato dell'energia sessuale, rinasci ad un livello più alto; continui a divenire superumano.

Il messaggio della parabola è questo: il sesso può diventare la risposta.

Uma risponde che questo *yakchha* era lo stesso Brahman.

« Ed è stato con la vittoria del Brahman che voi avete ottenuto questa gloria. »

Per cui, qualsiasi cosa l'uomo consegue, la ottiene grazie a questa forza vitale. Al livello più basso la forza vitale è conosciuta come energia sessuale, al livello più alto è conosciuta come Brahman. E la mente è in grado di avvicinarsi solo al livello più basso, per questo apparve Uma. E solo da quel livello, pian piano, la mente è in grado di salire verso l'alto. Il livello più basso diverrà un ponte di comunicazione.

Da queste parole — le parole di Uma — Indra seppe che si trattava del Brahman.

Per tale motivo questi Dèi: Agni, Vayu e Indra sono al di sopra di tutti gli altri Dèi, perché essi hanno toccato più da vicino quel venerabile spirito; perché essi furono i primi che vennero a conoscerLo in quanto Brahman.

Tre divinità: Agni, Vayu e Indra. Agni nel tuo corpo è simbolizzato dagli occhi. Vayu è simbolizzato dalle orecchie, Indra è simbolizzato dalla mente. Il tuo corpo è un cosmo in miniatura. Qualsiasi cosa esiste nel cosmo, è presente nel tuo corpo. Tu sei una rappresentazione in miniatura dell'intera esistenza cosmica, di quell'entità presa in toto.

Ora è tempo di decodificare quei simboli. Agni, Vayu e Indra sono superiori a tutte le altre divinità. Qualsiasi cosa sai del Brahman, l'hai conosciuta tramite le orecchie o tramite gli occhi oppure tramite la mente. Ne hai sentito parlare: attraverso le orecchie, Vayu. Tutti i testi sacri sono scritti per essere uditi: Vayu. Tutte le *smriti*, le *shruti*, tutto ciò che è stato conosciuto e tramandato, è stato raccolto perché tu lo potessi udire.

Le orecchie possono darti un'intuizione, il primo lampo d'intuizione. Ma se tutti i testi sacri venissero distrutti e nessuno ti parlasse più di Dio, avresti sempre gli occhi per percepirLo. I tuoi occhi coglierebbero un lampo di un elemento ignoto, nascosto ovunque. Per questo chiamiamo veggenti — *drashta* — i nostri *rishi*: perché tramite gli occhi essi ebbero il primo bagliore d'intuizione.

Per questo nella parabola Agni si avvicina al Brahman per primo. Il suo avvicinarsi per primo al Brahman significa che sono gli occhi a darti il primo bagliore. Ovviamente tu non sei in grado di riconoscerLo, ma gli occhi toccano la realtà. Sentono che qualcosa di ignoto è lì presente. E solo quando gli occhi hanno compreso o percepito o hanno stabilito un contatto, solo allora tutto ciò che viene ascoltato acquista un significato. Per questo i testi sacri non saranno di grande aiuto se i tuoi occhi non hanno già iniziato a penetrare la realtà che ti circonda. Quando *tu* riesci a vedere qualcosa, i testi sacri diventano veri. E *solo* quando tu stesso hai visto, i testi sacri diventano veri. Vayu è il secondo ad avvicinarsi al Brahman. Ma né con gli occhi né con le orecchie sarai in grado di riconoscerLo. E solo in questo caso la mente può essere d'aiuto. Ma quando la mente Gli si avvicina, è astratta e il Brahman scompare.

Sono esistiti filosofi che hanno creduto solo negli occhi. I *charvaka* ad esempio, affermavano che *pratyaksha*, ciò che è visibile, è la sola realtà. Credevano solo negli occhi, per cui affermavano che era reale solo ciò che era visibile, e poiché Dio non è visibile, è irreale.

Esistono altri filosofi, i *mimanshaka* ad esempio, che affermano che è vero tutto ciò che viene detto su di Lui — i Veda sono veri — e che non Lo si può conoscere in nessun altro modo. I Veda sono l'autorità suprema. Essi credono in Vayu.

Infine vi sono i razionalisti, che affermano che solo tramite la mente è possibile conoscere, non esiste altra possibilità. I razionalisti esistono ovunque, e tutti affermano che la realtà può essere avvicinata solo tramite la ragione.

Queste sono le tre porte: gli occhi, le orecchie, la mente. Infine ve ne è una quarta, il Tantra, che afferma che la mente deve usare il sesso come mezzo di conoscenza, e solo in questo caso riuscirà a conoscere la realtà.

Questo sutra dice:

Per tale motivo questi Dei: Agni, Vayu e Indra, sono al di sopra di tutti gli altri Dei, perché essi hanno toccato più da vicino quel venerabile spirito; perché essi furono i primi che vennero a conoscerLo in quanto Brahman.

E pertanto Indra è superiore a tutti gli altri Dei perché egli ha toccato più da vicino questo venerabile spirito. Perché egli venne a sapere per primo che era il Brahman.

Quindi la mente è la divinità più vicina, ma solo tramite un intermediario. Da sola, muove in cerchi concentrici, e non giunge mai da nessuna parte.

Questo è l'insegnamento rispetto al Brahman: « È come il balenìo di un lampo, è come un battito di ciglia ». Così ci si riferisce al Suo aspetto in quanto manifestazione cosmica.

Ora la Sua descrizione riguarda il Suo aspetto in quanto manifesto nell'uomo. La mente corre a tutta velocità verso il Brahman come se si muovesse. E anche per mezzo suo l'immaginazione si rammenta di questo Brahman all'improvviso e Lo si immagina come se fosse sempre vicino.

Ed ecco che tutta la parabola porta ad una conclusione precisa. Puoi provare ad avvicinarti alla realtà suprema attraverso i sensi: la toccherai, ma non riuscirai a riconoscerla. Puoi avvicinare la realtà suprema attraverso la mente: ora sei in grado di riconoscerla, ma scomparirà di fronte a te.

La ragione deve essere ricongiunta alla forza vitale che esiste in te. La tua ragione deve arrivare a un'unione *totale* con la forza vitale; non deve funzionare come entità separata. La testa non deve funzionare come entità separata rispetto alla tua energia vitale, deve affondare le sue radici in *quella* energia. E devi espanderti nel cosmo con chiarezza di mente, unendola alla tua energia vitale. La tua energia vitale farà da intermediario. La mente sarà da questa parte, tra la mente ed il Brahman vi sarà l'energia vitale, e solo attraverso quell'energia vitale, Uma, riuscirai a conoscere e a comprendere entrambe le cose.

L'esperienza dell'assoluto deve verificarsi attraverso il tuo essere in quanto unità. Non lo puoi incontrare attraverso elementi parziali. Gli approcci delle parti saranno tutti fallimenti. Le parti devono fondersi tutte in una unità quando ti avvicini all'Assoluto, solo così riuscirai a conoscerLo.

Questo è in sintesi il significato della parabola: devi avvicinarti all'assoluto in quanto totalità, unità, che includa tutti i tuoi sensi: la ragione, la forza vitale, il sesso. Nulla deve essere escluso. Non ti devi avvicinare come frammentario: devi affrontare il divino in quanto unità, in quanto essere integro, organico.

A quel punto si verificheranno due fenomeni: l'entità cosmica apparirà di fronte a te come il balenìo di un lampo, come se all'improvviso l'oscurità scomparisse ed esplodesse un bagliore accecante, e il Tutto viene visto in un lampo. Ogni volta che sei un'unità organica, all'improvviso esplode quel balenìo. *Proprio* l'unità del tuo essere diviene la situazione in cui l'intero cosmo diventa un balenìo accecante. Tutta l'oscurità scompare. In un solo istante tutto viene rivelato.

Ricorda che l'Assoluto non viene rivelato in frammenti, per questo si parla di bagliore accecante. Se cammini in una foresta buia e tenebrosa ed hai in mano una lampada, la foresta ti si rivelerà in frammenti. A tratti vedrai degli alberi, e man mano che ti sposti, ne vedrai altri, mentre quelli che avevi visto in precedenza, scompariranno. Ritorneranno nell'oscurità. Se ti addentri in una foresta con una lampada non potrai che vederla in frammenti progressivi. Il Brahman non si rivela mai in frammenti, è come se tu ti trovassi in una foresta avvolta dalle tenebre e all'improvviso in cielo esplodesse il bagliore di un lampo: in quell'unico balenìo l'intera foresta si rivela al tuo sguardo.

Per questo non puoi dire: «Ho conosciuto il cinque, il dieci, il quindici per cento del Brahman». Quando Lo conosci, Lo conosci al cento per cento. O Lo conosci il cento per cento o non Lo conosci affatto. L'Assoluto non può essere conosciuto in frammenti. È indivisibile. Simile al balenìo di un lampo, la realtà suprema ti viene rivelata quando sei pronto. E viene rivelata in una frazione di tempo così breve che è impossibile definirla una frazione temporale.

Accadono due cose: come spazio il Brahman viene rivelato nella sua totalità, e come tempo viene rivelato in una frazione atemporale. Simile al battito di una ciglia, nulla più di un battito: quella frazione di tempo. Ma in realtà non è affatto una frazione temporale: come in un lampo si conosce l'intero spazio, l'intero fenomeno del Brahman, e non è una frazione di tempo: il Brahman non può essere diviso né come spazio, né come tempo.

Voi ora mi ascoltate: io dico una frase, passa del tempo. Poi ne dico un'altra, e ancora passa altro tempo. Non potete ascoltarmi come unità, come totalità. È impossibile. Il tempo sarà sempre presente. Mi ascolterete sempre in frammenti. Viceversa il Brahman viene udito in una frazione atemporale, il Brahman non viene conosciuto nel tempo. Per questo le Upanishad Lo definiscono eterno, senza tempo, aldilà del tempo, *kalatit* — oltre il tempo, aldilà dello spazio. In un'unica frazione d'incontro, tempo e spazio scompaiono. *La totalità* viene rivelata. Per questo le Upanishad affermano: conoscendo l'Uno, si conosce il Tutto. Conoscendo l'Uno, si conosce il Tutto! Quell'Uno è il Brahman. Entrateci come unità e totalità.

J. Krishnamurti continua a parlare in termini astratti. Il suo approccio sembra essere mentale, quasi si dovesse usare solo la mente. Come se il corpo non dovesse essere coinvolto, come se le emozioni non dovessero essere coinvolte: solo la mente astratta, come se il Brahman fosse un problema matematico. Non lo è! È un problema organico.

Ascoltando Krishnamurti ascolti la mente — la mente allo stato più puro. Ti sentirai benissimo. Mentre ascolti, avrai la sensazione di capire. Mentre ascolti, avrai l'impressione di stare per arrivare da qualche parte. Ma non stai imparando altro che parole nuove. Impari il termine «consapevolezza», non la consapevolezza in sé. Apprenderai la parola «imparzialità priva di scelta», ma non sarà vera assenza di scelta. E quelle parole ronzeranno nella mente, continueranno a muoversi in vortice, e tu diverrai solo mente, un centro cerebrale. Le tue emozioni non vengono toccate, il tuo corpo non viene preso in considerazione, non viene coinvolto. Resta in gioco solo la mente.

Per questo Krishnamurti ha fallito. È illuminato, ma ha fallito. Per tutta la vita ha lavorato con la mente, e tutto quello che dice è vero, ma non ha una applicazione pratica perché tu non sei solo mente: sei molto di più. E quella parte *in più* deve essere trasformata includendo la mente, quale componente. Devi trasformarti come una totalità.

Non devi limitarti a pensare a Dio, devi anche danzarLo. Non devi solo concettualizzarLo, devi anche averne delle emozioni. Lo devi mangiare, Lo devi respirare, Lo devi camminare, Lo devi danzare. Devi viverLo come totalità, in quanto entità organica. E quando Lo incontri come un tutto organico, indiviso, ti si rivela l'indivisibile. Se Lo incontri come entità frammentaria, non ti può essere rivelato l'indivisibile. Quando non sei diviso, fai da specchio all'indivisibile. Tu Lo rispecchi, e Lui si riflette in te. Quando sei frammentario, tutto ciò che vedi sembra essere frammentario.

Accade come su un lago. Vi sono onde, e in cielo splende la luna piena. Ma la luna piena non può riflettersi nel lago, perché il lago è mosso. Per questo il lago conoscerà la luna solo come frammenti. Verrà diffusa su tutto il lago in singoli frammenti. Poi il lago si acquieta, le onde scompaiono, non esiste più alcuna increspatura sulla sua superficie, e quando il lago diviene simile ad uno specchio, liscio, privo di perturbazioni, in lui si riflette la luna piena.

L'unica cosa necessaria è renderti unito, privo di onde e di increspature, non scisso in frammenti, occorre trasformarti in una unità organica. Il corpo, le emozioni, il pensiero, devono fondersi in una unità, in una sola entità integra. Allora rifletterai il divino in un bagliore, simile al balenìo di un lampo, senza perdita di tempo. Il Tutto ti si rivelerà, e conoscendo il Tutto, tutto viene conosciuto.

Capitolo quindicesimo

ORA PUOI ANDARE

Domanda:
Ieri hai parlato della psicanalisi e del fatto che i pazienti si innamorano dei loro analisti. In analisi il fenomeno viene definito «transfert» e si cerca di produrlo deliberatamente. Una persona può crescere e amare in modo più sano proprio attraverso questa totale proiezione di sentimenti d'amore sul terapista. Questo concetto non assomiglia alla concezione dell' «arrendersi», dell' «abbandonarsi» proprio alla tradizione orientale? Non è possibile che Freud abbia scoperto la sua teoria grazie a una fuga di notizie esoteriche?

Sì, il transfert può essere utile, ma non con un analista. Può essere utile con un Maestro. Può essere utile solo se la persona di cui ci si innamora è andata aldilà della passione, ha risolto tutti i suoi problemi affettivi. Se ti innamori di un Maestro... e con «Maestro» intendo qualcuno che è andato aldilà dell'attaccamento, della passione, che ha superato tutti i problemi affettivi.

Altrimenti il transfert sarà reciproco. Il paziente proietta, trasla sull'analista il proprio bisogno d'amore, e l'analista proietta a sua volta il suo sul paziente. E un medico che ha a sua volta bisogno d'amore non può aiutare molto. Di fatto, è lui stesso malato, e due persone malate non possono aiutarsi a vicenda ad essere più sane. Anche questa si confermerà essere una frustrazione, non una crescita nell'amore.

L'amore può crescere solo se l'altra persona si è evoluta aldilà dei problemi comuni, i comuni conflitti d'amore. Qual è il problema nel caso dell'amore? L'unico problema è che nel momento in cui ami una persona, allo stesso tempo la odii. Questo è il problema fondamentale, perché ti ritrovi ad odiare chiunque ami.

Perché odii la persona che ami? L'amore è un bisogno, ed esiste un altro bisogno ugualmente forte, ed è la libertà. Nel momento in cui ami una persona, inizi a sentirti dipendente da lei: perdi la tua libertà. Ed è inevitabile che odierai la persona che uccide la tua libertà. E la persona che ti rende dipendente non sarà solo un nemico, sarà un nemico mortale proprio perché uccide la tua libertà, la tua indipendenza, la tua individualità. Ma l'amore è un bisogno per cui lo appaghi pagando come prezzo la libertà, per cui ami una persona e al tempo stesso la odii.

Quindi sorge un altro problema: quando sei innamorato, non sei padrone delle tue facoltà. Sei folle. Di fatto sei lunatico. Non sei sveglio, non sei cosciente. Vivi in uno stato catatonico. E se anche l'altra persona si trova nella stessa condizione — e un medico, o uno psicanalista *è* nella stessa condizione, non esiste nessuna differenza, non è affatto più consapevole di te — anche quella persona vivrà e agirà come fosse sonnambula, e due persone che si muovono da sonnambuli non possono che scontrarsi. Saranno in conflitto, lotteranno tra loro.

In India abbiamo un altro termine per indicare l'innamoramento con un Maestro, per mostrare la differenza. Lo chiamiamo *shraddha*: fiducia, una amorevole fiducia. Se ti innamori di un Maestro, e non puoi che innamorartene, vi sarà una differenza. Tu sei addormentato, ma il Maestro non lo è. In mille modi cercherai di provocare un conflitto, violenza, aggressività, ma lui ci riderà sopra. È in grado di essere gentile e creare situazioni in cui non avvengano scontri frontali. Può fare in modo che non si produca violenza, né odio. Ma nello psicanalista troverai una persona che vive in una dimensione mentale identica alla tua. La qualità della sua mente è simile alla tua, ed entrambi vi creerete problemi a vicenda.

In amore gli amanti si creano problemi a vicenda. Continuano a ributtare sull'altro i loro problemi. E continuando in questo gioco di rimbalzo non può esserci crescita, non si può arrivare a una sana maturità. È impossibile! Di nuovo si dimostrerà un'esperienza fallimentare, e più fallisci, più avrai esperienza di fallimenti. Saprai meglio come fallire. E se ogni esperienza d'amore produce infelicità, col tempo arriverai a credere che l'amore sia una forma di malattia.

Qualcuno l'ha detto... Oscar Wilde ha detto da qualche parte che l'amore è uno stato febbrile, una febbre. Non è salute, perché ogni volta che sei innamorato vivi in uno stato febbrile. Quando sei innamorato non riesci a dormire bene, non ti senti tranquillo, vivi un disagio continuo, una febbre ti avvolge, ti senti in subbuglio.

Il terzo problema è questo: quando sei innamorato cerchi sempre di possedere l'altro, cerchi di diventare il padrone, di impossessarti di lui. E lo stesso cerca di fare l'altro: lui o lei cerca di possederti. E cosa significa questa possessività? Cos'è la possessività? Possessività vuol dire trasformare una persona in un oggetto per poterla manipolare. Per cui quella persona non ha più libertà. E ogni amante si sforza di uccidere l'altro in quanto persona.

Solo con un Maestro questo non si verificherà. Il discepolo cercherà in mille modi di possedere il Maestro, ma non è possibile arrivare a dominarlo. Non può succedere perché puoi possedere una persona solo se questa in cuor suo partecipa al gioco. Forse afferma con insistenza di voler essere indipendente, ma ha anche un profondo bisogno di essere posseduta.

Un Maestro non può essere posseduto, per cui tutti i tuoi sforzi in questo senso falliranno. E lui non cercherà certo di dominare te. Al contrario cercherà di renderti sempre più individuo — più vivo, più libero, più consapevole, più attento. Il suo sforzo tende tutto a renderti sempre più un individuo e meno un oggetto. Ma gli amanti cercano di ridursi a vicenda ad oggetti. E uno psicanalista è una persona comune, con un po' di competenza, ma senza una nuova consapevolezza.

Alcuni psicanalisti, come Wilhelm Reich e i suoi discepoli affermano che questo transfert sull'analista, questo innamoramento del paziente va bene. Tuttavia, nelle memorie della moglie di Wilhelm Reich, ho letto che lui faceva all'amore con tutte le sue pazienti, ma non permetteva alla moglie neppure di parlare con un altro uomo.

La donna racconta che, al ritorno da una villeggiatura in montagna durata due mesi, Reich le chiese nei dettagli cosa aveva fatto, chi aveva frequentato, se si era innamorata di qualcuno... e la moglie afferma che lui faceva all'amore ogni giorno con una donna diversa, ma era possessivo e geloso di sua moglie. Come può quest'uomo essere d'aiuto? Che aiuto può venire da quest'uomo? Lui stesso è in difficoltà con i propri problemi affettivi. È possibile che stia solo filosofeggiando: forse è un maniaco, un pervertito, che riduce il tutto a filosofia, che razionalizza l'intero fenomeno.

Non dico che l'amore non possa essere utile — l'amore può essere utilissimo — ma solo quando sei innamorato di una persona che vive in una dimensione più elevata della tua, altrimenti non ha alcuna utilità. E noi chiamiamo quel tipo d'amore *shraddha*: una amorevole fiducia.

Se sei innamorato di un Maestro, di un Buddha — e lo sarai inevitabilmente: se ti trovi vicino ad un Buddha, te ne innamorerai — all'inizio il tuo amore per lui avrà una vena di sessualità, è inevitabile. Questo accadde con Buddha e con Mahavir... sappiamo che Mahavir ebbe quarantamila discepoli, monaci e monache. Di questi quarantamila discepoli, trentamila erano donne e solo diecimila erano uomini. La proporzione era tre donne per ogni uomo. Su quattro discepoli tre erano donne e uno era uomo.

Queste trentamila donne dovevano essere in amore profondo con lui, e all'inizio doveva trattarsi di attrazione sessuale. È inevitabile ed è naturale. Ma col tempo la presenza di Mahavir cambiava l'elemento sessuale. Col tempo, stando vicino a lui, la sessualità cadeva e l'amore diventava più puro, più spirituale.

E all'inizio sarà possessivo. Anch'io sento che diventa possessività. Intorno a me vivono molte donne, e inconsciamente iniziano ad essere possessive. Nulla di male, è naturale. Ma se anch'io mi trovassi nello stesso stato d'animo, non le potrei aiutare. In quel caso, invece di essere io a portarle ad uno stato mentale più elevato, sarebbero loro a tirarmi giù al loro livello. E c'è sempre una lotta continua per raggiungere la parità. Ricorda: come l'acqua cerca e trova sempre il suo livello, anche quando due persone si incontrano lottano per creare un livello di parità. O si abbassa l'altro o ti elevi tu, ma prima o poi dovete assestarvi sullo stesso livello. Altrimenti si creerà una difficoltà, e non riuscirete a stabilire un rapporto.

Come l'acqua cerca di assestarsi ad un livello, anche i rapporti sentimentali cercano un equilibrio. Se ti innamori di me, sorgerà un conflitto. Breve o lungo, dipende dal tuo tipo di personalità, ma ci sarà un conflitto. Cercherai di buttarmi giù in modo che ci sia parità. La natura ama l'uguaglianza. Ma se riuscissi a tirarmi verso il basso, non ti potrei aiutare. Per cui, mentre tu cerchi di tirarmi giù, io devo cercare di portarti a un livello superiore. E ricorda, è molto facile scendere ad un livello inferiore, mentre è molto difficile portare un altro essere ad un livello superiore. È una lotta molto lunga.

Il medico ed il paziente hanno la stessa consapevolezza, sono diversi solo sul piano della conoscenza, non sul piano dell'essere. Uno ha studiato psicologia, psicanalisi, psichiatria: è un esperto; l'altro non ha studiato quelle cose. Questa è l'unica diversità. La loro memoria è diversa, le loro informazioni sono diverse. Per ciò che riguarda la mente, sono diversi; ma sono simili per ciò che concerne la loro consapevolezza.

Per cui non penso che questo fenomeno definito transfert, proiezione d'amore, possa essere utile. È impossibile. Può esserlo solo se lo psicanalista è anche un Maestro, è anche un guru; allora può avere una utilità, altrimenti no. La persona di cui ti innamori deve avere una integrità tale da non permetterti di buttarlo giù, qualsiasi cosa tu faccia. E tu farai mille tentativi, farai tentativi disperati per buttarlo giù. È naturale, perché con una persona che è molto più in alto di te, ti senti a disagio. O ti elevi alla sua altezza, cosa difficile, oppure lei deve scendere, e dal tuo punto di vista tirarla giù è la cosa più semplice.

Se riesce a scendere, o se è già al tuo livello e finge solo di non esserlo, non può esserti d'aiuto. Ma se resta più in alto di te, il tuo amore può trasformarsi veramente in una crescita.

I discepoli e i Maestri vivono un conflitto costante, ricordalo: è un conflitto continuo perché i discepoli cercano di tirare il Maestro verso il basso e il Maestro tenta di far elevare i discepoli. È una lotta insistente, e i discepoli tenteranno l'impossibile. Non che ne siano consapevoli: non sanno quello che fanno. Sono inconsapevoli e possono essere perdonati. Il Maestro non può essere perdonato, perché deve essere consapevole, deve essere all'erta, deve essere consapevole di ciò che accade intorno a lui.

Uno psicanalista non è un Maestro, per questo dico che in Occidente il rapporto tra psicanalisti e pazienti si è trasformato in licenza sessuale e basta. E non è di aiuto a nessuno dei due.

Ed ora veniamo alla seconda parte della domanda:

Questo concetto non assomiglia alla concezione dell'«arrendersi», dell'«abbandonarsi», proprio alla tradizione orientale? Non è possibile che Freud abbia scoperto la sua teoria grazie a una fuga di notizie esoteriche?

No... l'abbandonarsi, la resa è un'esperienza diversa dall'amore. In amore resti te stesso. L'amore è un rapporto tra due persone che restano divise. È un rapporto, è un ponte tra due sponde. Abbandonarsi non è un rapporto. Ti limiti a scomparire, non ci sei più. Quando ti arrendi ad un Maestro dici: «Ora non sono più. Ora fai quello che vuoi — io non sono più!». Non è un rapporto. Abbandonarsi a un Maestro non è un rapporto, perché nell'arrendersi una persona scompare e il rapporto ha bisogno di tutte e due le persone. Solo il Maestro rimane.

Di fatto, quando ti sei arreso al Maestro, lui inizia a lavorare in te, ma tu non esisti più. In questo caso il lavoro diventa semplicissimo, perché la lotta che instaura il discepolo, la resistenza che oppone, non esistono più. Il discepolo si lascia semplicemente andare. Quando il Maestro gli dice: «Vai a sinistra», il discepolo va a sinistra. E se gli dice: «Vai a destra», lui va a destra. Esegue semplicemente ciò che il Maestro gli dice. Non permette al suo ego di affermarsi: non si tratta di una relazione.

L'amore è relazione. Entrambi gli amanti cercano di restare se stessi, per questo lottano. Entrambi cercano di relazionare e tuttavia di restare indipendenti. Questo è contraddittorio, perché lo stesso rapporto ti cambierà e ti farà scendere a compromessi per adattarti all'altro. E tu non sarai mai più lo stesso.

Quando una persona si sposa, non sarà mai più la stessa di prima. È impossibile! Non può restare la stessa persona perché nella sua vita è sorto un compromesso. È comparsa una persona nuova, ed è nato un rapporto. Quel rapporto cambierà entrambi. Ricorda, in amore entrambe le persone si trasformano; nell'arrendersi cambia solo colui che si è arreso, non il Maestro. Questi non si pone in relazione. Resta distaccato, lontano, impassibile. Tu ti abbandoni a lui e ti trasformi. In amore si pongono sempre delle condizioni: dai qualcosa per averne un'altra. È un rapporto di dare e avere. Nell'abbandono ti limiti a dare, non vi sono condizioni.

L'arrendersi è un fenomeno del tutto diverso. Di fatto l'Occidente non lo conosce. Il rapporto Maestro-discepolo è un fatto puramente orientale. In Occidente c'è chi insegna e chi impara, non Maestri e discepoli. Per questo l'insegnamento di Krishnamurti ha avuto tanto successo: perché Krishnamurti dice che non esiste nessun Maestro né alcun discepolo.

L'Oriente ha sviluppato un tipo di relazione diverso — se così la si può chiamare — in cui uno esiste, mentre l'altro si dissolve, in cui colui che si arrende cambia, ma il Maestro non scende a *nessun* compromesso. È una via a senso unico!

L'amore è una strada a doppia corsia. Entrambi agiscono, entrambi prendono e danno. Si tratta di scambio. Abbandonarsi è a senso unico. Il discepolo abbandona il proprio essere, mentre il Maestro resta impassibile: solo così può operare sul discepolo. Se tu potessi trasformare lui, lui non potrebbe trasformare te. Per questo molte volte i Maestri sembrano duri, cattivi, crudeli, perché tu continui a piangere e a lamentarti, e loro non ne sono affatto colpiti. E se ti dimostrano di essere toccati dalla tua infelicità, ti è evidente che stanno fingendo, recitano una parte.

Arrendersi è una via a senso unico, assolutamente a senso unico. Per questo è così difficile, perché se senti che anche l'altra persona si sta piegando, il rapporto diventa più facile. In questo caso diventa un contratto, è un matrimonio. Il matrimonio è un contratto. Abbandonarsi non lo è: non esiste nessun accordo! Ti dissolvi semplicemente di tua spontanea volontà, e il Maestro non ti dirà neppure grazie. Ti dissolvi totalmente, ti arrendi totalmente, e lui non ti ringrazierà neppure. Con ogni probabilità non ti degnerà di uno sguardo.

Si narra che Bayazid, un mistico Sufi, andò dal suo Maestro, e questi gli disse: «Sei pronto ad arrenderti, ad abbandonarti? Altrimenti torna a vivere nel mondo per provare quelle esperienze, continua a sperimentare i fallimenti dell'ego, così dopo non opporrai resistenza».

Ma Bayazid disse: «Sono pronto».

E il Maestro continuò: «Ora resta in silenzio. A meno che io non ti dica qualcosa, non occorre che tu parli». Si narra che Bayazid rimase in silenzio per dodici anni. Andava ogni giorno dal Maestro e gli sedeva di fianco in attesa. E la storia tramanda che grazie alla semplice attesa si realizzò.

Un giorno, erano trascorsi dodici anni, il Maestro lo guardò per la prima volta, e quello era il momento giusto, Bayazid lo ricorda: egli era totalmente in attesa. Non era presente nessun pensiero. E il Maestro lo guardò. Quello era il segno. «Ora sei accettato».

Passarono altri tre anni, infine un giorno il Maestro prese una mano di Bayazid tra le sue. Bayazid ricorda che quello fu il giorno in cui perfino l'attesa si era dissolta. Perfino quello era un impercettibile pensiero: «Aspetta, aspetta, aspetta... un giorno accadrà qualcosa», perfino quello era scomparso. E il Maestro prese la sua mano tra le sue.

Passarono altri tre anni e un giorno il Maestro lo chiamò vicino, lo avvicinò al suo cuore e lo abbracciò dicendogli: «Ora puoi andare». Queste furono le prime parole che pronunciò: «Ora puoi andare».

Questo è abbandonarsi. E Bayazid ricorda: «In quel momento ero così totalmente unito all'esistenza, al momento presente, che il Maestro era scomparso. Ero seduto al suo fianco: lui non c'era più. *Nessuno* era più presente. C'era solo l'esistenza. In quel momento il Maestro mi chiamò vicino a sé, mi abbracciò e disse: «Ora puoi andare».

Questo è abbandonarsi: una via a senso unico. Ma all'inizio, quando i discepoli arrivano da un Maestro, si innamorano, non si arrendono. E chiamano resa quell'amore. E questo crea difficoltà perché l'amore non è arrendersi. Essere arreso è uno stato dell'essere più elevato, di una qualità totalmente diversa, non possessivo, in cui non si chiede nulla, assolutamente privo di condizioni. Ma per natura voi non conoscete la via dell'abbandono, mentre vi è naturale innamorarvi. All'inizio l'amore ti stimola, e solo se l'altra persona non ha un bisogno d'amore, solo in quel caso può trasformare il tuo amore in abbandono.

Dipende da quanta resistenza opponi. Puoi resistere per tutta la vita, in questo caso non accadrà. E nessun Maestro può fare nulla se *tu* non cooperi, se tu non lo vuoi, perché nessun Maestro può essere aggressivo. Se sei aperto, può entrare; se non opponi resistenza ti può cambiare, ti può trasformare.

Abbandonarsi è la via più semplice per una trasformazione. Tutte le altre strade sono difficili e richiedono più tempo. Se riesci a mettere da parte la tua personalità, il Maestro può entrare in te immediatamente e può trasformare tutto il tuo essere. Ma nessun Maestro può essere aggressivo. Nulla può essere fatto contro la tua volontà. Il tuo abbandonarti, il tuo arrenderti, indica che sei disposto a cooperare totalmente. Qualsiasi cosa venga fatta, tu coopererai.

In Occidente non è mai esistito questo fenomeno. Perfino i seguaci di Gesù, i dodici apostoli, non erano realmente arresi a lui, perché Pietro l'ultima notte... quando Gesù stava per essere catturato, e si diceva che sarebbe stato crocefisso, ucciso, assassinato, Pietro disse: «Ti seguirò ovunque».

Gesù rise e rispose: «Prima che il sole sorga, mi avrai tradito tre volte».

E così accadde. Gesù fu catturato. Era buio e lo avevano fatto prigioniero, e i nemici lo portarono via. Pietro lo seguì. Qualcuno vide il suo volto. Avevano delle torce accese e qualcuno scorse la sua faccia. Pietro sembrava uno straniero tra quelle persone che si conoscevano tra loro, per cui qualcuno gli chiese: «Chi sei? Sei forse un seguace di Cristo?».

Egli rispose: «No, non lo conosco neppure».

E Gesù si voltò e disse: «Già mi hai tradito».

L'ultima notte, mentre lui si stava accomiatando da loro, i discepoli gli chiesero: «Sappiamo che tra breve entreremo nel Regno dei Cieli. Tu siederai alla destra di Dio, perché tu sei il suo unico figlio, ma sarebbe bene che ci dicessi dove siederemo noi dodici. Quali saranno i nostri posti?».

Questo non è arrendersi, non è abbandonarsi. Questo non è affatto lasciarsi andare. Sono persone ambiziose, egoiste, che pensano in termini di avidità e di interesse.

Gesù non riuscì a trovare discepoli arresi a lui. Per questo il Cristianesimo si rivoltò contro di lui. Ancora porta il nome di Cristo, ma non appartiene affatto a lui. È completamente contro di lui perché solo discepoli arresi al Maestro possono trasmettere il vero messaggio, il messaggio autentico. Coloro che non si sono arresi, lo deformeranno. Per questo si può dire che oggi il Papa sia la persona *più* contro Cristo che esista sulla terra.

Il concetto di abbandono è orientale. Un giorno qualcuno chiese al Buddha: «Intorno a te hai diecimila monaci. Quanti di loro sono diventati Buddha, quanti si sono illuminati?».

Buddha rispose: «Tantissimi».

L'altro chiese ancora: «Se di questi diecimila se ne sono illuminati tanti perché non risplendono come te? Perché non sono famosi come lo sei tu? Perché non sono adorati e riveriti come te? Perché anche loro non sono diventati veggenti a loro volta?».

E Buddha rispose: «Stanno semplicemente aspettando il mio permesso, aspettano semplicemente. Se io lo dico, essi si riveleranno. Sono discepoli arresi a me. Se io lo dico, essi riveleranno il loro essere. Stanno aspettando un mio segno. Se io non dico nulla, si dissolveranno nel cosmo senza pronunciare una sola parola».

Questo è un fenomeno assolutamente insolito, qualitativamente diverso che non è esistito da nessun'altra parte.

L'Oriente ha creato il fenomeno dell'abbandonarsi, dell'arrendersi, partendo dagli elementi dell'amore. Ma si tratta di una sintesi nuova, di un fenomeno nuovo. Non è naturale. L'amore è naturale, arrendersi, lasciarsi andare è soprannaturale, ultraterreno. È qualcosa di nuovo che non proviene dalla semplice evoluzione. È stato sviluppato da esseri superconsapevoli. È un fenomeno nuovo, è una creazione.

Capitolo sedicesimo

L'INCREDIBILE DANZA DELL'ESSENZA

KENA-UPANISHAD

CAPITOLO IV
(continuazione)

6

Il Brahman è largamente conosciuto col nome Tadvanam — *Quello. Pertanto si deve meditare su di Lui in quanto* Tadvanam — *Quello. Colui che conosce il Brahman come tale è amato da tutti gli esseri.*

7

« Maestro, Rivelami l'Upanishad! ». « L'Upanishad ti è stata rivelata. Veramente ti abbiamo rivelato l'Upanishad riferita al Brahman. »

8

I fondamenti di questa Upanishad sono: l'ascesi — tapas, *il dominio di sé* — daman, *e il lavoro appassionato* — karman. *I Veda sono le Sue membra, la Verità la Sua dimora.*

9

Colui che consegue questa comprensione del Brahman e distrugge pertanto il male, dimora stabilmente nel Brahman, l'infinito, l'estatico e il Supremo.

La parola «dio» non è Dio perché l'assoluto non può avere un nome. Non ha nome perché i nomi vengono attribuiti dagli altri. Quando un bambino viene al mondo, nasce senza nome, ma poi bisogna dargliene uno. Quel nome non proviene dalla fonte interiore della sua consapevolezza. Viene dall'esterno. È un'etichetta, utile, pratica, ma artificiale. Il bambino ne diventerà vittima: si identificherà col nome datogli e che di fatto non gli appartiene.

Ma chi potrebbe attribuire un nome al Brahman? Non ci sono genitori, non esiste una società, né un «altro». E che utilità avrebbe visto che solo il Brahman esiste? Il nome è necessario solo perché tu non esisti da solo. È necessario che tu venga definito, incasellato, fissato in una categoria, in modo che gli altri possano chiamarti, ricordarsi di te. Se vivessi solo sulla terra, non avresti bisogno di un nome. E Brahman esiste da solo, chi potrebbe definirLo? Non esiste l'altro, né sussiste una necessità pratica.

Questa è la prima cosa che deve essere compresa, e rispetto alle Upanishad è essenziale, visto che tutte le altre religioni hanno dato nomi precisi. Gli hindu hanno attribuito al Brahman migliaia di nomi. Hanno un libro, il *Vishnu Sahastranam*: i mille nomi di Dio. Tutto il libro non è altro che una sequenza di nomi. I cristiani, i musulmani, gli hindu, tutti hanno attribuito nomi a Dio per rendere possibile la preghiera. Il nome resta falso, ma tu come potresti chiamarLo altrimenti? Come potresti invocarLo? Come potresti metterti in relazione con Lui?

Hai bisogno di un nome che definisca il Divino. Ma le Upanishad non sono disposte a fornirtelo.

Le Upanishad sono l'insegnamento più puro che sia possibile concepire, non scendono a nessun compromesso. Non vogliono scendere a compromessi con te. Sono molto severe, sono rigorose e cercano di restare assolutamente pure. Dunque, come chiamano il Brahman? Lo definiscono semplicemente *Tat*, Quello. Non Gli attribuiscono un nome. «Quello» non è un nome, «Quello» è una indicazione. E la differenza è enorme. Quando non sai un nome, ti limiti ad indicare e a dire «Quello». È un dito puntato verso l'ignoto. «Quello» è un dito che indica l'ignoto, per questo le Upanishad lo definiscono *Tat*.

Forse avrete già sentito una delle più famose frasi delle Upanishad *Tat-tvam-asi*: Tu sei Quello. Anche tu sei Brahman, ma le Upanishad continuano a chiamarlo «Quello». Perfino dire «Lo chiamano» è sbagliato, perché nel momento in cui si usa Lui, Egli, l'Assoluto diventa una persona. Le Upanishad non dicono che Lui è una persona, bensì una forza, energia, vita, ma non una persona. Per questo insistono nel chiamarLo *Tat*, Quello. Quello è l'unico nome che le Upanishad danno all'Assoluto.

Naturalmente le implicazioni sono diverse. La prima: se non esiste nessun nome, o meglio se *Tat* — Quello — è l'unico nome, diventa impossibile pregare. Puoi meditare su Quello, ma non puoi pregare. Di fatto le Upanishad non credono nella preghiera: credono nella meditazione. La preghiera è una cosa rivolta ad una persona. La meditazione è un semplice sprofondare, immergersi in se stessi. La persona si trova da qualche parte al di fuori di te, ma Quello, il Brahman, la forza suprema dimora all'interno del tuo essere. Non occorre che ti rapporti a Lui in quanto altro da te. Puoi semplicemente immergerti nel tuo intimo, sprofondarti all'interno del tuo essere, e troverai Quello, perché Quello sei tu.

Per le Upanishad è falso considerare il Brahman in quanto l'altro. Non che l'altro non sia il Brahman: tutto è Brahman, anche l'altro, anche l'esterno è Brahman. Ma le Upanishad affermano che se non riesci a coglierLo dentro di te non Lo puoi percepire all'esterno, perché la fonte più vicina è quella interiore, l'esterno è lontano. E se non si è conosciuto ciò che è più vicino, come si potrà conoscere ciò che è lontano, infinitamente distante? Se non Lo riesci a percepire dentro di te, come Lo puoi percepire negli altri? È impossibile.

Il primo passo deve essere fatto all'interno. Da lì, il Brahman, Quello, è più vicino: *Tu* sei Quello! Dire «più vicino» è falso, non esiste neppure questa piccola distanza; perché anche quando qualcuno è vicino esiste una distanza. La vicinanza presuppone una distanza, la vicinanza è una forma di distanza. Egli non è neppure vicino a te, perché *tu* sei Quello. Perché dunque continuare a girovagare all'esterno? Egli è in casa. Tu sei alla ricerca dell'ospite ed Egli è il padrone di casa. Tu aspetti la venuta dell'ospite ed Egli è già in casa, è il padrone. Lui è te.

Questa è la prima implicazione: per le Upanishad non esiste la preghiera, esiste solo la meditazione. La preghiera è una relazione tra due esseri, proprio come l'amore. La meditazione non è un rapporto a due, è simile all'arrendersi, al lasciarsi andare. Meditazione significa entrare in se stessi, arrendersi a se stessi. Non ci si aggrappa più alla periferia, ma ci si immerge profondamente nel centro. E quando sei nel *tuo* centro, sei in Quello, *Tat*, nel Brahman.

La seconda implicazione: chiamandoLo «Quello» le Upanishad sottointendono che Egli non è il creatore, ma al contrario è la creazione stessa, perché nell'istante in cui diciamo che Dio è il creatore, lo trasformiamo in una persona. E non solo lo identifichiamo come persona, dividiamo in due anche la creazione: colui che crea e la cosa creata. È sopraggiunta la dualità. Le Upanishad affermano: Egli è la creazione. O meglio, per essere più precisi: Egli è la creatività, la forza creativa in sé.

Mi piace ricorrere all'immagine della danza per illustrare questo punto. Un pittore dipinge, ma quando ha completato il quadro ne resta separato. Ora il pittore può morire, il quadro resterà. Oppure si può distruggere il quadro, senza per questo distruggere il pittore: sono separati tra loro. Ora il dipinto può esistere per secoli senza aver bisogno della presenza del pittore, quest'ultimo non serve più. Una volta dipinto, il quadro è completo: il rapporto è spezzato.

Guarda un ballerino! Danza, ma la danza non è separata da lui, non può esserlo. Se il ballerino muore, anche la danza si spegne, la danza non è separata dal ballerino, non può esistere senza il danzatore. E neppure questi può esistere senza la danza, perché, nell'istante in cui la danza non esiste più, può esserci la persona, ma non è più un danzatore.

Il rapporto di Dio col mondo, per le Upanishad, è quello di una danza e di un danzatore. Per questo abbiamo raffigurato Shiva come Nataraj, colui che danza. Si sottointende un profondo significato: questo mondo non è qualcosa di secondario, creato da Dio e poi dimenticato, che è diventato separato da lui. Il mondo non ha una importanza secondaria. È fondamentale e primario come il Divino stesso, perché questo mondo non è altro che una danza, *leela*, un gioco. Non può essere una cosa separata.

Chiamando il Brahman «Quello», si afferma che tutto ciò che esiste è Brahman, tutto ciò che è, è Quello — sia ciò che è manifesto sia ciò che non è manifesto, la creazione e il creatore. Egli è *entrambi*.

Inoltre la parola «Quello» — *Tat* — ha un senso molto sottile. Buddha l'ha utilizzato moltissimo, e i buddhisti hanno una scuola con insegnamenti dottrinali basati solo sul termine «Quello». Buddha Lo ha chiamato «ciò che è», essenza, lo ha definito con *tathata* (talità). Per questo Buddha viene chiamato *Tathagata*, l'uomo che ha conseguito ciò che è, che ha raggiunto Quello.

La parola «essenza», «ciò che è», è splendida. Cosa significa? Se vieni al mondo, Buddha dirà: «Si dà il fatto che tu sia nato». Non fa altri commenti. Se muori dirà: «Si dà il fatto che tu muoia!». Non fa altri commenti, non ha nessuna reazione. È così. In questo modo tutto viene accettato. Se dici: «Questo è ciò che accade: ora sono invecchiato, mi sono ammalato; è così: sono stato sconfitto; è così: ho vinto; questo è ciò che accade...» non hai pretese di nessun tipo, e non ti senti frustrato perché non hai aspettative. Questa è la natura delle cose, per cui chi nasce morirà, e chi è sano si ammalerà, e chi è giovane invecchierà e chi è bello diventerà brutto. Questa è la natura delle cose.

Ci si preoccupa inutilmente perché questo stato di cose non cambierà solo perché tu ne sei preoccupato. Ti lasci coinvolgere senza motivo. Il tuo essere coinvolto non cambierà nulla. Le cose continueranno ad andare avanti a modo loro. Questa evidenza, il fiume di ciò che è, continuerà a scorrere senza curarsi di te. Qualsiasi cosa fai non crea differenza. Qualsiasi cosa pensi non puoi introdurre alcun mutamento nella natura delle cose.

Una volta che questa consapevolezza si assesta nel tuo cuore, la tua vita resta libera da frustrazioni. La vita non può più frustrarti, non ti può più disilludere. E con la sensazione che «è così», nasce in te una gioia sottile? Allora puoi goderti qualsiasi cosa — di fatto *tu* non esisti più. Con la sensazione che «Questa è la natura, questa è l'esistenza, questo è il corso delle cose», il tuo ego scompare.

Come potrebbe esistere l'ego? Esiste solo quando tu pensi di poter produrre cambiamenti precisi nella natura sostanziale delle cose. Esiste solo quando tu pensi di essere un demiurgo: a te è permesso cambiare il corso delle cose, ti è permesso manipolare la natura. Proprio nel momento in cui pensi di poter manipolare la natura, l'ego affiora, tu diventi egoista. Inizi ad agire e a pensare come se fossi una entità separata.

Qualcuno chiese a Rinzai: «Qual è il tuo *sadhana*, qual è la tua meditazione?».

Rinzai rispose: «Nessuna meditazione. Quando ho fame, ho fame e vado a mendicare. Quando ho sonno, dormo. Quando il sonno se ne è andato e mi sento sveglio, sono sveglio. Non ho un altro *sadhana*, nessun'altra meditazione, nessun metodo se non questo. Seguo il corso delle cose, così come si presentano. Quando fa caldo, mi sposto all'ombra di un albero. È la natura stessa a spostarsi all'ombra. Quando all'ombra dell'albero inizia a far freddo, mi sposto al sole. Ma io non faccio nulla. Questa è la natura delle cose».

Osserva la bellezza di quando dice: «Questa è la natura stessa delle cose. Quando ho fame, vado a mendicare, ma *non sono io ad andare a mendicare*... questa è la natura delle cose. Colui che ha fame va a mendicare. Non sono io a spostarmi dalla calura del sole all'ombra dell'albero: quella è la natura delle cose. Il corpo si muove ed io lascio accadere quel movimento, e sono felice proprio perché lascio accadere qualsiasi cosa. Nulla mi può rendere infelice».

Ti senti infelice perché inizi ad interferire, ad opporre resistenza. Non permetti il fluire di «ciò che è»: inizi ad interporre degli ostacoli. Vuoi cambiare il corso delle cose, per questo ti senti infelice.

Qualcuno ti rispetta, ti riverisce, e tu ti senti al settimo cielo. Pensi che dentro di te esista qualcosa di meraviglioso, ed ora incominci ad essere apprezzato. È sempre esistito, questa è la tua sensazione, ma ora la gente è più sensibile, è più attenta e quindi è in grado di riconoscere la grandezza del tuo essere. Ma poi viene il disprezzo... questa è la natura delle cose! Il disprezzo segue l'apprezzamento, ne è l'ombra. È semplicemente l'altro lato, il rovescio della stessa medaglia. E quando compare, sei scoraggiato, ti senti depresso, vorresti suicidarti. Il mondo intorno a te sembra crollare, il mondo intero ti è nemico.

La persona che comprende la natura delle cose godrà entrambe le situazioni. Dirà: «Questa è la natura delle cose: la gente mi riverisce. E questa è la natura delle cose: il disprezzo segue l'apprezzamento, ogni vittoria è seguita da una sconfitta, l'infelicità segue la felicità, la salute segue ogni malattia. Questa è la natura delle cose! La giovinezza è seguita dalla vecchiaia, e la nascita è seguita dalla morte: questa è la natura delle cose!»

Per questo, qualsiasi sia la situazione che ti si presenta, se senti che è così e non è possibile nient'altro, sta accadendo ciò che è possibile... ed accade sempre ciò che è possibile mentre non accade mai l'impossibile. Se inizi a pretendere l'impossibile, stai cercando di andare contro la natura delle cose. La filosofia di ciò che è, di Quello, del dato di fatto, è raccolta in questo aforismo: «Non pretendere l'impossibile. Segui ciò che è possibile e non sarai mai infelice». La beatitudine accade a coloro che riescono a vivere con la sensazione che *questa* è la natura delle cose.

Buddha invecchiò. I suoi discepoli pensarono: «Buddha non dovrebbe invecchiare. Un Buddha che invecchia?». I suoi discepoli non potevano concepirlo perché hanno sempre fantasie personali. Pensano che Buddha non rientra nella natura delle cose. Pensano che non debba morire, debba restare sempre giovane. Per questo Ananda disse al Buddha: «È deprimente che la vecchiaia prende piede nel tuo essere. Non avevamo mai immaginato che tu, un essere risvegliato, un essere che ha realizzato l'Assoluto, sarebbe invecchiato».

Buddha disse: «Questa è la natura delle cose. Per tutti, Buddha o no, illuminato o ignorante, la natura delle cose è sempre la stessa, è identica. Io invecchierò e morirò perché chiunque venga al mondo muore. Questa è la natura delle cose».

Ananda è infelice, Buddha no; perché Ananda si aspetta l'impossibile, qualcosa che va contro la natura delle cose.

Quando Sri Aurobindo morì, tutto il suo ashram non era pronto ad accettare il fatto che potesse morire. Non poterono crederci. In tutto il mondo i suoi seguaci rimasero sorpresi dal fatto che Sri Aurobindo potesse morire. Per diversi mesi girò la voce che sarebbe risorto. E per diversi giorni si cercò di conservare il corpo. Nella cerchia dei suoi seguaci si diceva che era in un profondo samadhi, era in profonda meditazione, ma non era morto. Ma dopo tre giorni il corpo iniziò a decomporsi, e nell'aria si sparse un lezzo insopportabile. Era veramente morto! Questa è la natura delle cose.

La natura uguaglia tutte le cose, non fa distinzioni di sorta. Ed è un bene che non faccia distinzione. È imparziale. Se sei risvegliato, l'*unico* cambiamento sarà questo: accetterai questa inevitabilità. E se sei ignorante, l'unica differenza sarà che continuerai ad opporre resistenza, a lottare contro quella inevitabilità, quel dato di fatto. Lo ripeto: questa sarà la sola differenza, *l'unica*. E quest'unica differenza è immensa, la più grande che possa esistere, perché quando comprendi che le cose seguono il loro corso, che la natura ha le proprie leggi, il proprio ordine, ne sei libero. Non accadrà che cambierà le sue leggi, ma tu sei cambiato, la tua attitudine è cambiata. Dirai: «Questa è la natura delle cose».

Brahman è la suprema natura delle cose. La vera essenza. Con ciò sopravviene una totale accettazione. E in una totale accettazione scompare la sofferenza. La sofferenza è data dal tuo opporre resistenza, la sofferenza è il tuo non accettare. *Tu* crei da solo la tua sofferenza. La beatitudine è sempre disponibile, ma il tuo atteggiamento non ti rende disponibile alla beatitudine.

Ora ci addentreremo nei sutra.

Il Brahman è largamente conosciuto col nome Tadvanam — *Quello. Pertanto si deve meditare su di Lui in quanto Quello. Colui che conosce il Brahman come tale è amato da tutti gli esseri.*

Il Brahman è largamente conosciuto col nome di Tat — Quello. Pertanto si deve meditare su di Lui in quanto Tat — Quello.

Non meditare su di Lui in quanto persona. In quel caso la tua meditazione interferirebbe. Non vi è nessuna persona. Non meditare su di Lui in quanto *sagun* — una entità con attributi. Questo non è l'insegnamento delle Upanishad. Non concepirLo come racchiuso in una forma. RicordaLo semplicemente come Quello.

Ma questo è difficilissimo. Come fare a ricordarLo come Quello? Lo riesci a ricordare in quanto Krishna, come Rama, come Cristo, come Buddha, ma come ricordarLo come Quello? Il concetto stesso di Quello ti sconvolge la mente. Il pensiero si arresterà. Se Lo ricordi come Quello, in quanto essenza delle cose, come questo cosmo immenso che racchiude tutto, la tua mente si arresterà per lo shock. Non sei in grado di concepirLo come Quello, o forse tu ci riesci? Riesci a concepire Krishna perché puoi raffigurarlo, lo puoi immaginare, lo vedi mentre suona il flauto oppure danza, e le sue amanti — le *gopi* — danzano intorno a lui, oppure mentre fa all'amore con Radha.

Lo puoi immaginare, ma come puoi immaginare Quello? Non esiste flauto, non ci sono amanti, non c'è danza. Non c'è nulla che possa essere raffigurato. Come puoi immaginare Quello? L'immaginazione si arresta. Se cerchi veramente di concepire Quello, proprio in questo sforzo la mente si arresterà e tu entri in meditazione. Quello è del tutto simile ad un koan Zen. Ciò che non può essere concepito, arresterà la tua mente se tu cercherai di concepirLo. E l'arresto della mente è meditazione.

Lo sforzo di meditare su Quello è di per se stesso assurdo. Non puoi meditare su di Lui: non c'è nulla su cui meditare, non vi è nessun oggetto. Quello non è un oggetto. Ma se ti impegni al massimo delle tue forze, in quello stesso sforzo... proprio perché non puoi meditare su di Lui. Non riuscirai a meditare su di Lui, ma proprio in quello sforzo, nel fallimento, nell'impossibilità di pensarci sopra, il pensiero si arresterà perché il pensiero non avrà via di uscita, non può aprirsi a Quello. E quando il pensiero si arresta, tu sei in meditazione.

Non accadrà che il Brahman apparirà di fronte a te, non accadrà che arriverai a conoscerLo e a riconoscere il vero di fronte a te, assolutamente no! Nel momento in cui il tuo pensiero si è arrestato, tu sei diventato Quello, ti sei immerso in Lui. L'onda è scomparsa nell'oceano. E questo dissolversi accade sempre all'interno dell'essere, perché è da lì che cadi. L'onda si dissolve nell'oceano. Tu sei Quello. Meditando su Quello, diverrai tu stesso Quello.

Le Upanishad continuano a dire: Colui che conosce il Brahman, diventa il Brahman stesso. Colui che medita su di Lui, diventa il Brahman: diventa Quello.

Il Brahman è largamente conosciuto col nome Tadvanam — *Quello. Pertanto si deve meditare su di Lui in quanto* Tadvanam — *Quello. Colui che conosce il Brahman come tale è amato da tutti gli esseri.*

E la persona che giunge a conoscere il Brahman in quanto Quello, in quanto essenza dell'esistenza, sarà inevitabilmente amata da tutti gli esseri.

Perché accade? All'improvviso senti l'amore nascere

nel cuore e lo senti fluire verso una persona che ha conseguito questa essenzialità: come mai? Non accade sempre: puoi anche provare odio per una persona simile, perché l'odio è una forma di amore. Ma non puoi sentirti indifferente nei suoi confronti: questo è un fatto! Se una persona simile è presente, puoi amarla o la puoi odiare, ma non puoi esserle indifferente. È possibile l'odio perché è l'opposto, una forma d'amore ribaltato. È amore nella posizione *sirshasana*: ritto sulla testa! Ma non ti è possibile restare indifferente.

Perché l'amore? Perché l'odio? E come mai non è possibile l'indifferenza? Perché l'essere stesso di una persona simile ti tocca profondamente il cuore. Si mette a suonare il tuo cuore, il tuo cuore diventa uno strumento musicale. La semplice presenza di una persona come quella muove qualcosa dentro di te. La sola presenza di quella persona stimola il tuo «Quello» e lo fa vivere. Diventa una forza magnetica, e il Brahman che è addormentato dentro di te si sente disturbato nel suo sonno. Il Brahman che è addormentato dentro di te apre gli occhi e guarda questo Brahman risvegliato, e c'è amore oppure odio.

Se sei ricettivo, abbandonato, arreso, in fiducia, ti sentirai in amore. Se sei dubbioso, scettico, teso, egoista, proverai odio. Ma è impossibile restare indifferenti. Non è possibile concepire che Buddha passi in una città, e qualcuno resti indifferente. È inevitabile che si verifichino o l'amore o l'odio. Ma entrambe sono forme di relazione: voi tutti entrerete in relazione con lui.

L'amore dirà: «Sono pronto a venire con te». L'odio dirà: «Non forzarmi. Non sono pronto ad arrendermi. Opporrò resistenza». L'amore dice: «Sono pronto a seguirti e ad abbandonarmi a te». L'odio dice: «Non posso abbandonare il mio ego. E proprio perché non posso arrendere l'ego ti odierò, perché con l'amore avverrebbe subito la resa». E a volte accade che quando sei in amore con una persona, non hai un rapporto tanto profondo come quando la odii.

Ho sentito questo aneddoto:

Un *rishi* andò in collera con una persona. Era così arrabbiato che la maledisse. La maledizione era terribile:

quest'uomo avrebbe dovuto rinascere continuamente e soffrire. L'uomo cadde ai piedi del *rishi* e chiese perdono. Ma una maledizione non può essere revocata, per cui il *rishi* gli disse: «Ora non posso far nulla per invertire il corso della mia maledizione, dovrai passarci in mezzo. Si può fare solo una cosa: se ti ricorderai il nome di Dio, la maledizione non avrà su di te effetti terrificanti. Rimarrai distaccato, non soffrirai molto. Ma dovrai passare attraverso il dolore».

Allora l'uomo chiese: «Rivelami il segreto per ricordare il Suo nome, sì che io possa non scordarLo mai».

E il *rishi* rispose: «Odia Dio. Non amarLo perché l'amore può portare a dimenticare, l'odio no. Odia Dio, e continua a maledirLo, a insultarLo, a bestemmiarLo. MaledicendoLo Lo ricorderai».

L'amore può portare a dimenticare, l'odio no. L'amore può far dimenticare perché col tempo l'amore si fonde con l'oggetto d'amore. L'odio implica un'attenzione costante, devi proteggerti. Ed esiste un'attrazione costante — un Buddha è un'attrazione irresistibile — devi necessariamente lottare. Se ti lasci andare per un solo istante, se per un momento ti distrai, verrai travolto dalla corrente. Per questo devi essere continuamente all'erta. L'odio è un rapporto d'amore in senso inverso.

Una persona illuminata rispetto a «Quello» ti attirerà — o in odio oppure in amore. Ma una cosa è certa: non potrai restare indifferente perché quella persona è scesa ad una profondità così abissale all'interno del suo essere che quell'abisso riecheggerà dentro di te, risuonerà, sarà per te un richiamo. La sua profondità sarà la tua. Quella persona sarà una invocazione. Non dovrà fare nulla: il suo essere, solo il suo essere farà qualcosa. Da parte sua non vi sarà sforzo alcuno.

Anche se osservi un fiore e dici: "Splendido!", qualcosa è accaduto dentro di te. Non che il fiore abbia fatto qualcosa, è assolutamente inconsapevole del fatto che stai passando. Tuttavia tu dici: «Splendido!». Quando il tuo cuore afferma la bellezza di una cosa, significa che all'interno è successo qualcosa: il fiore ti ha toccato in profondità. Nella notte vedi la luna piena, e all'improvviso diventi silente. La profondità, la bellezza, la grazia, ti hanno toccato.

La situazione è identica: quando una persona che ha conseguito il Brahman, che si è illuminata, ti tocca, quel contatto è più profondo di quello di un fiore, è più profondo del tocco di una luna piena, è più profondo del contatto di qualunque altra cosa al mondo, perché la sensazione del Brahman è la più profonda, la più intima, la più assoluta. Il semplice essere vicino ad una persona come quella ti trasforma.

Per questo in India si insiste molto sul semplice essere vicino al Maestro — basta semplicemente essere *vicino* al Maestro! La semplice vicinanza continua a trasformarti, perché il suo abisso richiama il tuo, il silenzio interiore richiama il *tuo*, l'estasi invoca la tua beatitudine. La *sola* presenza del Maestro è oltremodo seducente. Continua a trasformarti, continua a mutare il tuo essere.

«*Rivelami l'Upanishad.*»

Ora parla il discepolo. Finora ha parlato il Maestro, ed ora il discepolo pone la prima e l'ultima domanda — la sola domanda. Questo è molto bello! Finora è rimasto in attesa. Forse tu non eri neppure consapevole della presenza di un discepolo. Parlava solo il Maestro, quasi non ci fosse nessun discepolo. Questi doveva essere solo orecchie e occhi, non l'ha mai interrotto. Ora, all'ultimo momento, chiede:

«*Rivelami l'Upanishad!*»

Il termine «Upanishad» indica l'insegnamento esoterico, l'insegnamento occulto, l'insegnamento segreto. «Upanishad» indica il sentiero segreto, la chiave misterica: l'esoterico, l'occulto, l'ignoto. «Upanishad» indica il mistero, e il discepolo chiede: «*Rivelami l'Upanishad!*».

E il Maestro risponde: «*L'Upanishad ti è stata rivelata. Veramente ti abbiamo rivelato l'Upanishad riferita al Brahman*».

Questo è un punto molto sottile e delicato, e deve essere compreso. Il Maestro ha insegnato, ha parlato e il discepolo deve essere stato molto attento, con l'intelletto sveglio e consapevole per comprendere tutto ciò che veniva detto. E tutto ciò che può essere detto, è stato detto!

Tutto il sapere riferito al Brahman è stato impartito. Tutto ciò che può essere espresso in parole, tutto ciò che può essere detto, è stato detto. E lo studente, il discepolo chiede: «Ora insegnami l'Upanishad, il segreto dei segreti. Qual è il suo significato?» E il Maestro risponde: «L'Upanishad ti è già stata rivelata».

Ad un livello il Maestro parla, e mentre il discepolo è impegnato nell'ascolto, su un altro livello viene rivelato il segreto. Per questo il discepolo non ne è consapevole: è impegnato sul piano intellettuale. La sua attenzione è attratta dalle parole, ma in profondità viene trasmesso qualcos'altro. Viene comunicato il segreto: quella è la vera Upanishad. Ma non può essere detta. È una trasmissione senza parole, una comunicazione non verbale!

Bodhidharma, uno dei più grandi Maestri mai prodotti dall'India, andò in Cina. E si dice che arrivò in Cina con un testo sacro che non esisteva — con un testo sacro che non esisteva! E trasmise quel testo senza comunicare nulla. Deve essere stato un Maestro nell'arte di comunicare le cose in silenzio, senza usare una sola parola.

Era solito stare seduto rivolto al muro, non guardava mai chi lo ascoltava. Vedevi solo la sua schiena, lui non ti degnava di un solo sguardo, si limitava ad osservare il muro. E molte persone gli chiedevano: «Che modi sono questi? Che educazione è? Che uomo strano! Non abbiamo mai visto nessuno stare voltato verso un muro di fronte a persone venute per ascoltare».

E Bodhidharma rispondeva sempre: «Quando verrà l'uomo giusto mi volterò. E l'uomo giusto è colui che riesce a capirmi in silenzio. Voi non mi interessate affatto».

E un giorno venne l'uomo giusto, e quell'uomo disse a Bodhidharma: «Voltati, altrimenti mi taglierò la testa».

Bodhidharma si voltò immediatamente e disse: «Dunque, sei giunto! Ora siedi in silenzio ed io ti trasmetterò il mio insegnamento».

E in quella trasmissione non fu pronunciata una sola parola, e l'altro venne trasformato in Maestro, quindi Bodhidharma scomparve, dicendo: «Ho aspettato quest'uomo per nove anni», l'altro divenne un Maestro, ma non fu usata una sola parola.

Nel tuo essere vi sono strati differenti. Quello esterno, il più superficiale, comprende il linguaggio, mentre il più profondo comprende il silenzio. E i Maestri devono architettare espedienti: questi insegnamenti, queste parole sono semplici espedienti.

Io vi ho parlato per ore. E proprio l'altro giorno un giovane è venuto a dirmi: «Sei molto contraddittorio. Continui a dire che nulla può essere detto, e tuttavia continui a parlare ogni giorno, per tre ore, alla mattina e alla sera. Sei assolutamente contraddittorio. Affermi che su «Quello» nulla può essere detto, eppure *continui* a parlarne».

Ha ragione, sono contraddittorio. Nulla può essere detto su «Quello», tuttavia continuo a parlarne. Quello che dico serve solo per attirare la vostra attenzione ad un livello, così qualcosa può entrare in voi in silenzio ad un altro livello.

• Il Maestro risponde: «L'Upanishad ti è già stata trasmessa, e tu mi chiedi: "Rivelami l'Upanishad". Cos'ho fatto finora?». Ma il discepolo era impegnato sul piano intellettuale, ancora non è consapevole di cosa gli è successo. Il messaggio non è ancora arrivato al suo intelletto. Ci vorrà un po' di tempo.

Accade sempre così. Mentre siete qui forse non mi capite, ma questo non importa. Se si è verificato un contatto tramite il silenzio, ci vuole del tempo perché vi rendiate conto che dentro di voi è successo qualcosa. Il messaggio impiega del tempo perché l'intelletto è lontanissimo dal centro più intimo del tuo essere. Se è successo qualcosa là in fondo, non ne diverrai consapevole. Anzi, io sarò il primo ad accorgermene. Per questo mentre meditate io continuo ad osservarvi, proprio per percepire cosa accade, perché voi ancora non siete capaci di sentire quello che sta succedendo. Ci vorrà tempo. Un giorno il messaggio ti raggiungerà, concluderà il suo viaggio attraverso tutti i centri e gli strati del tuo essere. E alla fine raggiungerà la mente e tu lo riconoscerai, ma potrebbero essere necessari anni e anni!

Proprio l'altro giorno qualcuno che mi è molto vicino mi ha detto: «Ancora non hai fatto nulla per me, ed io sono con te da due anni ormai». Ancora il messaggio non gli è arrivato, ci vorrà tempo.

Il Maestro dice:

« L'Upanishad ti è stata rivelata. Veramente ti abbiamo rivelato l'Upanishad riferita al Brahman ».

I fondamenti di questa Upanishad sono: l'ascesi — tapas; il dominio di sé — daman, e il lavoro appassionato — karman. I Veda sono le Sue membra, la verità la Sua dimora.

Il Maestro definisce in breve cos'è l'Upanishad: *tapas*. *Tapas* indica lo sforzo, uno sforzo intenso. Quando usi tutta la tua energia nel compiere uno sforzo qualsiasi, diventa *tapas*: sforzo qualsiasi! Se utilizzi tutta la tua energia diventa *tapas*.

Se mentre mediti ti trattieni, non è *tapas*. Stai compiendo uno sforzo superficiale, nulla di totale. Non ne sei profondamente coinvolto, non stai agendo con totalità. Quando partecipi con totalità, lo sforzo crea calore, per questo viene chiamato *tapas*. Tapas significa calore. Quando compi uno sforzo *qualsiasi* e vi partecipi con totalità, quello sforzo crea calore nel tuo essere. Accade proprio questo: crea calore, e quel calore cambia molte cose chimicamente all'interno del tuo essere. Diventi un essere diverso, attraverso il *tapas* diventi una persona differente, perché quel calore ti trasforma chimicamente. Cambia la tua personalità.

In questo secolo Gurdjieff ha usato molti metodi *tapas*. Ti dava una tecnica e ti diceva: «Sforzati al massimo delle tue possibilità. Neppure una parte infinitesimale del tuo essere deve stare a guardare. Impegna tutto il tuo essere. Diventa lo sforzo stesso». E ti sorprenderà che qualsiasi sforzo, qualsiasi...

Gurdjieff diceva a qualcuno: «Vai in giardino e scava una buca, ed impegnati totalmente nello sforzo. Scorda completamente che stai scavando, diventa lo scavare stesso». L'uomo andava a scavare senza fermarsi un istante, scavava tutto il giorno. Alla fine Gurdjieff andava da lui, riempiva la buca e diceva: «Non è servito a nulla. Domattina ricomincia da capo».

E di nuovo il discepolo riprendeva a scavare la mattina successiva, e questa storia si ripeteva per giorni e giorni. Ma ogni sera Gurdjieff andava da lui, riempiva la buca e diceva: «Ricomincia!».

Serve solo se colui che scava diventa lo scavare stesso... Quando nulla viene tenuto in disparte e l'intero essere è stato coinvolto nello sforzo, allora diventa *tapas* — si trasforma in un calore sottile.

Il Maestro parla di *tapas* e di *daman. Daman* è il dominio di sé, ma non è repressione. La parola *daman* è stata usata in maniera completamente sbagliata. Non è repressione: è dominio di se stessi. E la differenza è sostanziale.

Mentre mediti, se nella fase del silenzio senti che stai per starnutire, puoi reprimerlo, puoi iniziare a combatterlo, e in questo caso è repressione. Ma se resti semplicemente indifferente, se non fai nulla, se non lo reprimi e non lo esprimi, se non fai nulla e resti semplicemente indifferente, allora è dominio di te stesso. Rimani all'interno del tuo essere. Non ti sposti verso lo starnuto nel tentativo di fare qualcosa.

Se fai qualcosa per esprimerlo, uscirai dal centro del tuo essere. Se fai qualcosa per reprimerlo, di nuovo ti sarai allontanato dal centro del tuo essere. Rimani semplicemente in te stesso come se lo starnuto fosse un affare di qualcun altro e non ti riguardasse. Non reprimerlo, non lottare con lui. Rimani semplicemente indifferente, un testimone: questo è dominio di sé.

È semplice reprimere perché ti permetti di agire. Il dominio di sé è molto difficile perché non ti permetti di fare nulla. Devi restare passivo, non attivo, senza far nulla, un semplice osservatore.

... tapas, daman, *e* karman *— il lavoro appassionato — sono i fondamenti.*

Queste tre cose formano la base su cui poggia l'insegnamento segreto, l'Upanishad. Un lavoro che ti coinvolge e ti appassiona — una azione totale, un *karma* totale, non è affatto *karma.* Quando un *karma* è coinvolgimento totale, quando un *karma* è privo di ego, quando un *karma* diventa una forma di preghiera, di meditazione, quando è *karma* solo all'esterno mentre all'interno è qualcos'altro che si eleva verso il Divino, allora è vero *karma*, è azione appassionata.

Per esempio, servi un vecchio o un malato. Se riesci a trasformarlo in una meditazione, se riesci a renderlo una preghiera; se riesci a vedere il divino, Quello, nel vecchio, nella persona malata... se la servi senza l'intenzione di conseguire qualcosa, se la servi solo per essere in meditazione profonda, per essere totalmente nel momento presente — allora il tuo servizio diventa meditazione, diventa *karma*. Se invece da quella situazione vuoi ottenere qualcosa, si creerà una catena di cause ed effetti.

Se questo vecchio è ricco — potrebbe essere anche tuo padre — e tu ne desideri le ricchezze, i soldi, se i tuoi occhi vedono solo il suo conto in banca, allora non è *karma*. Ma quel conto in banca può assumere molte altre forme: puoi servire questo vecchio per conquistarti il paradiso, di nuovo si tratta di un conto in banca. Puoi servire questo vecchio perché ti è stato detto che quello conduce a Dio; di nuovo si tratta di una forma di conto in banca. Non sei *nel presente*. La tua mente è altrove.

Quando il *karma* è totale, qui e ora, quando la tua mente non è proiettata in un futuro imprecisato, in quel caso non crea nessuna catena. In *questo* preciso momento diventa meditazione.

Questi tre elementi: *tapas* (l'ascesi), *daman* (dominio di sé), e *karma* (lavoro appassionato), formano il fondamento.

I Veda sono le Sue membra...

«Veda» è un termine splendido. Significa semplicemente conoscenza. Qualsiasi cosa sia stata conosciuta sul Brahman, in qualsiasi luogo sia stata conosciuta, è sempre e solo Veda. Per questo chiamo Veda la Bibbia, e chiamo Veda anche il Corano. Per me esistono migliaia di Veda. E quando una persona si illumina, tutto quello che dice è Veda. Dunque i Veda non sono solo quattro. La parola «veda» deriva da *Vid*. *Vid* significa conoscere. E ovunque venga raccolta questa conoscenza, ovunque questa conoscenza venga resa simbolo, diventa un Veda.

I Veda sono le Sue membra, la verità la Sua dimora.

Queste tre cose devono essere ricordate: compi uno

sforzo intenso per produrre un calore interiore che ti cambi chimicamente; vivi nel dominio del tuo essere, per diventare più centrato in te, più stabile, saldo, centrato, con radici; e trasforma il tuo lavoro in *karma* — in preghiera devota, in meditazione. Cerca di conoscere tutto ciò che è stato conosciuto in passato. Non perché conoscerai la verità attraverso questa conoscenza, ma perché tutto quel sapere ti sarà utile. Può anche diventare un ostacolo insormontabile se ti ci attacchi troppo, ma altrimenti sarà un aiuto, un'indicazione.

E infine la verità è la Sua dimora — e verità vuol dire Quello. E Quello viene a te quando vivi una vita legata all'essenzialità.

Colui che consegue questa comprensione del Brahman e distrugge pertanto il male, dimora stabilmente nel Brahman, l'infinito, l'estatico e il Supremo.

Capitolo diciassettesimo

FAI DI OGNI MOMENTO UNA CELEBRAZIONE

Domanda:
In molte tradizioni il messaggio completo venne passato dal Maestro ad un solo discepolo. Ad esempio, da Buddha passò a Mahakashyap, da Bodhidharma a Hui-ke, e poi a Hui-Neng, di cui ha parlato questa mattina. Anche tu tra i tuoi discepoli hai quello giusto a cui intendi poi trasmettere tutta la tua conoscenza? Oppure è possibile che tu compia questa trasmissione ad un gruppo di persone, invece che ad una sola? Come mai in molte tradizioni il segreto supremo viene di solito comunicato ad un solo discepolo?

Il messaggio non viene comunicato ad un solo discepolo. La trasmissione è fatta a molti, ma solo uno ha l'autorizzazione a tramandarlo oltre. Buddha comunicò la sua sapienza a migliaia di discepoli, ma a Mahakashyap diede l'autorità perché era il discepolo che aveva una maggior capacità di essere un Maestro. Illuminarsi non è molto difficile, ma diventare un Maestro è difficilissimo. Vi sono molti illuminati, ma non tutti gli illuminati sono Maestri.

Quando ti illumini è un tuo affare personale, ma per essere un Maestro devi avere l'abilità di comunicare la tua esperienza ad altri. Ed è l'arte *più* difficile perché si tratta di trasmettere qualcosa che non è possibile trasmettere, si deve comunicare qualcosa di incomunicabile, si deve parlare di una cosa inesprimibile a parole. Per questo solo un artista altamente qualificato può essere scelto per compiere questa trasmissione.

Accadde:

Un giorno Buddha arrivò con un fiore tra le mani e si sedette sotto un albero. Doveva parlare ai suoi discepoli, ma rimase in silenzio e i discepoli si inquietarono. Non era mai successo prima. Di solito iniziava a parlare subito, come mai era in silenzio, ora? E continuava a guardar il fiore come fosse completamente dimentico che diecimila discepoli si erano riuniti per ascoltarlo. Passarono i minuti, e tutti non gli staccavano gli occhi di dosso ma nessuno aveva il coraggio di chiedergli: «Cosa fai? Ti sei scordato di noi? oppure ti sei scordato la ragione per cui ci hai fatto venire, e quello che volevi dirci?».

Li aveva espressamente fatti chiamare, e tutti erano giunti con mille aspettative. Era invecchiato molto e tutti pensavano: «Prima di lasciare il corpo ci rivelerà qualche segreto, qualcosa di esoterico, qualcosa di essenziale che non ha mai rivelato in passato». Ma Buddha rimase in silenzio e continuò a guardare il fiore. Il silenzio si fece sempre più fitto, divenne pesante, tutti si sentivano a disagio. E a quel punto Mahakashyap, uno dei discepoli, si mise a ridere. E questo Mahakashyap è una novità, perché non è mai stato menzionato in precedenza. Per il mondo era un discepolo sconosciuto, ma non per Buddha. Buddha deve averlo conosciuto.

Erano presenti molti discepoli famosi. C'era Sariputta che di per sé era un grande insegnante. C'era Modgalayan e anch'egli era un grande insegnante, e aveva migliaia di discepoli suoi. C'era Ananda, il discepolo più vicino al Buddha, che lo seguiva continuamente come un'ombra. E molti altri — molto conosciuti, famosi per un motivo o per l'altro... e questo Mahakashyap non è mai stato menzionato in precedenza nei testi sacri buddhisti.

Rise! Buddha lo guardò. Sorrise e chiese a Mahakashyap di avvicinarsi. Mahakashyap si avvicinò. Buddha gli donò il fiore senza dire una sola parola. Quindi si rivolse a tutti gli altri e disse: «Tutto ciò che poteva essere espresso con le parole l'ho dato a voi, e ciò che a parole non può essere detto, l'ho dato a Mahakashyap».

Questa viene detta la trasmissione suprema. Mahakashyap riuscì a capire il linguaggio del silenzio, e chi riesce a comprendere il linguaggio del silenzio è in grado di insegnare e trasmettere la verità attraverso il silenzio. Mahakashyap non è il solo a cui Buddha diede la chiave segreta — quella chiave fu data a molti — ma la chiave più occulta può essere trasmessa solo nel silenzio, e Mahakashyap comprese quel linguaggio. Per cui venne eletto per andare a comunicare questo insegnamento silente.

In quella tradizione Bodhidharma è il sesto. Mahakashyap fu il primo, ed ottenne l'insegnamento direttamente da Buddha; Bodhidharma è il sesto. E Bodhidharma girò tutta l'India per scoprire una persona che riuscisse a comprendere il linguaggio del silenzio. Ma non riuscì a trovare nessuno, per questo dovette andare in Cina. Là, dopo esser rimasto seduto per nove anni davanti a un muro, incontrò Hui-Ke.

Buddha donò a molti la sua illuminazione, il sapore di quell'esperienza, ma non erano tutti Maestri. La realizzarono per se stessi e poi si dissolsero nell'infinito.

Essere un Maestro è una cosa molto difficile e delicata. Tu hai realizzato l'infinito, eppure resti inspiegabilmente qui, resti su *questa* sponda per insegnare agli altri. È difficile. In un certo senso sembra eccezionale perché accade molto di rado; di solito chi ha conosciuto l'infinito vorrebbe dissolvervisi. Perché preoccuparsi di insegnare ad altri? Perché prendersi la responsabilità di insegnare a quanti non possono capire oppure a persone che riescono solo a fraintendere? Perché insistere nel voler insegnare a questa gente? Perché prendersi questa seccatura? Si desidera dissolversi nel silenzio, nell'estasi, nell'infinito, e dimenticarsi del mondo.

Un Maestro è qualcuno che sente meno pressante il richiamo dell'estasi rispetto al richiamo della compassione. Egli dice: «Aspetta. L'infinito può aspettare. Non c'è fretta. L'estasi può aspettare, il dissolvimento finale può attendere un po', non c'è fretta».

Un Maestro è qualcuno che si attarda ancora un po' su questa sponda. È molto difficile, perché dovrà inventare stratagemmi per sostare un po' di più in questa dimensione. E sarà molto difficoltoso, perché ora il corpo vuole riposare, vuol ritornare alla natura. Una volta che ti sei illuminato il corpo vuole riposarsi. Ora non è più necessario portarselo dietro. Il corpo vorrebbe tornare a dissolversi nella natura perché il destino si è compiuto. Ora la dimora non è più necessaria. Ora l'anima può volare nell'infinito. La dimora non ha più alcuna utilità. Perché portarsela dietro? Ma un Maestro lo deve fare. Deve architettare trucchi che lo aiutino a conservare il corpo, sì da poter essere utile ad altri.

E il corpo non è il solo problema. Questo sforzo sembra essere del tutto privo di utilità perché parli a diecimila persone e forse solo uno ti capirà. E gli altri novemilanovecentonovantanove ti creeranno problemi a non finire... faranno di tutto per crearti problemi e difficoltà. È naturale visto che non riescono a capirti, e qualsiasi cosa dici e fai per loro diventa pericolosa: *di fatto* i loro valori tradizionali vengono messi alla prova, la loro vita organizzata viene *di fatto* sfidata, il loro stile di vita è messo in crisi — tutto! La presenza di un Maestro continua a traumatizzarli ad ogni istante, ed essi si vendicheranno. Faranno tutto ciò che possono per fermarti, per impedirti di aiutarli.

Per un illuminato è semplice dissolversi. Per questo Buddha afferma che vi sono due tipi di illuminati. Il primo è chiamato *Arhat*. E con *Arhat* intende colui che ha conseguito il proprio Sé e non si preoccupa di altro. Si limita a dissolversi come una goccia nell'oceano. L'altro lo chiama *Bodhisattva*. E con *Bodhisattva* intende colui che è diventato *Arhat*, ma rinuncia al desiderio supremo — il desiderio assoluto di dissolversi — che si oppone a quel desiderio supremo e si attarda oltre su questa sponda, su questa riva, per aiutare gli altri. E Buddha afferma che il Bodhisattva compie un sacrificio enorme.

Gli *Arhat* non possono mai diventare Maestri, solo i *Bodhisattva* possono. E non tutti i *Bodhisattva* possono diventare Maestri, perché per diventare Maestri occorre un addestramento particolare, un addestramento per imparare a trasmettere, un addestramento particolare per aiutare, un addestramento particolare per dare consigli e aiuti, un addestramento particolare per creare nuove tecniche perché con ogni individuo occorre qualcosa di differente, e con ogni epoca le necessità cambiano.

Per questo tutte le tecniche del passato perdono di significato e di valore. Erano state elaborate per menti di un certo tipo, e quelle menti non esistono più. E noi continuiamo a praticare quelle tecniche, ma solo pochi ne traggono beneficio, per la maggior parte della gente sono prive di utilità. Occorrono nuovi metodi. E puoi diventare un Maestro solo quando sei in grado di creare nuovi metodi, riesci ad essere creativo ed inventivo.

Non è vero che l'illuminazione e la chiave segreta della sua conoscenza vengono trasmessi ad una sola persona. Viene trasmessa a molti, ma solo ad uno in qualità di Maestro capace di trasmettere oltre quella stessa chiave.

Ed ora, visto che questo è il nostro ultimo incontro, vorrei dirvi qualcosa prima che ve ne andiate da questo campo di meditazione. La prima: ho osservato che il novanta per cento di voi ha meditato con estrema intensità, e si tratta di un bel numero! Questo è un buon segno, ma quell'intensità dipendeva più o meno dalla presenza del gruppo. A casa vi potrà essere difficile essere altrettanto intensi.

Perciò fate così: quando meditate a casa, iniziate chiudendo gli occhi, poi sentitemi presente proprio di fronte a voi, come lo sono qui, visualizzatemi, visualizzate il gruppo intorno, poi iniziate a meditare come avete fatto quando il gruppo era presente. Questo sarà molto utile. Se avete la musica registrata, mettetela per ricreare l'intera atmosfera e non sarete più soli e non avrete difficoltà a fare la meditazione dinamica con intensità: l'anima di gruppo prenderà possesso del vostro essere.

Tornati a casa vi renderete conto che tre volte al giorno avete fatto uno sforzo grandissimo, e ve ne stupirete. Non riuscirete neppure ad immaginare come avete potuto farlo. L'anima di gruppo vi afferra e vi trascina nella corrente, a quel punto ognuno di voi è mosso da un flusso di energia travolgente, e l'intero gruppo vi incita e vi stimola.

Molta gente mi dice: «Durante un campo di meditazione è meraviglioso, ma a casa ci sentiamo persi». Tornati a casa, ricordate il gruppo, visualizzatelo, sentitene la presenza, e il gruppo apparirà! Almeno io ci sarò.

E se sei un sannyasin, prendi in mano il mio medaglione ed espira profondamente tre volte. Non inspirare. Espira profondamente e lascia che sia il corpo ad inspirare: non farlo tu. Limitati ad espirare tre volte, ricordami, poi inizia... e io sarò presente.

Di fatto lo spazio e il tempo non hanno importanza. Se la tua intensità è tale da permetterti di sentirmi, io sarò presente. Lo spazio scompare, il tempo scompare, e il novanta per cento di voi riuscirà a meditare come ha fatto qui.

Ed è giusto farlo da soli. È bene iniziare in gruppo, ma non va bene diventare dipendenti dal gruppo per sempre.

Ma non lasciate un intervallo di tempo. Il giorno stesso in cui tornate a casa, iniziate immediatamente. Non dire: «Mi riposo per una settimana, poi inizierò». Così non inizierai mai, questo è un trucco della mente. Inizia subito, non appena arrivi a casa. E ti accadrà! Ed una volta che riuscirai a meditare così intensamente da solo, sei diventato indipendente. Si può iniziare a meditare in gruppo, ma si deve terminare in modo indipendente. Ognuno di voi deve diventare indipendente rispetto al gruppo.

Un'altra cosa: molti di voi avranno paura dei vicini, dei parenti. Vi crederanno matti. Qui non c'è problema perché tutti gli altri sono più pazzi di te... per cui non hai paura. Nessuno dirà che sei pazzo. L'ambiente, l'atmosfera è diversa. Ti aiuta. A casa l'intero ambiente ti sarà contro. E crea un ostacolo. Per questo è meglio avvisare i parenti: «Sto sperimentando questo metodo, ed è un metodo folle». Fai il giro del vicinato e di' a tutti: «Al mattino, per un'ora farò pratica con questa tecnica, ed è assolutamente folle, ma non preoccupatevene».

Parlatene invece di nascondervi, perché se vi nascondete non potete far pratica nel modo giusto, continuerete a reprimere qualcosa. Andate in giro e parlatene spontaneamente. E la gente vi presterà attenzione solo per pochi giorni, dopo tre o quattro giorni se ne dimenticherà perché nessuno ha tempo di continuare a pensare a te, per capire se sei impazzito o no. Dopo tre o quattro giorni si abitueranno, e sapranno che stai facendo quella cosa... e se continui a meditare per tre mesi, inizieranno a chiederti cosa fai, perché pian piano qualcosa ti accadrà e sarà evidente, sarà ovvio. Affiorerà sul tuo volto, nei tuoi occhi, nei tuoi movimenti, dal modo in cui ti comporti, tutto cambierà. Avrai una nuova grazia. Sarai accompagnato da un silenzio insolito, e da una gioia impercettibile, non provocata da nulla. Per il semplice fatto di essere vivo, ci sarà in te una gioia sottile, e tutti sentiranno la differenza. Inizieranno a farti domande, e non penseranno più che sei matto.

Quindi, se riesci a perseverare in questa follia, nessuno ti crederà pazzo. Ma occorre perseverare, e all'inizio occorre un po' di coraggio. Se sei un codardo, ovviamente non riuscirai a proseguire. Non cercare di razionalizzare il tutto, non dire che disturbi gli altri. Non disturbi nessuno; puoi perfino invitare tutta la tua famiglia a guardarti. Si divertiranno! Nessuno ne sarà disturbato. Per loro sarà uno spettacolo gratuito.

Invita i vicini. Di' loro che sei tornato da un campo di meditazione dove hai imparato una tecnica nuova e la vuoi mostrare a tutti. All'inizio rideranno, ma non potranno riderne a lungo. Se ne interesseranno molto presto: i cambiamenti in te ne dimostreranno l'efficacia, null'altro potrebbe essere prova migliore. Non ne puoi discutere.

Terza cosa: non cercare di convincere nessuno. Non discutere, è inutile. È solo uno spreco di energia. Solo un argomento può dimostrare qualcosa, e quello sei tu. Se tu cambi, diventi un argomento vivo e inconfutabile. Se non cambi, ogni discussione sarà priva di valore; non potrai convincere nessuno. Il semplice ragionamento non convince mai: il tuo essere sì. Per questo ti suggerisco di non essere polemico.

E la mia impressione è che quando si impara qualcosa di nuovo, si diventa polemici, se ne continua a parlare. E questo non vuol dire che stai facendo del male a qualcuno, forse pensi di aiutarlo. Quando una cosa per te è così viva e l'esperienza è così nuova, hai il desiderio di condividerla con altri. È naturale! Forse è naturale, ma non è saggio, perché l'altro non ha alcuna familiarità con quello di cui stai parlando.

E i miei metodi sono particolarmente folli: non puoi convincere nessuno! Non provarci, perché se non riesci a convincere nessuno, può prodursi un effetto dannoso su di te. Il tuo fallimento ridurrà la tua sicurezza, in cuor tuo inizierai ad esitare. Tu non riesci a convincere nessuno, mentre gli altri possono convincere te che sei impazzito, che sei tu a sbagliare. Possono convincerti perché la tua esperienza è impercettibile ed è inesprimibile. Come potresti trasmetterla? Se l'altro non è più che ricettivo e disponibile, non riuscirai mai a comunicarla. Dire di no a qualsiasi cosa è semplicissimo, negare è molto facile. Essere positivo, dire di sì, è difficilissimo.

Cechov ha scritto una novella:

In un villaggio viveva un uomo così idiota e così stupido che da tutti era chiamato «il matto». Lui stesso si convinse a tal punto della sua idiozia che ebbe perfino timore di parlare, non profferiva più una sola parola, perché nell'istante in cui diceva una cosa qualsiasi, subito qualcuno lo redarguiva: «Che sciocchezze dici! Che stupidità».

L'uomo era molto depresso, per cui andò da un saggio e gli chiese: «Cosa posso fare? Sono un idiota fatto e finito, non ho più neppure il coraggio di parlare. Prima ancora che io parli, la gente dice: "Sta' zitto, non parlare!"».

Il saggio rispose: «Fai una cosa. Non dire più di sì. Qualsiasi cosa tu veda, criticala».

L'idiota ribatté: «Ma non mi ascolteranno mai».

E il saggio: «Non preoccuparti. Se qualcuno dice: "Che quadro meraviglioso", ribatti: "Bello? Non ho mai visto nulla di più orribile!". Se qualcuno dice: "Che romanzo originale", ribatti: "Ma è solo un plagio. La stessa storia è già stata scritta migliaia di volte". Non preoccuparti di dimostrarlo. Limitati a dire di no a tutto! Fanne la tua filosofia. Se qualcuno dice: "La notte è bella, che bella luna", ribatti: "Ma la chiami bellezza?" E ricorda che neppure loro sono in grado di confutare le tue parole».

L'uomo tornò al villaggio. E iniziò a dare pareri negativi su tutto. Nel giro di una settimana nel villaggio si sparse questa voce: «Ci siamo sbagliati. Quest'uomo non è un idiota. È un grande critico. È un genio!».

Non occorre esser saggi per dire di no. Se vuoi diventare un genio, di' *no* a tutto, critica ogni cosa. Non preoccuparti di dire di sì. Qualsiasi cosa la gente dica, negala decisamente. E nessuno può dimostrare il contrario, perché è difficilissimo dimostrare qualsiasi cosa. Negare è il trucco più semplice che esista.

Quando parli di esperienze sublimi, tutti possono negarle, anche uno stupido, e non ti è possibile contraddire. Per questo ti consiglio di stare attento. Non parlarne se non senti che hai di fronte un cuore in sintonia col tuo, pronto ad ascoltare e a riceverti. E non discutere. Se qualcosa è successo a te, il tuo stesso essere sarà la prova. Non sprecare energia cercando di convincere qualcuno. Usa *tutta* l'energia che possiedi nel trasformare il tuo essere. La tua trasformazione aiuterà molte altre persone: i tuoi argomenti non potranno aiutare nessuno.

Una volta trasformato, la gente inizierà ad innamorarsi di te. Diventeranno ricettivi, ospitali, disposti ad accoglierti. E qualsiasi cosa dirai loro verrà ricevuta come un seme, che porteranno nel cuore. Ma non cercare di convincere nessuno, non discutere. Non essere intellettuale e non razionalizzare le tue esperienze. L'intero fenomeno è troppo assurdo, è paradossale!

È paradossale perché essendo pazzo consapevolmente trascendi la follia. Una persona che medita consapevolmente con questa tecnica *non può* impazzire. È impossibile, perché elimina dal suo organismo ogni follia, evitando di accumularla. E se non accumuli tensione, non puoi impazzire.

Ogni giorno ti ripulisci, ogni giorno passi attraverso una *catarsis*, un processo di purificazione. A poco a poco cambi, trasformi la tua follia in meditazione. Operando con questo metodo, apparentemente folle, dai al tuo essere la possibilità di diventare realmente sano. È un paradosso, per questo dico che è assurdo.

Ridi, canta, balla, non discutere. La tua danza può diventare contagiosa, il tuo canto può diventare contagioso. La tua risata che sale dal profondo del cuore può penetrare il cuore di altri. Sii sempre più felice, estatico, beato, come se ogni istante fosse un dono del cielo e ogni momento fosse un atto di gratitudine. E fai in modo che ogni istante sia celebrazione.

Queste sono le mie ultime parole per questo campo di meditazione: fai di ogni istante una celebrazione... e non avrai più bisogno di andare alla ricerca di Dio. Dio verrà a cercare te, ovunque tu sia.

SELEZIONE BIBLIOGRAFICA

EDIZIONI ITALIANE

Meditazione dinamica: L'arte dell'estasi interiore, ed. Mediterranee, Roma 1979.
Io sono la soglia, ed. Mediterranee, Roma 1980.
Il libro dei segreti, Bompiani-Fabbri, Milano 1978.
Tantra: la comprensione suprema, Bompiani-Fabbri, Milano 1980.
La rivoluzione interiore, Armenia, Milano 1978.
Il seme della ribellione I, II, Re Nudo, Fiore d'oro, Milano 1979-80.
L'armonia nascosta I, II, Re Nudo, Milano 1978-79.
Tao: i tre tesori I, II, III, Re Nudo, Milano 1980-81.
Dieci storie Zen di Bhagwan Shree Rajneesh (né acqua né luna), Re Nudo, Milano 1981.
Tecniche di liberazione, La Salamandra, Milano 1977.
Semi di saggezza, SugarCo, Milano 1982.
Il libretto arancione, ed. Mediterranee, Roma 1982.
Dimensioni oltre il conosciuto, ed. Mediterranee, Roma 1982.
La nuova alchimia, Editrice Psiche, Torino 1983.

LIBRI SU BHAGWAN

Il grande esperimento: meditazioni e terapie nell'Ashram di Bhagwan Shree Rajneesh, di Ma Satya Bharti, Armenia, Milano 1980.
Alla ricerca del D-10 perduto, di Sw. Deva Majid, SugarCo, Milano 1979.
L'incanto d'arancio, di Sw. Swatantra Sarjano, Savelli, Roma 1979.

IN CORSO DI STAMPA

La mia via: la via delle nuvole bianche, Milano 1983.
La ricerca, La Salamandra, Milano 1983.
Dal sesso alla superconsapevolezza, Milano 1983.

DISCORSI DI BHAGWAN SHREE RAJNEESH RACCOLTI IN VOLUME E PUBBLICATI DALLA RAJNEESH FOUNDATION INTERNATIONAL

Mistici Baul
The Beloved (2 volumi)

Buddha
The Discipline of Transcendence (4 volumi)
Il sutra dei 42 Capitoli
The Heart Sutra
il Prajnaparamita Hridayam Sutra
The Diamond Sutra
il Vajrachchedika Prajnaparamita Sutra

Mistici greci
The Hidden Harmony
i frammenti di Eraclito
Philosophia Perennis (2 volumi)
Pitagora

Chassidismo
The True Sage
The Art of Dying

Gesù
The Mustard Seed
il Vangelo secondo Tommaso
Come Follow Me (4 volumi)
i quattro Evangeli
I Say Unto You (2 volumi)
i quattro Evangeli

Kabir
Ecstasy: the Forgotten Language
The Path of Love

The Divine Melody
The Revolution
The Fish in the Sea is not Thirsty
The Guest

Sufi
Until You Die
Just Like That
Sufis: The People of the Path (2 volumi)
The Secret
The Perfect Master (2 volumi)
Unio Mystica (2 volumi)
l'Hadiqa di Hakim Sanai
The Wisdom of the Sands (2 volumi)

Tantra
The Book of the Secrets (5 volumi)
Vigyana Bhairava Tantra
Tantra: The Supreme Understanding
Il Canto del Mahamudra di Tilopa
The Tantra Vision (2 volumi)
Il Canto Reale di Saraha

Tao
When the Shoe Fits
i detti di Chuang Tzu
The Empty Boat
le storie di Chuang Tzu
Tao: the Three Treasures (4 volumi)
il Tao Te Ching di Lao Tzu
Tao: the Pathless Path (2 volumi)
i detti di Lieh Tzu

Upanishad
The Ultimate Alchemy (2 volumi)
Atma Pooja Upanishad
The Supreme Doctrine
Kenopanishad
Vedanta: seven steps to Samadhi
Akshya Upanishad

Yoga
Yoga: The Alpha and the Omega (10 volumi)
Patanjali

Zen
Roots and Wings
No Water, no Moon
Neither this nor that
Sosan
And the Flowers Showered
Returning to the Source
The Grass grows by itself
Nirvana: the last nightmare
Ancient music in the pines
The Search
i dieci tori Zen
Dang Dang Doko Dang
A sudden Clash of thunder
The first principle
Zen: The path of paradox (3 volumi)
This very body the Buddha
Il Canto della Meditazione di Hakuin
Take it easy (2 volumi)
Ikkyu
The sun rises in the evening
The White Lotus
Bodhidharma
Zen: The special Transmission

Risposte a domande
My Way: the way of the white clouds
(edizione deluxe con fotografie a colori)
Walk without feet, fly without wings and think without mind
Be still and know
Zen: Zest, Zip, Zap and Zing

Primi discorsi
From sex to superconsciousness
Meditation: the art of inner ecstasy

I am the gate
The new alchemy: to turn you on
La Luce sul sentiero di Mabel Collins

I diari dei Darshan
Hammer on the rock
(10 dicembre 1975 - 15 gennaio 1976)
Above all don't wobble
(16 gennaio - 12 febbraio 1976)
Nothing to lose but your head
(13 febbraio - 12 marzo 1976)
Be realistic: plan for a miracle
(13 marzo - 6 aprile 1976)
Get out of your own way
(7 aprile - 2 maggio 1976)
Beloved of my heart
(3 maggio - 28 maggio 1976)
The cypress in the courtyard
(29 maggio - 27 giugno 1976)
A rose is a rose is a rose
(28 giugno - 27 luglio 1976)
Dance your way to God
(28 luglio - 20 agosto 1976)
The passion for the impossible
(21 agosto - 18 settembre 1976)
The Great nothing
(19 settembre - 11 ottobre 1976)
God is not for sale
(12 ottobre - 7 novembre 1976)
The Shadow of the Whip
(8 novembre - 3 dicembre 1976)
Blessed are the ignorant
(4 dicembre - 31 dicembre 1976)
The Buddha disease
(gennaio 1977)
What is, is; what ain't, ain't
(febbraio 1977)
The Zero experience
(marzo 1977)
For madmen only

(Price of admission: your mind)
(aprile 1977)
This is it
(maggio 1977)
The Further shore
(giugno 1977)
Far Beyond the stars
(luglio 1977)
The no book (no Buddha, no teaching, no discipline)
(agosto 1977)
Don't just do something, sit there
(settembre 1977)
Only Losers can win in this game
(ottobre 1977)
The Open Secret
(novembre 1977)
The Open door
(dicembre 1977)
The sun behind the sun behind the sun
(gennaio 1978)
Believing the impossible before breakfast
(febbraio 1978)
Let Go!
(aprile 1978)
The ninety-nine names of nothingness
(maggio 1978)
The madman's guide to enlightenment
(giugno 1978)
Hallelujah!
(agosto 1978)
The tongue-tip taste of tao
(ottobre 1978)
Turn on, Tune in and Drop the Lot
(dicembre 1978)
The Sound of one hand clapping
(marzo 1 - 23, 1981)

Miscellanea
A cup of tea
Lettere a discepoli

PER APPROFONDIRE

Di fronte all'epoca di mutamenti più rapidi mai conosciuta dall'umanità, la meditazione sembra oggi diventare una pura e semplice "questione di sopravvivenza", è quindi importante metterne a fuoco il significato e la realtà, non più come un rituale esotico o esoterico, bensì in quanto vita vissuta con consapevolezza. Non è più possibile percepire quello spazio interiore solo all'interno di un rituale, o di un tempo specifico dedicato allo spirito: si tratta di uno stile di vita.

In questo contesto, il contributo della visione di Osho all'evoluzione della consapevolezza umana, è evidente. Figura controversa, egli non ha lasciato nulla di intentato per spingere l'individuo ad assumersi la piena responsabilità del proprio essere. Si tratta di una via che non si può comprendere attraverso razionalizzazioni intellettuali, frutto di studi e di letture, quanto piuttosto con l'esperienza, l'unica in grado di generare una prospettiva interiore nella quale collocare le sue parole, e le metafore cui inevitabilmente deve delegare il compito di trasmettere la sua visione e il suo invito a non essere semplici spettatori, ma a diventare attori nello splendido gioco della vita, imparando a viverne ogni aspetto come "testimoni attivi".

Questo invito di Osho è oggi diventato una semplice eco della sfida che lo spirito del tempo sembra lanciare a ciascuno di noi; forse è per questo che milioni di persone pian piano hanno preso in considerazione il messaggio e la visione da lui prospettati, decidendo di affrontare un processo di consapevolezza attraverso la meditazione, e dando vita a un uomo assolutamente nuovo, la cui esistenza si fonda sulla gioia, l'amore e la risata.

Valori nuovi che annullano i passati pregiudizi: per Osho infatti la vita dell'uomo si estende sia nella dimensione interiore che in quella esteriore, scegliere è assurdo; se si vuole vivere una vita di realizzazione, occorre vivere in pienezza ogni aspetto del nostro esistere. Solo così si acquisirà un reale appagamento e dentro di noi nascerà un'intima armonia; solo così la nostra vita sarà allietata dalla sottile musica delle sfere.

Consapevole della difficoltà dell'uomo moderno a sedersi in silenzio per immergersi nella quiete del proprio essere, Osho ha consigliato di partire con tecniche di meditazione di tipo dinamico, che permettano di equilibrare il peso delle tensioni e delle repressioni che accompagnano la nostra vita. Queste tecniche sono descritte nel libro *Meditazione: la prima e ultima libertà* (Edizioni Mediterranee, Roma) e sono accompagnate da musiche che ne scandiscono le diverse fasi.

Per informazioni, o per ordinare le musiche, si può scrivere a:
Associazione Oshoba
Casella Postale 15
21049 Tradate (Varese)
Tel. & Fax: 0331/810042
e-mail: oshoba@mail2.tread.net

Quanti fossero interessati ad approfondire la lettura di questo sottile Maestro di Realtà, possono rivolgersi qui per ricevere un catalogo generale delle opere tradotte in italiano o pubblicate in inglese, e qualsiasi informazione su libri, audio e videocassette.

Molti trovano più facile sperimentare le meditazioni attive di Osho con la guida di persone che già si sono inoltrate lungo questo sentiero, lavorando con questo Maestro di Vita.

Per corrispondere a questa esigenza, in Italia si stanno organizzando con sempre maggior frequenza eventi e campi di meditazione in cui è possibile fare esperienze dirette della propria dimensione interiore.

Per informazioni contattare:
Osho International Europe
Casella Postale 15
21049 Tradate (Varese)
Tel. & Fax: 0331.841.952
e-mail: oshoporto@osho.org

Per acquisire un'esperienza globale di trasformazione, è anche consigliabile compiere un viaggio a Pune, in India, e visitare la comunità internazionale che alla visione di Osho si ispira, e dove si possono sperimentare alcuni processi di meditazione rivoluzionari, messi a punto da Osho per scuoterci e liberarci da comportamenti e abitudini che si oppongono a un libero fluire della nostra energia vitale: "Mystic Rose", "No-mind" e "Born Again", descritti in un libretto introduttivo: *Meditazione: la Soglia Interiore*.

Qui è possibile meditare insieme a migliaia di altri ricercatori provenienti da tutto il mondo, in un'atmosfera che Osho ha descritto come "un campo di energia del tutto particolare in cui il buddha presente dentro di te può giungere a completa maturazione e fiorire".

Un'esperienza di meditazione vissuta all'interno di un ambiente in cui il Centro dell'Essere è reso prioritario, rispetto alla sfera del mondo e dell'azione, può cristallizzare qualcosa di prezioso e impagabile, soprattutto se sostenuta dalla presenza di altri ricercatori, riunitisi con la stessa intenzione. Osho ha infatti anche chiarito che: "Da solo non puoi elevarti più di tanto. Da solo, sei semplicemente solo: hai ogni sorta di limite. Quando sei insieme a molti altri ricercatori, entri in contatto con un'energia sconfinata. Allora iniziano ad accadere molte cose che in solitudine non potranno mai accadere."

Se si desidera visitare la Comune, per informazioni contattare:
Osho Commune International
17 Koregaon Park, Pune 411001 (MS), India
Tel.: 0091 (020) 612.85.62 – Fax: 0091 (020) 613.99.55
e-mail: osho-commune@osho.org

Agli abitanti del Villaggio Globale, segnaliamo che Osho è presente su Internet al sito: http://www.osho.com

Per un'informazione continuativa del lavoro di Osho, o per conoscere gli indirizzi aggiornati e i programmi dei *Centri di Meditazione* o degli *Istituti* che operano in Italia, è consigliabile abbonarsi all'*Osho Times*, un mensile interamente dedicato all'*Esperienza della meditazione*. Per ricevere una copia omaggio, scrivere a:
Osho Times
Casella Postale 15
21049 Tradate (Varese)

Le attività di meditazione e di ricerca ispirate all'insegnamento di Osho si svolgono anche a:
Osho Miasto
53010 Frosini (Siena)
Tel. 0577/960124 – Fax 0577/960232

Qui ha sede un *Istituto per la Meditazione e la Crescita Spirituale*, ispirato alla visione di Osho.

Aperto tutto l'anno, l'Istituto offre un programma di meditazioni giornaliere, workshop, corsi di crescita e di riscoperta del sé basati sulle tecniche di meditazione proprie alle più diverse tradizioni mistiche e misteriche, nonché sulle moderne scoperte della psicoterapia, della terapia classica e olistica, e del Movimento per lo Sviluppo del Potenziale Umano.

Per ricevere il programma annuale delle attività scrivere, telefonare, oppure mandare un fax.

SOMMARIO

Bompiani ha raccolto l'invito della campagna "Scrittori per le foreste"
promossa da Greenpeace. Questo libro è stampato su carta riciclata senza cloro
e non ha comportato il taglio di un solo albero.
Per maggiori informazioni: http://www.greenpeace.it/scrittori/

I GRANDI Tascabili Bompiani
Periodico quindicinale anno XVIII numero 582
Registr. Tribunale di Milano n.133 del 2/4/1976
Direttore responsabile: Elisabetta Sgarbi
Finito di stampare nel mese di febbraio 2007 presso
Legatoria del Sud - via Cancelliera 40 - Ariccia (RM)
Printed in Italy

RCS Libri
ISBN 978-88-452-5011-8